歴史文化ライブラリー
434

樹木と暮らす古代人

木製品が語る弥生・古墳時代

樋上　昇

吉川弘文館

目次

持続可能な社会をめざして——プロローグ

1　持続可能な社会をめざして

「持続可能な」資源としての木材

サスティナブル（sustainable）という言葉を最近よく耳にする。「持続可能な」という意味で、特にエネルギー資源にかかわる用語として、石油に代表される「有限な」化石燃料の枯渇が喫緊の課題となった二〇世紀の終わり頃からしばしば使われるようになってきた。そして、二〇一一年三月一一日に起こった東日本大震災と、その後の大津波による東京電力福島第一原子力発電所の事故によって、首都圏の電力供給に大きな被害がおよんで以降、特にこの言葉が重要視されるようになったように思う。

あの大事故以来、その「サスティナブル」なエネルギー源として、風力や地熱、太陽光発電などとともに、いま注目されているのが木材資源の活用である。

二〇一三年に刊行されてベストセラーとなった藻谷浩介・NHK広島取材班の『里山資本主義　日本経済は「安心の原理」で動く』（角川oneテーマ21）では、製材工場から出る木屑を利用したバイオマス発電やペレットを燃料とするストーブなど、日本各地の山間部に眠る森林資源が、まさに新しい「持続可能な」エネルギー資源であることを明らかにした好著であった。

しかし、木材が持続可能な資源であることは、なにも今に始まったことではない。ヨーロッパが「石の文化」であるのに対して日本は「木の国」であると言われてきたように、古くは縄紋時代より、この列島に暮らす人々は豊富な木材資源をさまざまな方法で有効かつ持続的に利用してきた。

特に本書であつかう弥生〜古墳時代は、東北地方南部以西の地域が小地域の分立状態から大きな地域的まとまりをもつ国家へと変化していった時代である。その背景に、当時の人々が関与した里山から産み出される木材資源がもし大きく関係しているとすれば、これもまたひとつの『里山資本主義』と言えるのではないだろうか。

そこで、これから二千年前の『里山資本主義』を考古学的手法を通じて明らかにしていくこととしたい。

ちなみに「里山」とは、村里や集落に距離的に近い山を指しており、里人が日常的に立ち入り、山の産物利用を繰り返すことによって、里人の生活に役立つ山に改変されたものを指している（有岡俊幸『里山Ⅰ』二〇〇四）。

「林業」の定義について

森林ジャーナリスト田中淳夫氏の近著に『森と日本人の一五〇〇年』（平凡社新書、二〇一四）という興味深い本がある。この本の第二章で、「林業」についてのいくつかの定義がなされている。

田中氏の言う「林業」は、

1　自給自足的な木材利用ではなく、一定規模の人間社会が継続的に森を利用し、必要な資源として「木材を組織的に調達する」こと。

2　組織と技術を活かして、樹木のあるところから木材を必要としている場所への「運搬」をおこなっていること。

3　製材・加工技術を持つ「職人」がいること。

4　木材の収奪によって資源を枯渇させてしまうのではなく、一定の森を保全・再生させて木材生産を継続させる「持続性」が求められること。

この四つの視点は、弥生～古墳時代の木製品生産をみていくうえで非常に重要な鍵となるため、本書のなかで少しずつ私の考えを述べていくこととしたい。

森と生きる

森と人とのかかわり

森と集落の関係性

森と人とのかかわりを考えるうえで、まずは集落立地と森との関係性からみていくこととする（樋上二〇一四）。

図1は岐阜県の中濃地方、関市北東部における弥生時代後期から古墳時代前期の遺跡の分布である。網かけの範囲が集落の位置を示している。砂行《すぎょう》遺跡・南青柳《みなみあおやぎ》遺跡・深橋前《ふかばしまえ》遺跡は、いずれも丘陵下の開析谷や河岸段丘面といった平地に集落を築くのではなく、傾斜角二〇～三〇度もある丘陵の斜面に竪穴建物を主体とする集落を営んでいる（岐阜県文化財保護センター二〇〇三）。

この図で私が特に注目したいのは、集落と集落の間に広がる空閑地である。ここに住ん

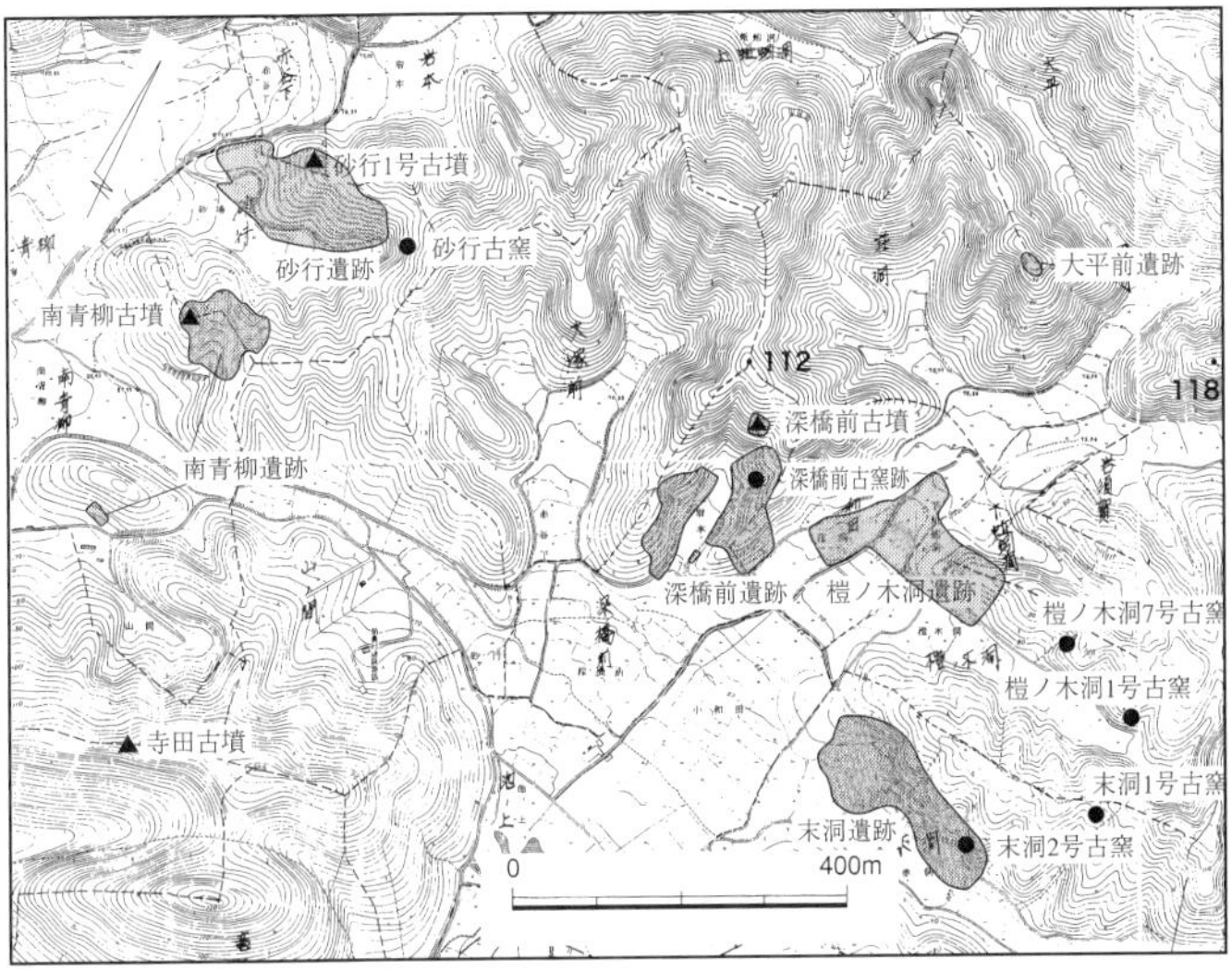

図1　岐阜県関市北東部の遺跡分布
（岐阜県文化財保護センター2003を改変）

だ人たちは、なぜかくも広大な空閑地を必要としたのであろうか。その答えのひとつが森林、すなわち丘陵に生える木材資源であったと私は考えている。

同様の例をもうひとつあげる。こちらは福岡県北九州市の長野丘陵に所在する集落群である（図2）。

ここでは、貫山から北に派生する尾根の縁辺に集落群が立地している。子細にみると、曽根平野を東西に流れる竹馬《ちくま》川の二つの支流、長野川と横代《よこしろ》川によって形成された開析谷に面して集落群が展開しているのがわかる。

このうち長野谷平野の集落群は、弥生時代前期末から始まる長野《ながの》尾《お》登《のぼり》遺

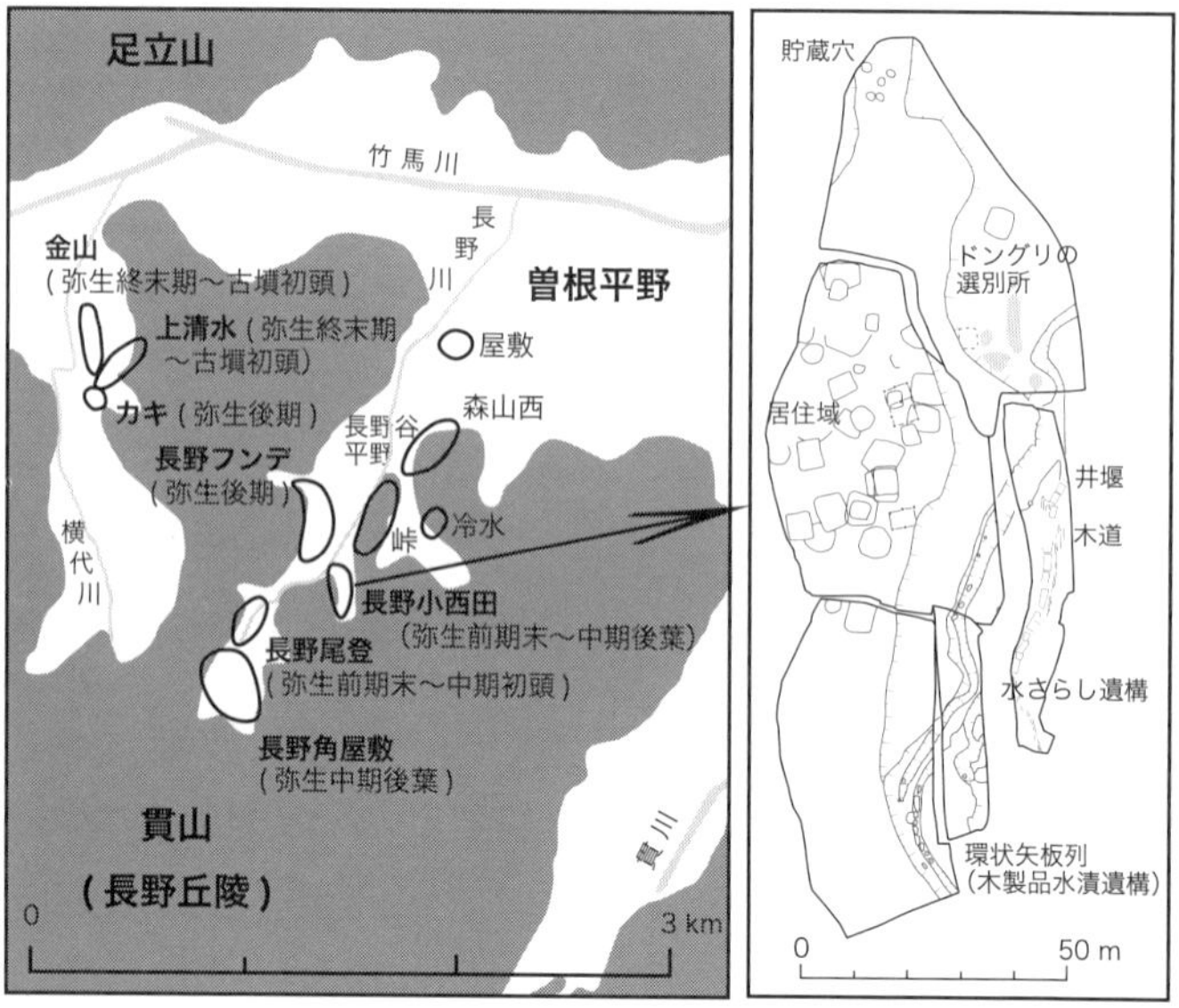

図2　福岡県 長野丘陵の遺跡群

跡と長野小西田《こにしだ》遺跡から、弥生時代中期後葉の長野角屋敷《かどやしき》遺跡、弥生時代後期の長野フンデ遺跡、というように、少しずつ時期をずらしながら集落が移動している状況が伺える。

西隣の横代川流域に位置する金山遺跡・上清水《かみしょうず》遺跡・カキ遺跡もそうだが、この長野丘陵に所在する集落群では、いずれも木製品生産をおこなっていた痕跡が認められる。このうち長野小西田遺跡では、丘陵縁辺に溝を掘って川から水を引き入れ、堅果類の水さらし遺構とともに、木材および木製品の貯蔵遺構を設けていた。この貯蔵遺構からは、大量の原木・板材・そして作りかけの木製品（未成品）が出土している（北九州市教育文化財団埋蔵文化財調査室二〇〇一）。

これらの木材および木製品は、集落に隣接する長野丘陵から伐り出されたと考えるのが自然であろう。すなわち、北九州市の長野丘陵、そして関市北東部の丘陵では、集落が営まれなかった空閑地には集落で用いるための木材資源があり、これを長期間にわたって利用するために集落の面積を必要最小限にしていた可能性がある。これがすなわち、弥生〜古墳時代の「里山」と集落の関係である。

弥生〜古墳時代の「里山」の植生を復元する

では、こういった弥生〜古墳時代の里山には、どのような種類の樹木が生えていたのであろうか。私がここ数年、調査・研究に携わっている愛知県安城《あんじょう》市の鹿乗《かのり》川流域遺跡群を例にあげてみよう（図3）。

ここでは、碧海《へきかい》台地の縁辺を南北に流れる矢作《やはぎ》川の支流である鹿乗川に沿って、南北約四キロにわたって弥生時代後期後半から古墳時代前期の集落群が連なっている。集落群のすぐ西には同じ時期の古墳群があり、北群は全長約六八メートルの前方後方墳である二子《ふたご》古墳、南群は全長約六五メートルの前方後円墳である姫小川《ひめおがわ》古墳を盟主墳としている。集落群は北群・南群それぞれに、すべてが同時期に存在したわけではなく、二世紀後半

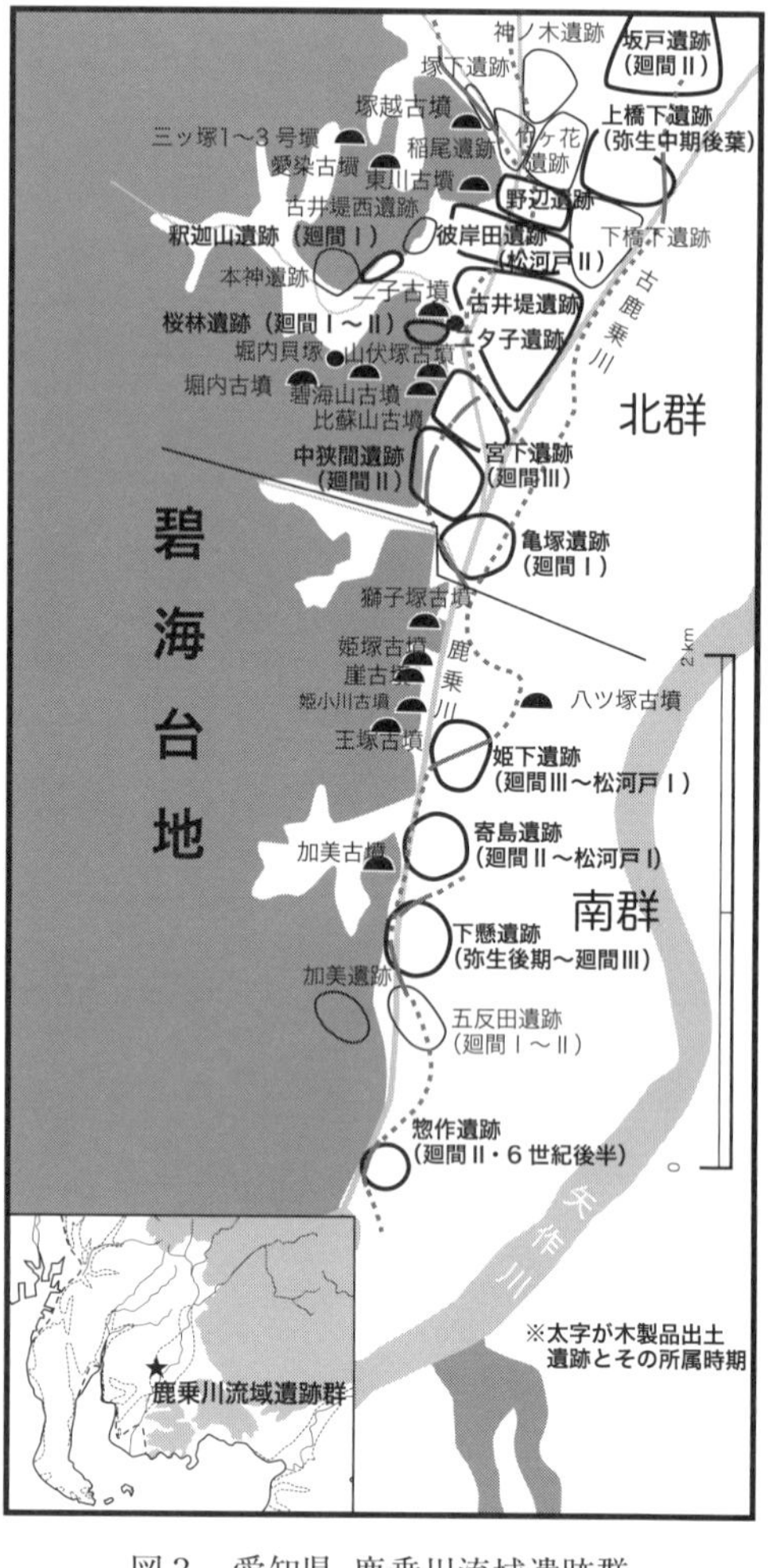

図3　愛知県 鹿乗川流域遺跡群

頃から四世紀前半頃にかけて、頻繁に居住域を移動していたことがわかっている（考古学フォーラム二〇一三）。それぞれの集落を調査すると、鹿乗川の旧河道内から多量の原木や各種木製品の未成品が出土することから、各集落において個別に木製品生産をおこなっていた様子がうかがえる。そして、これらの木製品を製作するために用いた木を伐り出したのが、碧海台地に当時あったと考えられる森である。

ただし、遺跡から出土する木製品ならびに木材の種類（以下、樹種とする）を単純に集計すれば、当時の集落周辺の植生を復元できるというわけではない。なぜなら、コウヤマキ・モミ属・ヒノキ科といった、ほんらい平地には自生しない樹種もたくさん出てくるからだ。遺跡出土木製品の樹種組成には、有用な樹種のみを取捨選択し、さらに集落周辺に生えていない樹種については遠隔地から搬入してくるというように、弥生・古墳時代の人々の手が必ず加えられているのである。そこで、今しばらく古植生の復元に必要な作業にお付き合いを願いたい。

表1・図4は、鹿乗川流域遺跡群から出土した木製品および木材の樹種を時期ごとに集計したものである。表1は中央の線より上の段が針葉樹で下の段が広葉樹、さらにその下にタケ亜科が配置してある。鹿乗川流域遺跡群の中心となる時期は弥生時代後期後半から古墳時代前期だが、遺跡群が形成される時期は弥生時代中期中葉にまでさかのぼる。そして、木製品が出土するようになるのは弥生時代中期後葉からだ。

また、古代・中世・近世の木製品も少量ながら出土する。いちばん右の欄は人の手が加わった痕跡が認められない自然木や、非常に加工の度合いの少ない低加工木を集計したも

表1　鹿乗川流域遺跡群の樹種変遷

	弥生時代中期後葉～後期前半	弥生時代後期後半～古墳時代前期	古代	中世	近世	合計	自然木サンプル（古墳時代前期）
ヒノキ科	4	176(80)	34	15	8	237	24
マキ属	3	96(38)			2	101	32
スギ	12	57(37)	5		9	83	7
マツ属		15(8)	1		7	23	23
モミ属	2	7(2)			1	10	
コウヤマキ		6(5)	1			7	
その他針葉樹	2	7(3)	1		1	11	3
コナラ節	3	96(59)				99	179
クリ	4	95(47)				99	86
クヌギ節	3	54(27)	1			58	126
アカガシ亜属	4	41(12)			1	46	6
シイ属	1	35(19)				36	81
クスノキ科	3	13(9)				16	7
サカキ		12(1)				12	9
エノキ属	1	9(5)				10	41
クワ属		9(6)				9	19
その他広葉樹	2	30(16)	1	4	4	41	116
タケ亜科	1				1	2	
合計	45	758(374)	44	19	34	900	759

（　）内の数字は，特に姫下遺跡からの出土点数

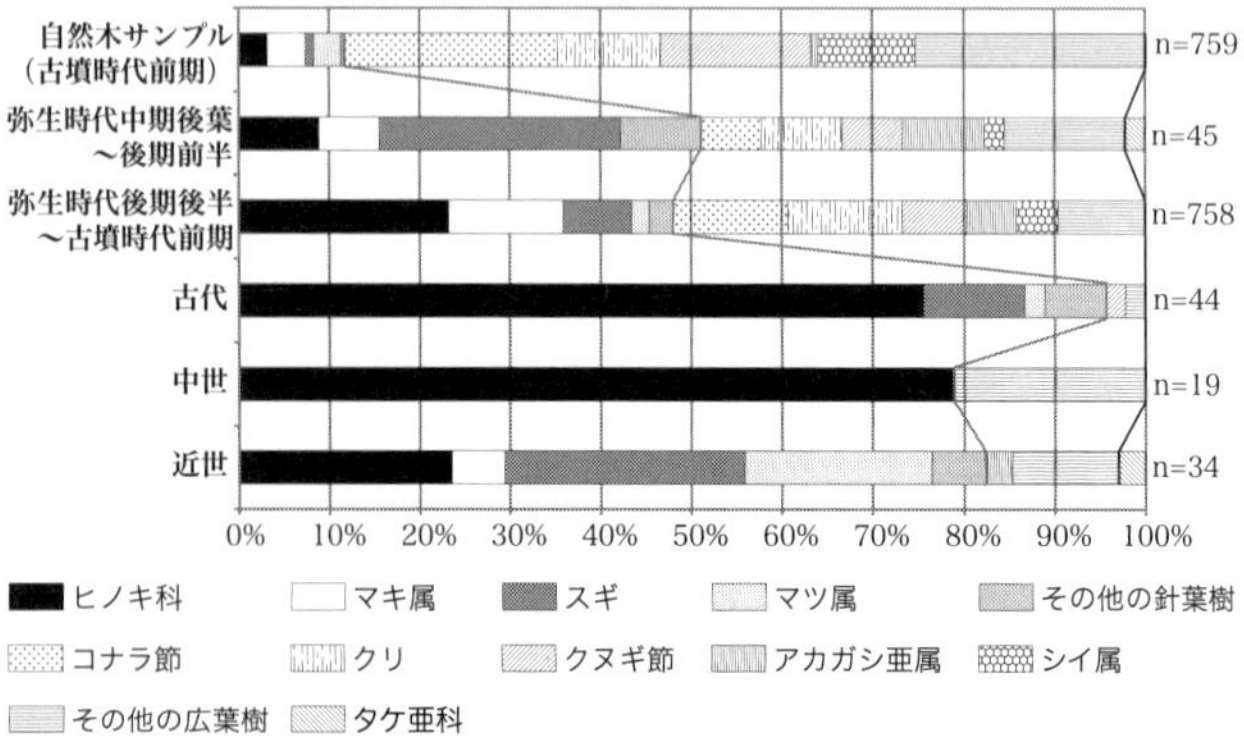

図4　鹿乗川流域遺跡群出土木製品の樹種変遷グラフ

のである。

特に弥生時代後期後半～古墳時代前期に注目すると、ヒノキ科（ヒノキ・サワラ・アスナロ・ネズコなど）が最も多く、次いでマキ属（イヌマキ）とコナラ節（コナラ・ミズナラなど）、クリ、スギ、クヌギ節（クヌギ・アベマキなど）、アカガシ亜属（アカガシ・アラカシ・シラカシ・イチイガシなど）、シイ属（ツブラジイ・スダジイ）、マツ属、クスノキ科、サカキと続いている。

これらのうち、現地性が高い、すなわち遺跡により近い場所に生えていた可能性が高い樹種を抽出する方法として、特に木取りに注目する。木取りとは、森から木を伐採したのち、さまざまな木製品に加工していく際の手順として、丸太から板を作り出す方法である。

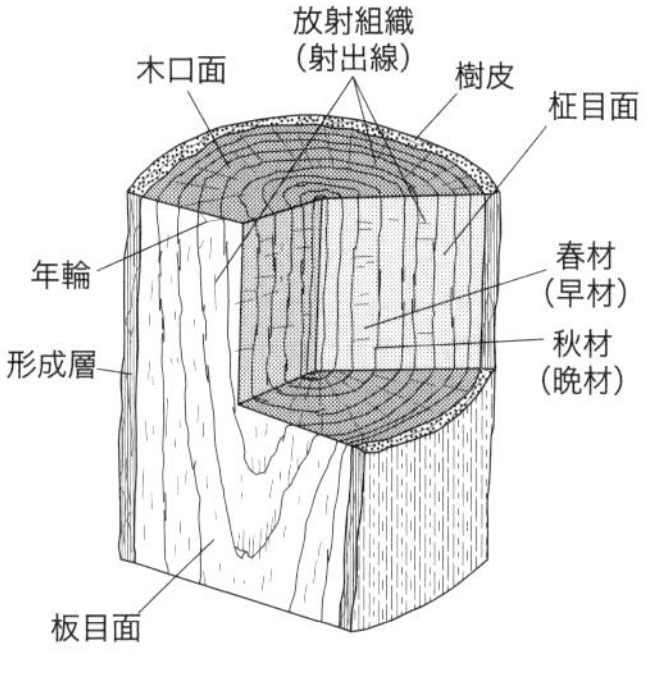

図５　木材組織図

木取りから推定する

縦挽きの鋸（大鋸《おが》）が日本列島に伝わる一五世紀より以前、丸太から板を作り出すにはクサビ（箭《や》）で割るしか方法がなかった。その際、広葉樹は木材の放射組織（図５）を利

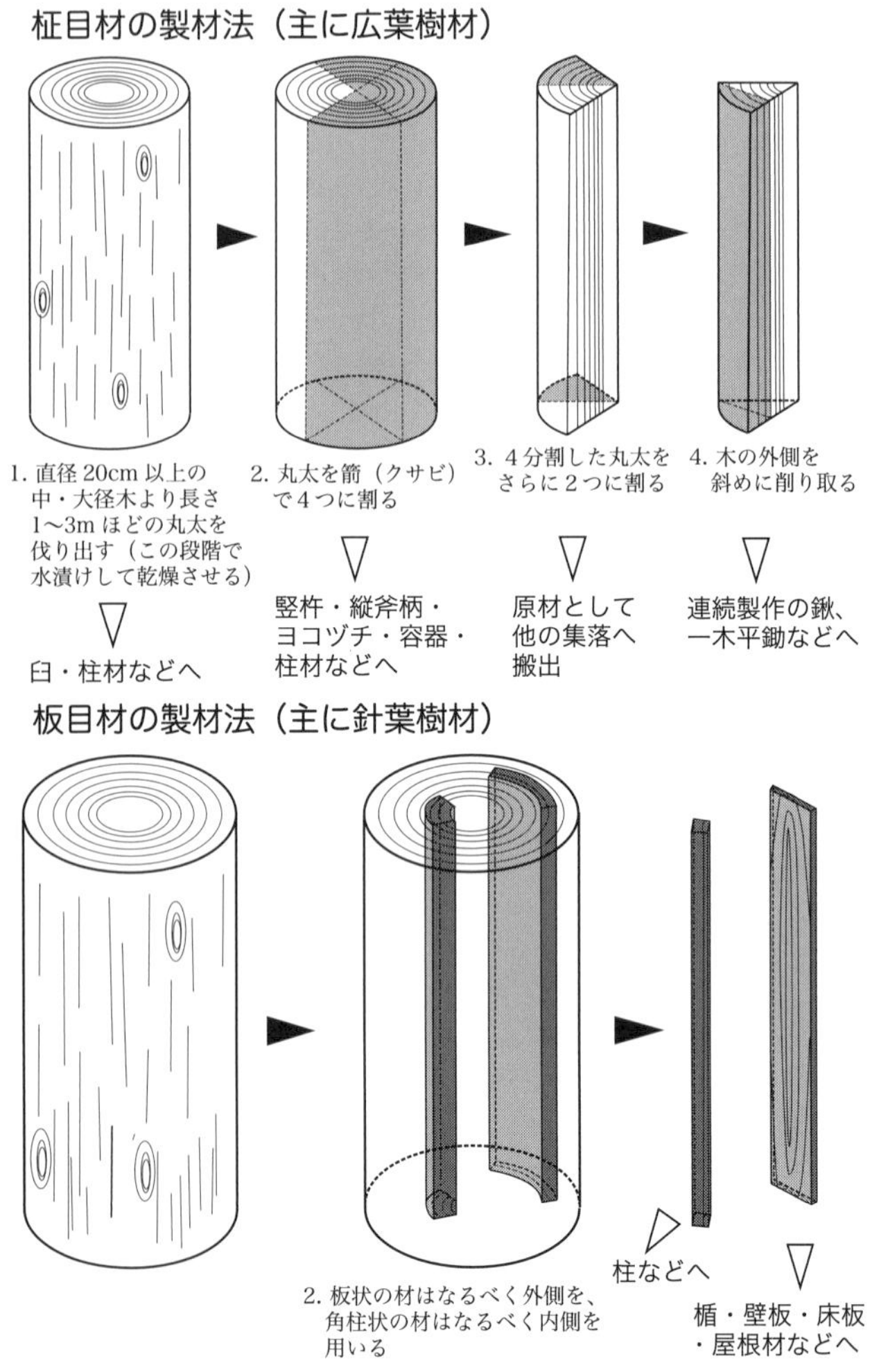

図６　縦挽き鋸出現以前の製材法

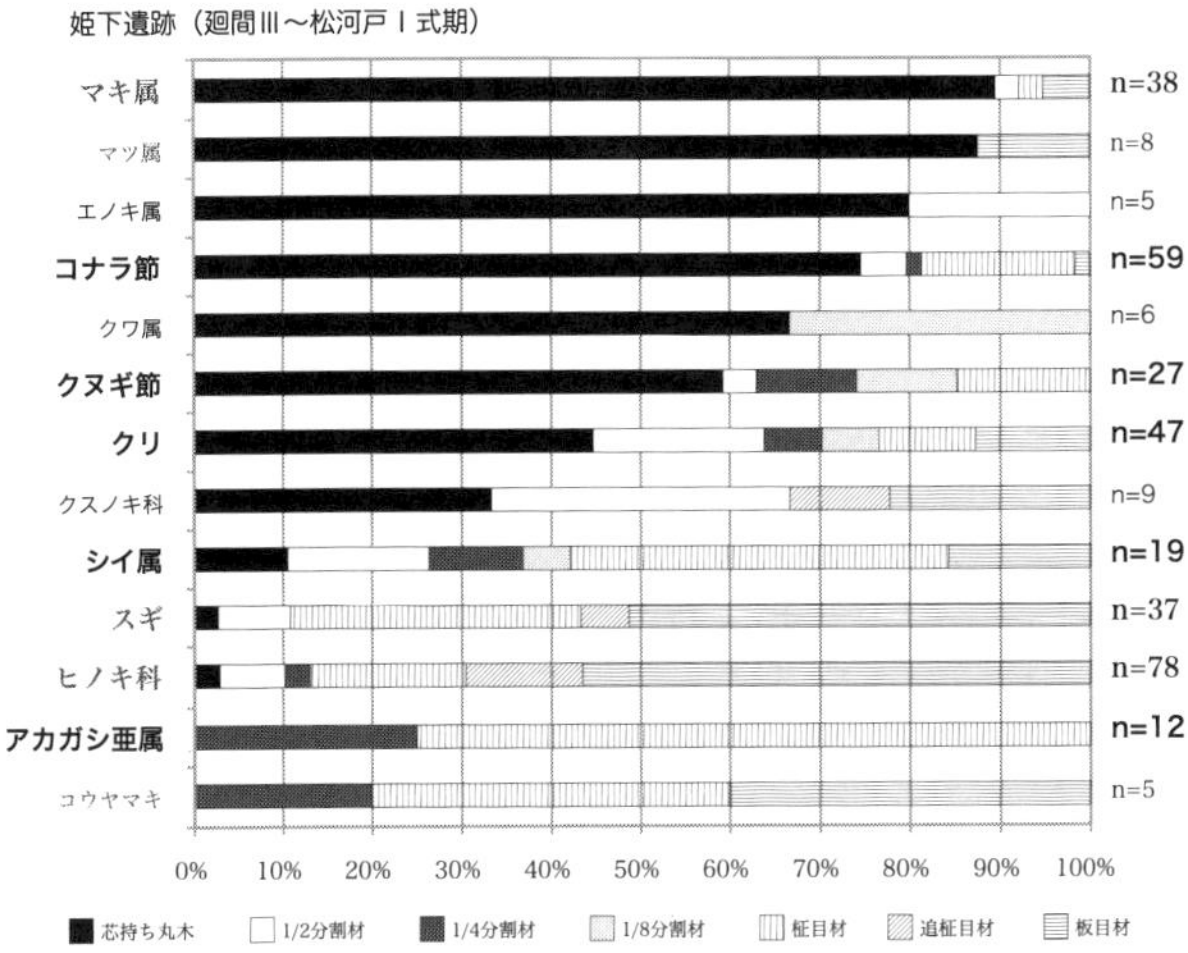

図7　愛知県 姫下遺跡の樹種別 木取りグラフ

用して二分の一、四分の一、八分の一と割って、柾目《まさめ》板を採るのが一般的であった（断面の形状がミカンの房に似ているので、一般にミカン割り材と呼ばれる）のに対して、針葉樹は年輪界を利用して板目材を採ることが多かった（図6）。

このなかで最も加工度が低いのが芯持ち丸木で、なかでも樹皮が付いたままの丸太が杭材や竪穴建物の柱など、集落のなかで最も頻繁に使用される木製品であった。つまり、この加工度が低くて汎用性が高い芯持ち丸木材こそが、最も現地性が高い木取りと考えられる。そこで、弥生時代後期後半～古墳時代前期の鹿乗川流域遺跡群出土木製品のうち、最も出土量が多い姫下《ひめした》遺跡を例に取り、芯持ち丸木を横軸の左端に、板目取りを横軸の右端に配置した帯グラフを作成してみた（図7）。

すると、マキ属の九割近くが芯持ち丸木であり、次いでコナラ節・クヌギ節・クリ・クスノキ科・マツ属に芯持ち丸木ないしは二分の一分割材が多くて現地性が高いと考えられる。これに対し、点数は多くてもヒノキ科・スギ・アカガシ亜属などは芯持ち丸木がほとんど無いことがわかった。

このことは、表1および図4の自然木のデータをみてもわかる。このうち特に、製品としては非常に多いアカガシ亜属が自然木ではきわめて少ないことは、弥生～古墳時代の木材の流通を考えるうえで特に重要である。

樹齢から林相を復元する

次に、現地性がきわめて高いと考えられるマキ属・コナラ節・クヌギ節・クリと、現地性は低いが出土点数の多いヒノキ科・スギ・アカガシ亜属・シイ属などの樹種について、樹齢（年輪数）の計測データを棒グラフで示す（図8）。これは、芯持ち丸木については断面の年輪数をそのまま計測し、分割材や製品にかんしては最外周の年輪の円弧から材径を復元し、そこに入る年輪数を割り出したものである。

これをみてわかるのは、特にコナラ節・クリ・クヌギ節・マキ属に、樹齢一〇〜三〇年の木が多いことである。つまり、このデータをとった姫下遺跡をはじめとする安城市鹿乗川流域遺跡群（に隣接する碧海台地）では、樹齢一〇〜三〇年の木材が最も多用しやすい環境であったといえる。

近世木地師の巡回サイクルとの類似

ここで注目されるのは、渡辺久雄によって復元された近世の木地師《きじし》の巡回サイクルである（渡辺一九七七）。明治政府の政策によって生活の場が固定されるようになる以前の木地師たちは、標高約五〇〇メートル《メートル》以上の山中を移動しつつ、木材を伐採してロクロを挽き、椀や皿、こけしなどを製作して生計を立てていた。彼らは簡単な小屋がけの居住地から二〜三キロ《キロ》圏内で使える木材が無くなると、別の場所へと移動した。その移動ルートはおおむね固定されており、いったん木材を伐った地で再び使える木の太さになった時点で同じ場所へと戻ってくるのである。その同じ場所に戻ってくるサイクルを地域別にグラフ化したのが図9である。

一目でわかるように、一〇〜三〇年にピークがあり、それ以上になると急激に落ち込んでいる。実はこのグラフが、図8の姫下遺跡での年輪数のグラフと見事に一致するのだ。

このことは何を示しているのであろうか。私が考えるのは、鹿乗川流域遺跡群に居住し

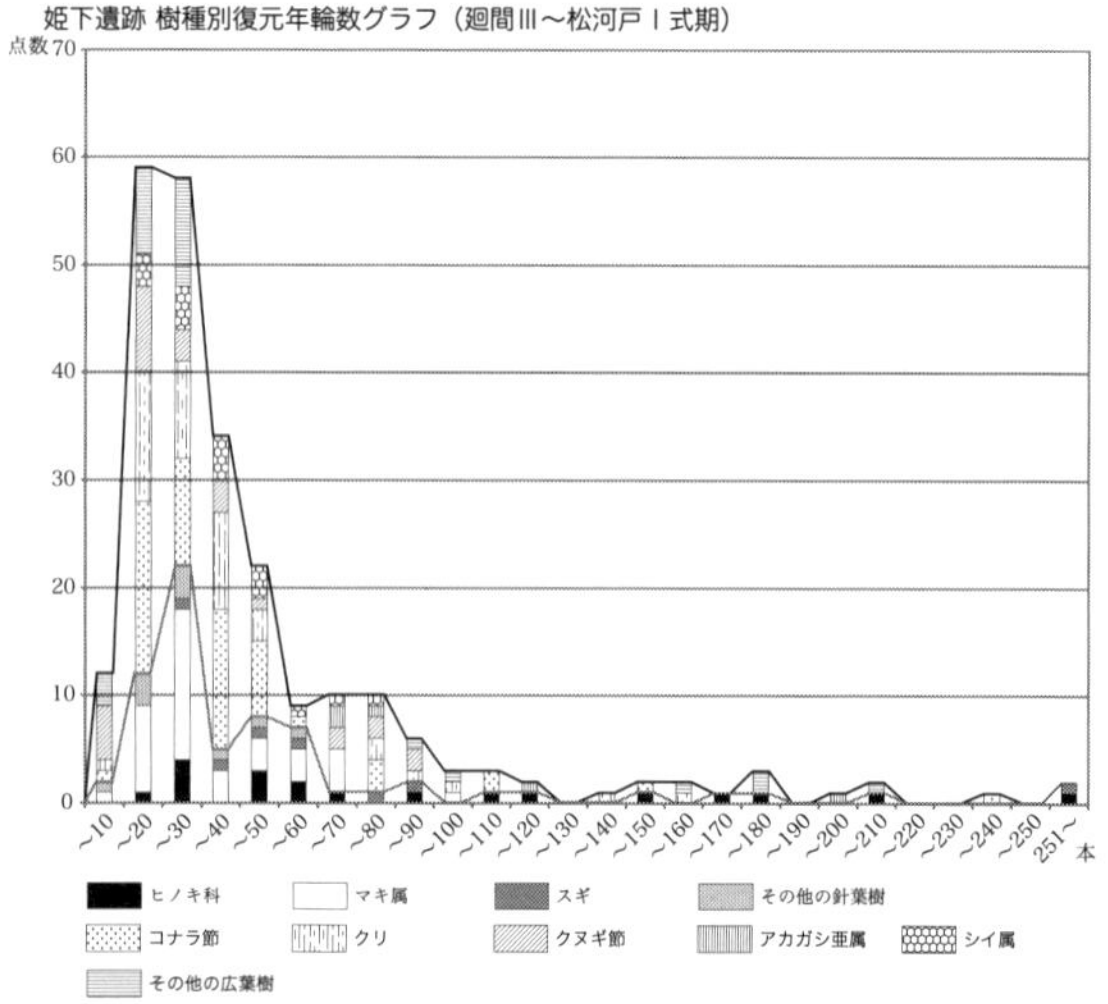

図8　愛知県 姫下遺跡の樹種別 復元年輪数グラフ

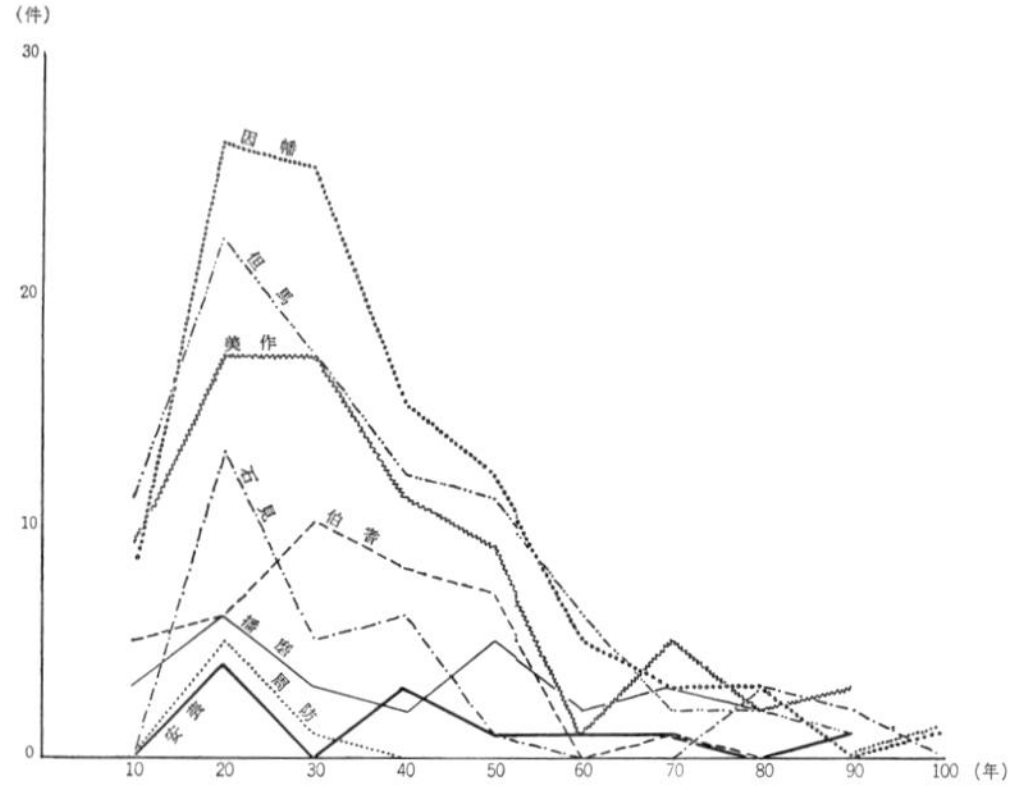

図9　近世木地師の巡回サイクル（渡辺1977より引用）

た人々も、いったん伐採したエリアで森が再生するのを待って、少しずつ伐採範囲を移動していたのではないか、ということである。

森が再生するペース

図3をみると、鹿乗川流域遺跡群は碧海台地の東縁辺部にびっしりと居住域が展開するように感じるが、実はこのなかで非常に細かく居住域を移動させていたことが発掘調査の成果からわかっている。それと同様に、この遺跡群に居住した人々が日々の木材の供給源としていた碧海台地の森林についても、無作為に伐り尽くしていったわけではなく、森の再生するペースに合わせて伐採するエリアを設定し、伐ってよい木か否かを判断しながら森を利用していたと考えられるのである。だとすると、最初にあげた岐阜県関市北東部の丘陵地（図1）や福岡県北九州市の長野丘陵（図2）においても、丘陵すべてを居住域化しないのは、いったん伐採した森が再生するペースを考えたうえでのことであったに違いない。

すなわち、弥生～古墳時代の人々は、彼らの日常生活を送るうえで最も大切な木材を持続可能な資源としてあつかっていたと考えられるのである。

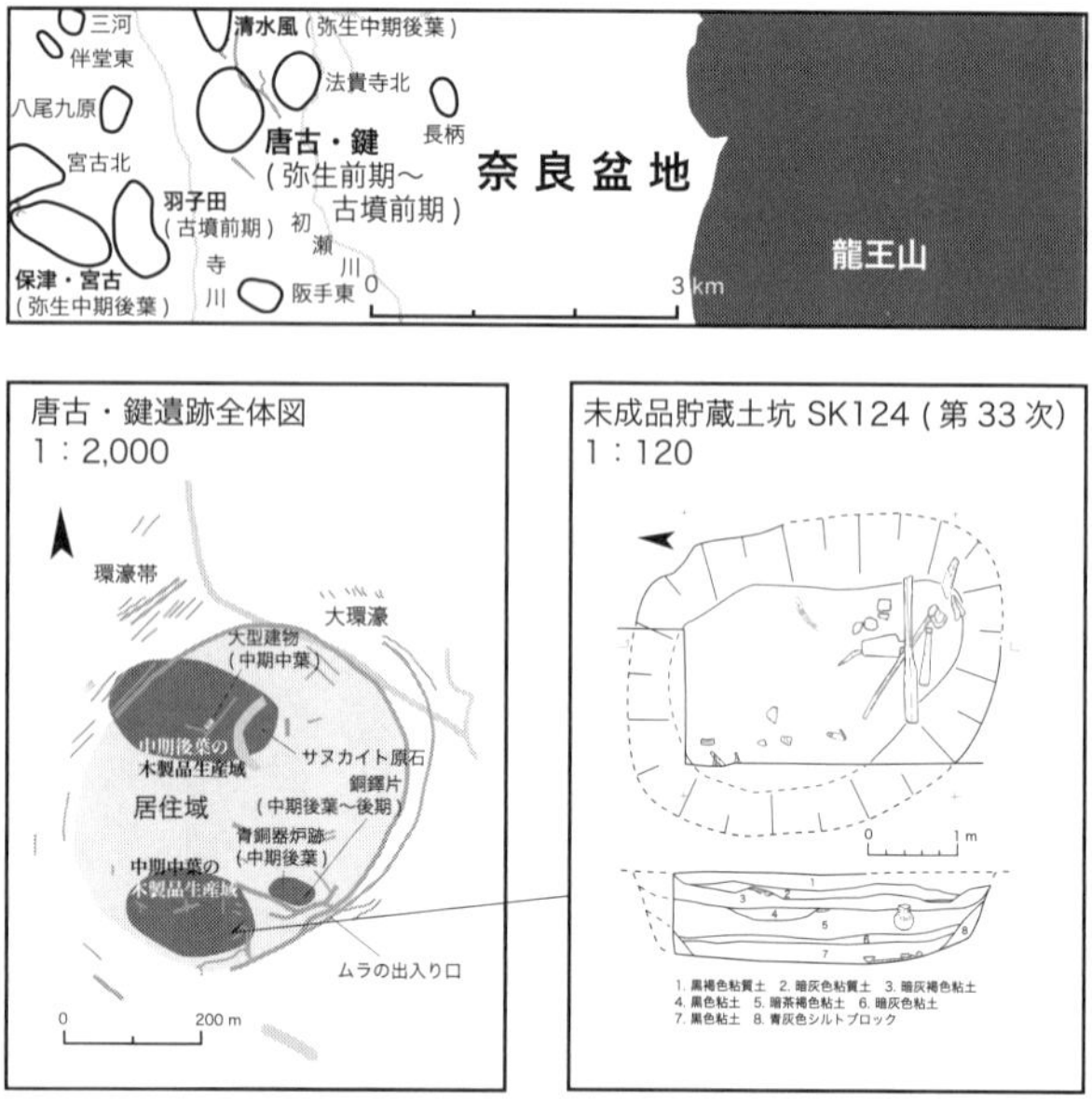

図10　奈良県 唐古・鍵遺跡

里山（雑木林）の創出

近年の研究で、弥生時代の人たちは「天然林の伐採→再生」のサイクルだけに頼っていた訳ではないことがわかりつつある。

奈良県田原本町《たわらもと》に所在する唐《から》古《こ》・鍵《かぎ》遺跡（図10）は、総面積が三〇万平方メートルを超える全国屈指の巨大集落である。この集落を囲む長径約五〇〇メートル、短径約四〇〇メートルにめぐらされた四～五重の環濠帯から出土した植物花粉の分析結果によると、縄文時代以来のアカガシ亜属を主体とする常緑広葉樹が集落形成にあたって切り開かれ、その後は弥生時代を通じてコナラ節やクヌギ節を主体とする「雑木林」であることがわかった。

その分析結果を受けて、調査担当者の豆谷和之は、この「雑木林」が唐古・鍵集落の居住者によって人為的に造りだされたものではないかと考えた（豆谷二〇一二）。

鍬・鋤類を作るためのアカガシ亜属の大径材や、容器を作るためのケヤキやクワ属の大径材は、後述するように他の集落に依存することができても、日常的に集落を維持するための竪穴建物の柱材、杭や矢板などの土木材、そして調理や暖を得るために欠かせない燃料材は、できるかぎり自前で調達しなければならない。しかも、それが弥生時代前期から終末期までの約七〇〇～八〇〇年間におよぶとなれば、必然的に集落の近傍に里山的な「雑木林」を創出せねばならなかったであろう。

これはなにも唐古・鍵遺跡にかぎったことではない。一定規模の里山（雑木林）は、沖積低地に立地する弥生～古墳時代の大集落に共通する、集落を長期的に維持するための必要十分条件であったと考えて差し支えなかろう。

木材の流通を復元する

沖積地における木製品生産

前節では弥生〜古墳時代の集落が森に近接していた例をみてきたが、実際には森から遙か遠く離れた沖積平野の低地部でも多くの人々が居住していた。というより、弥生時代には多数の人口を擁する巨大集落は、むしろ沖積平野に造られるのが一般的であった。では、彼らはどのようにして木材を調達し、木製品を製作していたのであろうか（樋上二〇一二）。

木材資源、特に鍬・鋤類などを製作するためのアカガシ亜属の大径木（材の直径が六〇センチ以上を指す）が周辺に生えていないような沖積低地では、二とおりの木材ないしは木製品の入手法があったことがわかっている。

ひとつは、山間部ないしは丘陵端部に位置する集落から原材料となる丸太や板材を入手し、そこから製品化までの作業を自前でおこなうパターン。そしてもうひとつは、原則的に自前での木製品生産はおこなわず、製品そのものを他地域から入手するパターンである。ではこれから、まずその二つのパターンを具体的にみていくこととする。

木材資源を他地域から入手する地域

木材資源を外部から入手して、自前で木製品の生産をしていたことがわかっているのは、岡山県東部の岡山平野と、愛知県西部の濃尾平野低地部である。両地域とも河川活動が活発で沖積平野の成立が遅く、人々が住み始めた縄紋時代晩期頃には、平野部にほとんど樹木がない状態であった(図11)。

岡山平野は、それでもまだ半田山丘陵などにアカガシ亜属主体の大径木があったため、その麓に縄紋時代晩期段階の初期稲作集落を営んで、その森を利用することができた。しかし丘陵部の規模そのものがあまりにも小さかったため、かなり早い段階で使える材を伐り尽くしてしまったらしい。それゆえ弥生時代中期以降は、もっぱら旭川上流域の山間部に木材資源を頼ることとなる。

いっぽう、濃尾平野低地部は東西南北ともに一〇キロを超える広大な沖積平野であったた

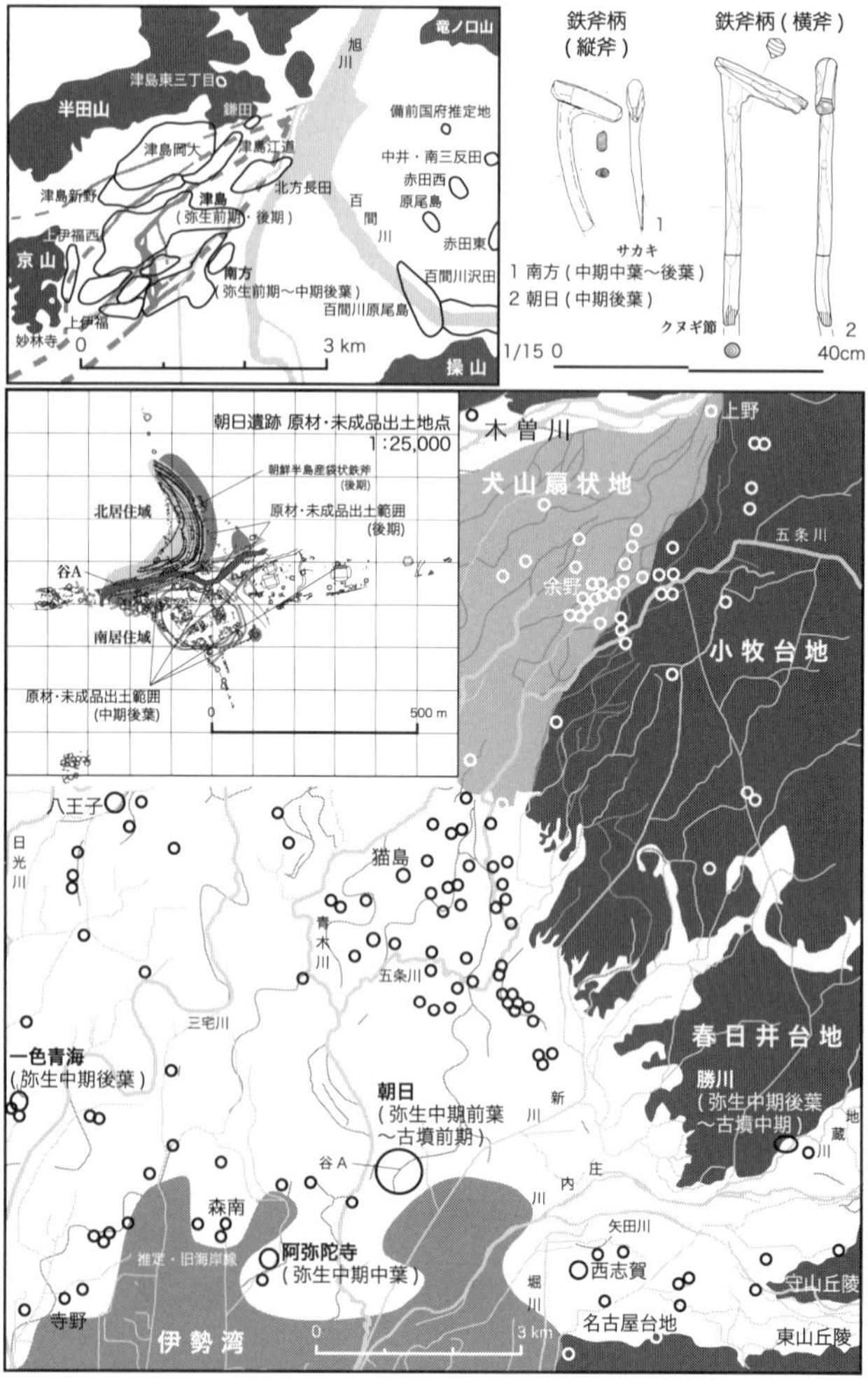

図11　岡山平野・濃尾平野の集落分布と朝日遺跡

め、岡山平野以上に材の入手は困難をきわめたようだ。その証拠に、濃尾平野のほぼ中央に位置する清須《きよす》市の朝日遺跡では、弥生時代中期前葉段階からマツ属を一定量使用している。マツ属は周辺にあまり樹木がない裸地的環境で生育する。それゆえ、一般的には有用な木材が伐り尽くされた古墳時代中期以降にその使用頻度が高まることが知られている。また、燃料材獲得のために頻繁に伐採が繰り返される須恵器《すえき》や施釉《せゆう》陶器の窯跡周辺では、完全にマツ属しか存在しないという植生であったことが、これまでの研究で明らかにされている。

それに対して、一般に弥生時代の集落ではマツ属はほとんど使用されていない。しかし朝日遺跡においては、集落形成後のかなり早い段階からマツ属がさまざまな器種で使用されている。ということから、朝日遺跡の周辺では木本類としてはマツ属ぐらいしか生育していないという環境から始まっていたと推定できるのである。

なお、朝日遺跡周辺でも安定的に集落が営まれる状況になって以降は、コナラ節・クヌギ節・クリ・ケヤキ・エノキ属などを主体とする里山的な植生が成立していたことが、製品だけでなく、自然木も含めた膨大な点数の樹種同定結果からわかっている（愛知県埋蔵文化財センター二〇〇七）。

縄紋晩期〜弥生前期

縄紋晩期には木曽川の沖積作用が沈静化し、濃尾平野低地部にも樹木が進出する。

最初に草地（葦原）に生えたのがマツ属やヤナギ属で、標高のやや高い場所にクヌギ節・コナラ節・ケヤキ・クリなど落葉広葉樹林が広がっていたようだ。

洪積台地上にはアカガシ亜属やクスノキ科など常緑広葉樹林があり、丘陵裾にスギ、丘陵部はヒノキ科を主体とし、コウヤマキ・モミ属・ツガ属などが局所的に生える針葉樹林が広がっていたと考えられる。

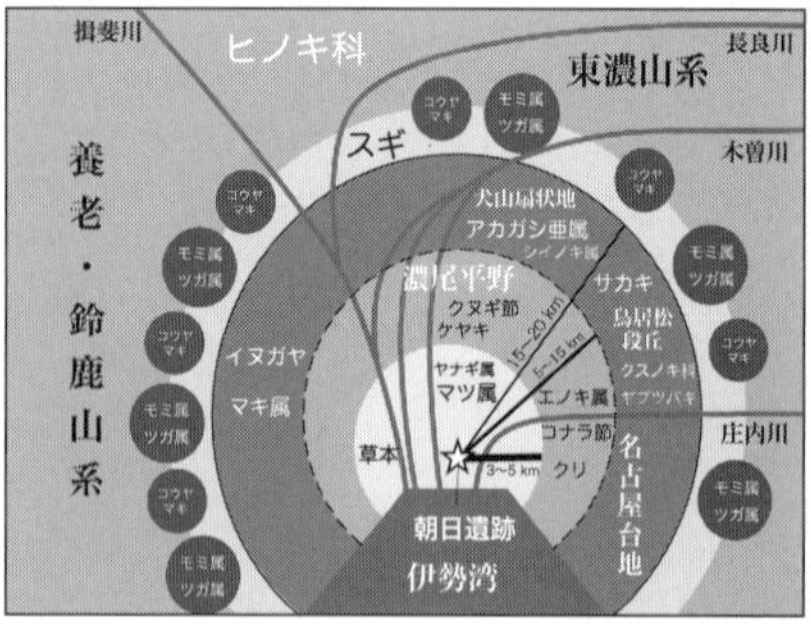

弥生中期前葉〜後期

朝日遺跡周辺にも落葉広葉樹林が進出してくる。

朝日遺跡など沖積低地に居住する弥生人は、このクヌギ・コナラ林を施設材・器具材・燃料材など様々に利用していた。

また、掘削具にはアカガシ亜属、柄にはサカキ、弓にはマキ属・イヌガヤ、臼にはクスノキ科など、洪積台地上の常緑広葉樹林も盛んに伐採して利用したため、これらの大径木は徐々に丘陵側へと後退していった。

スギ・コウヤマキ・モミ属なども同様に、盛んに伐採されたために、その領域を狭めていったと考えられる。

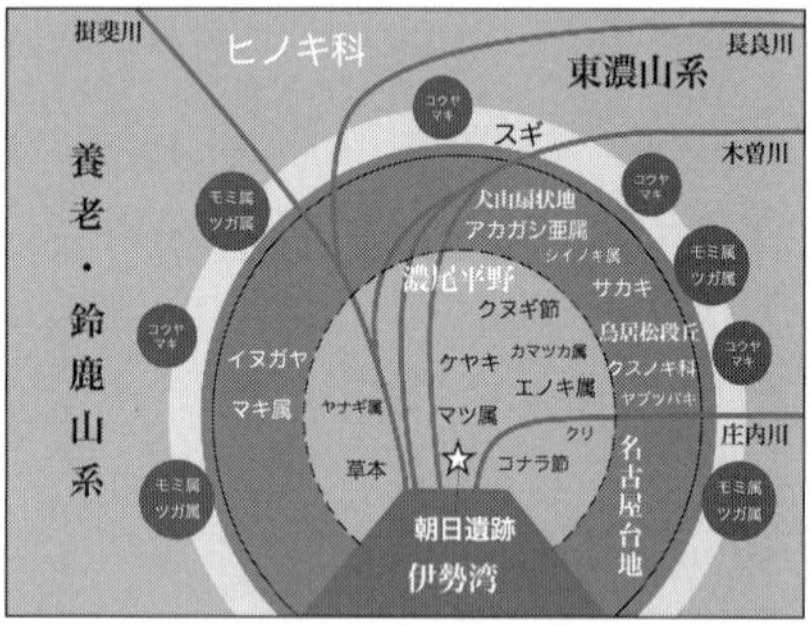

古墳初頭 〜前期後半

台地上のアカガシ亜属や丘陵裾のスギ・コウヤマキ・モミ属などはさらにその領域を狭めていく。

その一方で、人口が激減した朝日遺跡の周辺には、アカガシ亜属が新たに進出してきたようだ。

ただし、掘削具などに利用できる。

ような大径木はなく、幹の直径が 10cm 程度の小径木ばかりだった。

このアカガシ亜属の小径木は、クヌギ節やヌルデなどとともに、杭材に用いられていた。

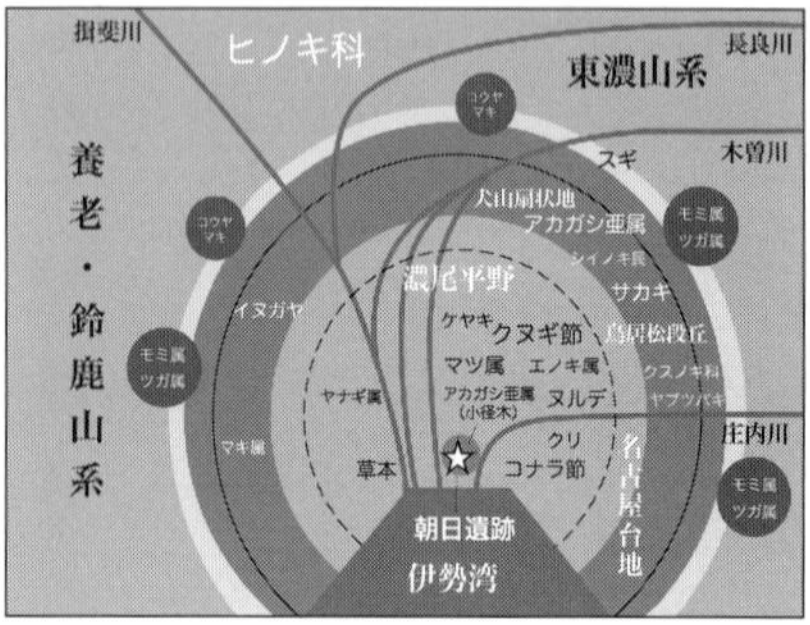

図12　愛知県 朝日遺跡の復元周辺植生モデル

優占種による植生帯	組成による群落分類体系	相観による群落区分	水平植生帯	垂直植生帯
シイ帯（アカマツ・コナラ林 シイ・カシ林）	ヤブツバキクラス スダジイ-リュウキュウアオキオーダー スダジイ-ヤブコウジオーダー	照葉樹林（常緑広葉樹林）	暖温帯	低地帯
ブナ帯（ブナ・ミズナラ林）	ブナクラス ブナ-ササオーダー ミズナラ-コナラオーダー	夏緑広葉樹林（落葉広葉樹林）	冷温帯	山地帯
オオシラビソ帯（オオシラビソ・エゾマツ林） ハイマツ帯（ハイマツ群落）	トウヒ-コケモモクラス トウヒ-シラビソオーダー ハイマツ-コケモモオーダー	常緑針葉樹林	亜寒帯	亜高山帯
ヒゲハリスゲ帯（低小草原）	クロマメノキ-ミネズオウクラス ヒゲハリスゲ-カラフトイワスゲクラス	低小草原	寒帯	高山帯

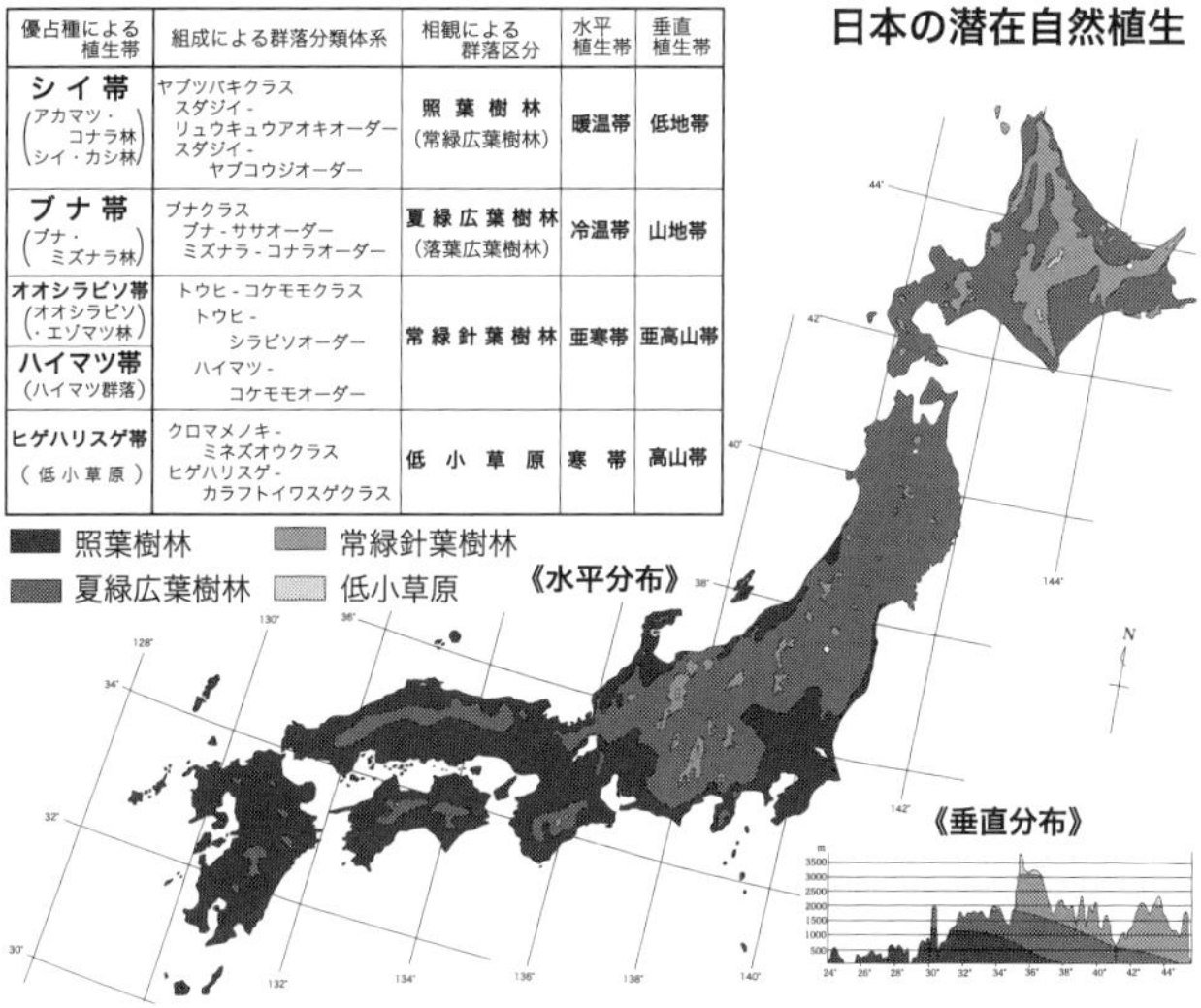

図13　日本の潜在自然植生（中西ほか1983より引用）

それでもアカガシ亜属の大径木や、実は朝日遺跡で出土する樹種の半数近くを占めるヒノキ科とスギは、集落の周辺には全く存在しなかったとみてよい。しかしなお大量に使用されているということは、基本的にこれらの樹種については外部、主として濃尾平野北東部の丘陵部から、庄内川や木曽川水系による水運を用いて入手していたと考えてよかろう（図12）。そしてアカガシ亜属にかんしては、朝日遺跡が衰退する古墳時代前期段階から、小径木（材の直径が二〇センチ未満）の芯持ち丸木が急激に増加していることがわかっている。すなわち、落葉広葉樹を主体とする里山的環境の維持管理には人の手が必要で、これを放置すると、本州太平洋側の西日本地域では「潜在植生」である常緑広葉樹（カシ・シイ・クスノキなど）を主体とする極相林《きょくそうりん》（植物の種類や構造が安定した森林）へと遷移することを示している（図13）。

このタイプに合致する地域は、福岡県の福岡平野と、大阪府の河内平野低地部である。

自前での木製品生産をおこなわない地域

福岡平野では岡山平野と同様に、縄紋時代晩期から弥生時代前期にかけては平野の東にある月隈《つきぐま》丘陵の木材を利用した木製品生産をおこなっていた痕跡があるが、弥生時代中期以降は竪穴建物の柱材や杭材など以外には、周辺の森林資源を全く利用しなくなる（図14）。そしてその代わりに、鍬・鋤類をはじめとする日常生活で使用する木製品類は、すべて福岡平野以外の地域からの搬入に頼るようになる。

このことは河内平野低地部も同様で、東大阪市瓜生堂《うりゅうどう》遺跡の木製品を分析した中原計氏らによると、いちおう自前で木製品を作り得る技術は確保しつつも、基本的には他地域からの完成された木製品の搬入に頼っていたことが明らかにされている（中原・秋山二〇〇四）。

福岡平野における木製品の供給源となった地域は、山口譲治氏によって佐賀平野である

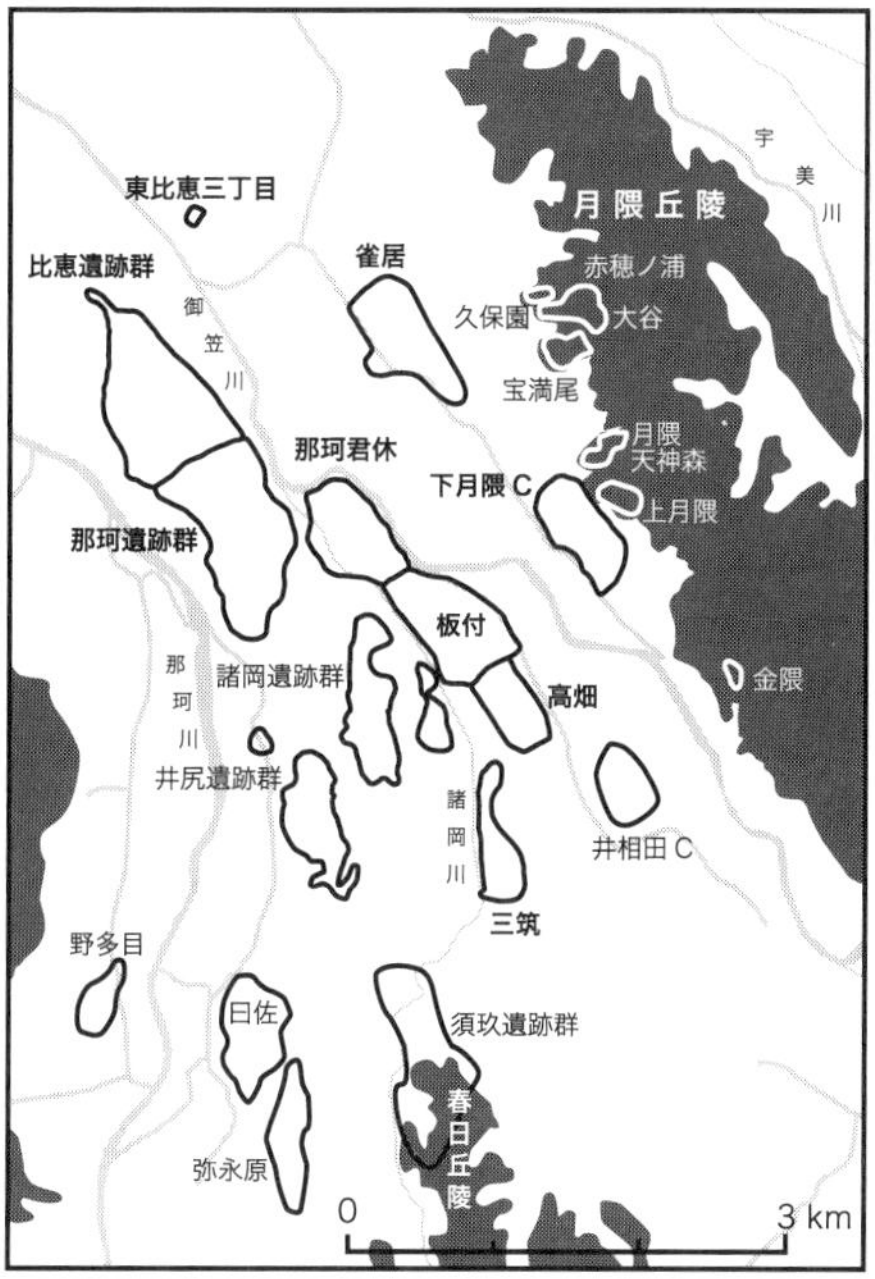

図14　福岡平野の遺跡分布

可能性は指摘されているものの、実際にはまだ特定できていない。いっぽう河内平野低地部では、瓜生堂遺跡などの約三キロ東に位置する生駒山麓の集落群（鬼虎川《きとらがわ》遺跡や西ノ辻遺跡）から、河内湖の水運を利用してもたらされたことが田代克己氏によって明らかにされている（田代一九八六）（図15）。

他の集落へ搬出する集落

ここまでは、他地域から木材資源や木製品そのものの供給を受ける地域の状況をみてきた。では次に、その供給源となった地域の状況をみてみよう。

まずは河内平野東部に位置する生駒山地西麓の遺跡群である（図15）。弥生時代前期以

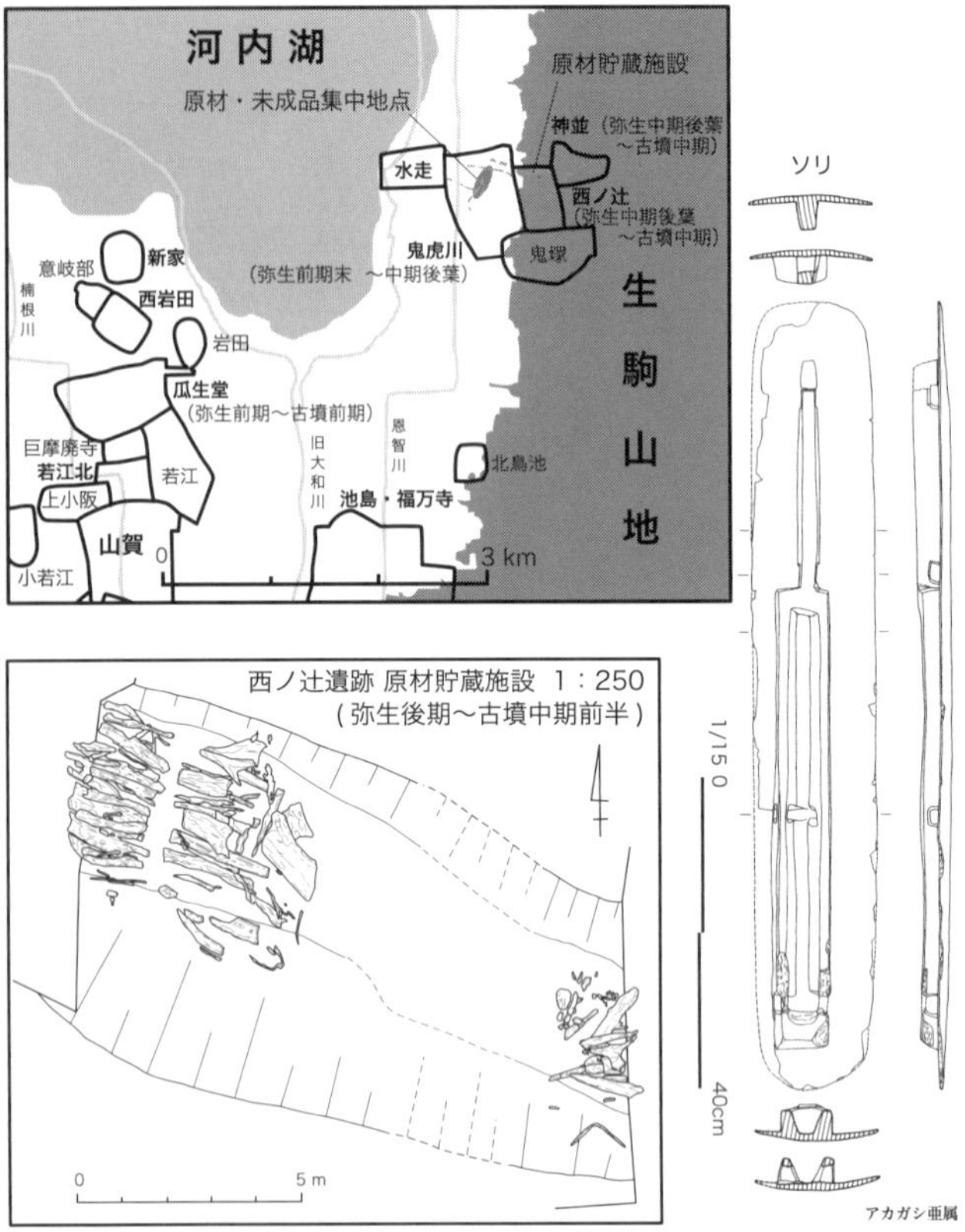

図15　河内平野の遺跡分布

来、生駒山地西麓に自生する豊富な常緑広葉樹を伐採して、古墳時代中期頃まで木製品生産を継続している。この地域の出土木製品のなかで特に注目されるのは、大型のソリである。ソリは一般的な集落でもしばしば出土するが、鬼虎川遺跡のように大型のものが多数出土することはきわめて稀である。このソリは、二台一組で木材の搬送に用いられたことはほぼ間違いあるまい。また、鬼虎川遺跡よりも標高が高い位置に所在する西ノ辻遺跡では、自然流路から長さを切り揃えた丸太材が大量に出土している。こういった原材の大量ストックも、このタイプの集落の特徴である。

　ここではさらに、遺跡の立地にも少し注目してみたい。それは、鬼虎川遺跡から西ノ辻遺跡へと、時代が下るにつれて集落の標高が上がっていることである。生駒山地西麓で伐採された木材は、この両遺跡で製材・加工されて、製品として河内平野低地部の集落群へともたらされたことは、先に述べたとおりである。だとすれば、運搬距離がより短い山麓でも下の方で木材を伐り出す方が楽である。しかし、直径が六〇チセンを超えるアカガシ亜属の大径木は、いったん伐採してしまうと、新芽が同様の太さにまで成長するのに一〇〇年以上もの年月を要する。そのため、より平野に近い場所でのアカガシ亜属の大径木は徐々に滅失していき、新たな大径木を求める人々は、どんどん標高の高い場所へと移動していったと考えられるのである。

実は生駒山地西麓で木材の伐採・製材・加工・搬出をおこなった集落は、ここにあげた鬼虎川遺跡と西ノ辻遺跡だけではなく、北から高宮八丁《たかみやはっちょう》遺跡・雁屋《かりや》遺跡・恩智《おんち》遺跡でも同様の木製品生産をおこなっていたことがわかっている。そして、このうち高宮八丁遺跡と雁屋遺跡は森小路《もりしょうじ》遺跡へと完成品を供給していたことが、中原計氏の研究によって明らかにされている（中原二〇〇九）。

もう一例、他の集落へ木材や木製品を搬出していた可能性のある遺跡をあげておく。愛知県春日井《かすがい》市の勝川《かちがわ》遺跡である（図16）。この遺跡は濃尾平野の北東部、春日井台地（鳥《とり》居松《いまつ》段丘面）の縁辺に所在し、南には庄内川が東から西へと流れている。

弥生時代中期後葉の居住域と墓域は台地上に展開し、段丘直下には庄内川の支流である旧・地蔵川から溝によって水を引き入れている。この溝に杭列を打ち込んで水流を緩やかにし、杭列のすぐ上流側に浅い土坑を掘り窪めている。そして、この土坑内からアカガシ亜属の板材のほか、柄孔穿孔《えあなせんこう》前の鍬や杓子の未成品などと、石斧柄が出土している。

また、溝の南には四棟一組の小規模な掘立柱建物群が展開し、その周辺には方形周溝墓の棺材に用いるためのコウヤマキの板を五枚一組にして埋納した土坑が二基確認されてい

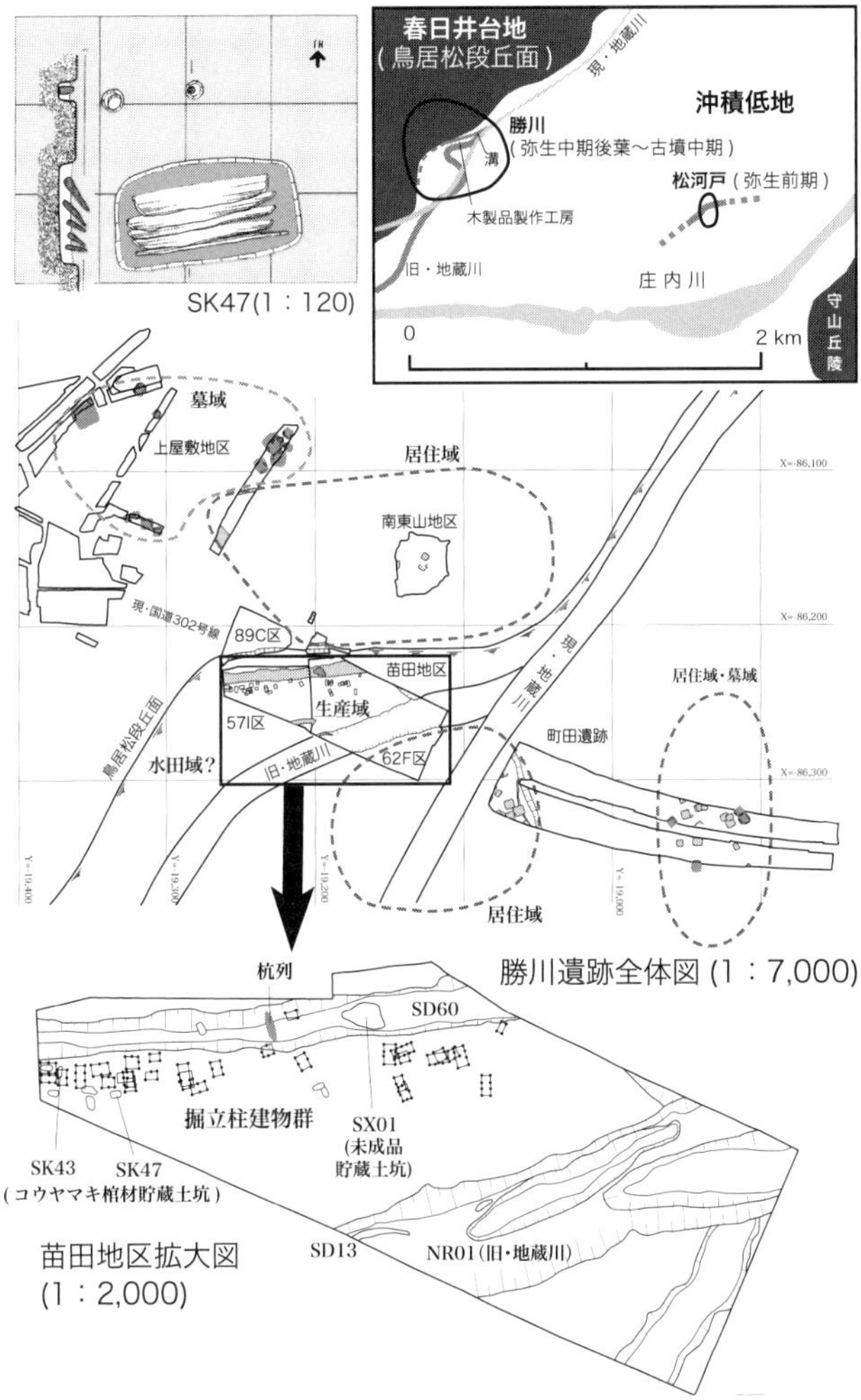

図16　愛知県春日井市 勝川遺跡

る。これら一連の遺構群は、この勝川遺跡で鳥居松段丘面に自生していた豊富な木材資源を伐採・加工し、庄内川下流の集落群へと供給するための大規模な木製品製作工房であったと推定している。

水漬け保管の意義

西ノ辻遺跡では河道内からの大量の丸太材、勝川遺跡では溝内に土坑を掘って板材や未成品を貯蔵するなど、弥生時代の木製品生産にかかわる遺跡では、しばしばこういった「水漬け遺構」がみつかる。

こういった原材および未成品の水漬け保管についての意義は、次の三点が考えられる。まず、丸太の水漬けをおこなうのは、生木に含まれる樹液を水中でいったん水に置き換え、のちに取り出して今度は水分を抜いて乾燥させるためといわれている（西岡・小原一九七八）。伐採したばかりの丸太をそのまま放置しておくと、樹液が抜けて乾燥するに従って、特に広葉樹の場合は放射組織に沿ってヒビ割れを起こす。それを防ぐためには樹皮付きの丸太状態で一定期間水に漬けておき、生木に含まれる樹液分をゆっくりと抜いてやる必要性がある。これは「木場」と呼ばれる現代の木材の保管場所でも認められる。

次に、未成品段階での水漬け保管である。これは弥生時代中期後葉までは一般的だが、弥生時代後期以降になると急激に認められなくなることがわかっている。水漬け保管されている未成品の多くはアカガシ亜属を用いた鍬・鋤類や、ケヤキ・ヤマグワを用いた容器類である。これらの木は完全に乾燥してしまうと非常に堅くなり、石製工具では容易に削ることができなくなる。それゆえ、加工すべき表面の柔らかさを保つために水漬けが必要であったのであろう。弥生時代後期以降にこういった遺構がなくなるのは、工具が鉄器化して、堅い木でも容易に削ることができるようになったためだと考えられる。

もうひとつ重要なのは、需要と供給のバランスの問題である。先に述べた生駒山地西麓の遺跡群や勝川遺跡などの周辺で、直径六〇センチ以上のアカガシ亜属の大径木を一本伐採したとしよう。このうち幹が真っ直ぐな長さ一メートルの丸太を放射組織に沿って最も効率的に分割すると八枚の板を採ることができる。それぞれの板からはおよそ三点の鍬が作れるので、直径六〇センチ、長さ一メートルの丸太では、最大二四点もの鍬ができることになる。しかし、このようなアカガシ亜属の大径木で、長さがたった一メートルの丸太しか用いずに他を捨ててしまうとは考えにくい。仮に一メートルの丸太が三本分取れたとすれば、七二点もの鍬が一どきにできてしまうことになる。たとえ他の集落への供給をおこなっていたとしても、これだけ大量の鍬を同時期に使い切ることは、そうそうなかったはずだ。そこで、板材や作りかけの状態で保管する、という必要性が生じるのである。

表2　木材資源を基準とした集落類型

類型	代表的な遺跡	木材を安定的に供給し得る森林からの距離	カシ等大径木の原材から完成品まで各段階の未成品の有無	集落内における木製品生産施設のゾーニング	想定し得る製品・未成品の供給先	木製品生産以外の生業活動
Ⅰ	勝川（中期後葉）	0	◎	◎	庄内川下流域の集落群	○
	鬼虎川・西ノ辻（前期～後期）	0	◎	◎？	瓜生堂ほか	○
	池子（中期後葉）	0	◎	◎	－	○
Ⅰ′	玉津田中（中期後葉）	0	◎	◎	新方？	◎
	唐古・鍵（中期前葉～後期）	0？	◎	◎	周辺の衛星集落	◎
	青谷上寺地（後期）	0	△	－	超精製容器類のみ，遠隔地へ供給?	◎
Ⅱ	青谷上寺地（中期後葉）	0	△	－	×	◎
	長野小西田（中期後葉～後期）	0	◎	◎	×	○
	西川津（前期～後期）	0	◎	◎	×	◎
	八日市地方（中期前葉～後葉）	2.5km	◎	◎	×	◎
Ⅲ	南方（中期中葉～後葉）	2km 以上	○	－	×	◎
	朝日（中期前葉～中葉）	3.5km	○	○	×	◎
	朝日（中期後葉）	3.5km	△	△	×	◎
	朝日（後期）	3.5km	△	◎	×	◎
Ⅳ	瓜生堂（前期～後期）	3km	×	×	×	◎
	比恵・那珂遺跡群（中期前葉～後期）	3km 以上	×	×	×	◎

この最後の需要と供給の問題については、のちに鍬の製作者と使用者との視点から、もういちど触れることとしたい。

少なくとも以上の三点のことから、弥生時代中期後葉までは、木材の伐採・製材・加工をおこなう集落においては、水漬け保管施設は必要不可欠な存在であった。

集落の立地からみた生産と流通

最後に、以上みてきた集落の立地による分類から、木材ならびに木製品の生産・流通のパターンを整理したい。

私は弥生時代集落における木製品の生産スタイルは、大きく四つのパターンに分けることができると考えている（表2）。

Ⅰ類型は、集落の近くにアカガシ亜属を

主体とする大量の森林資源があり、自前で原木の伐採から製材、加工までを一貫しておこなうことができる。ここで重要なのは、丸太や分割材、さらには完成品を他の集落へ供給できるシステムを備えていることである。先にあげた大阪府の生駒山地西麓の遺跡群や愛知県の勝川遺跡、あるいは神奈川県逗子《ずし》市の池子《いけご》遺跡などがこれにあてはまる。

このⅠ類型としたものは、自前で木材の調達ができない集落（Ⅲ・Ⅳ類型）への供給を前提としている。ただそれ以外に、近接する集落間での分業や、特定器種だけを他集落へ供給するといったパターンも想定されるため、それらについてはⅠ′類型としておく。

Ⅱ類型はここまで特に触れてこなかったが、集落の周辺に木材が採れる森があり、自前で木製品の生産を一貫しておこなっているのだが、他へ供給することなく自給自足で完結するパターンである。おそらく弥生時代後期より以前は、全国的にこの類型が最も多かったと考えられる。

たとえば前述の福岡県長野丘陵の遺跡群や、島根県松江市の西川津《にしかわつ》・タテチョウ遺跡、石川県小松市の八日市《ようかいち》地方遺跡などは大量の原木・板材・未成品類が出土し、かつ未成品の貯蔵施設なども確認されているのだが、これらの遺跡では周辺の集落も同様に木製品の生産をおこなっている。それゆえ、供給先が想定できないので私はⅡ類型と考えている。

大量に木製品が出土するのは、ただ単に集落規模が大きく、抱えている人口が多かったためであろう。

Ⅲ・Ⅳ類型は、竪穴建物の柱材や杭材、あるいは日々の燃料材などは自前でなんとか調達できるものの、それ以外の必要材、特に鍬・鋤類を作るためのアカガシ亜属の大径材が集落の周辺になく、他の集落に頼らざるを得なかったタイプの遺跡である。

そして、このうちⅢ類型は原材や板材などをⅠ類型の集落から入手して、それ以降の加工は自前でおこなって自家消費するパターンなのに対し、Ⅳ類型は基本的に製品のみを入手し、自前での製作はおこなわないパターンである。

前述した岡山平野や濃尾平野低地部の遺跡群がⅢ類型で、福岡平野の遺跡群や河内平野低地部の遺跡群がⅣ類型に属する。ただし、岡山平野・福岡平野・河内平野の遺跡群では、弥生時代前期段階までは木製品生産の痕跡が認められるため、当初はⅡ類型であったと考えられる。

以上、木製品の生産・流通パターンを一つの図にまとめると、図17のようになる。この図の下段に置いた弥生時代後期にかんしては、工具の鉄器化とともに、集落構造の階層化など複雑な要素が絡んでくるので、これについては本書の最後に詳しく述べる。

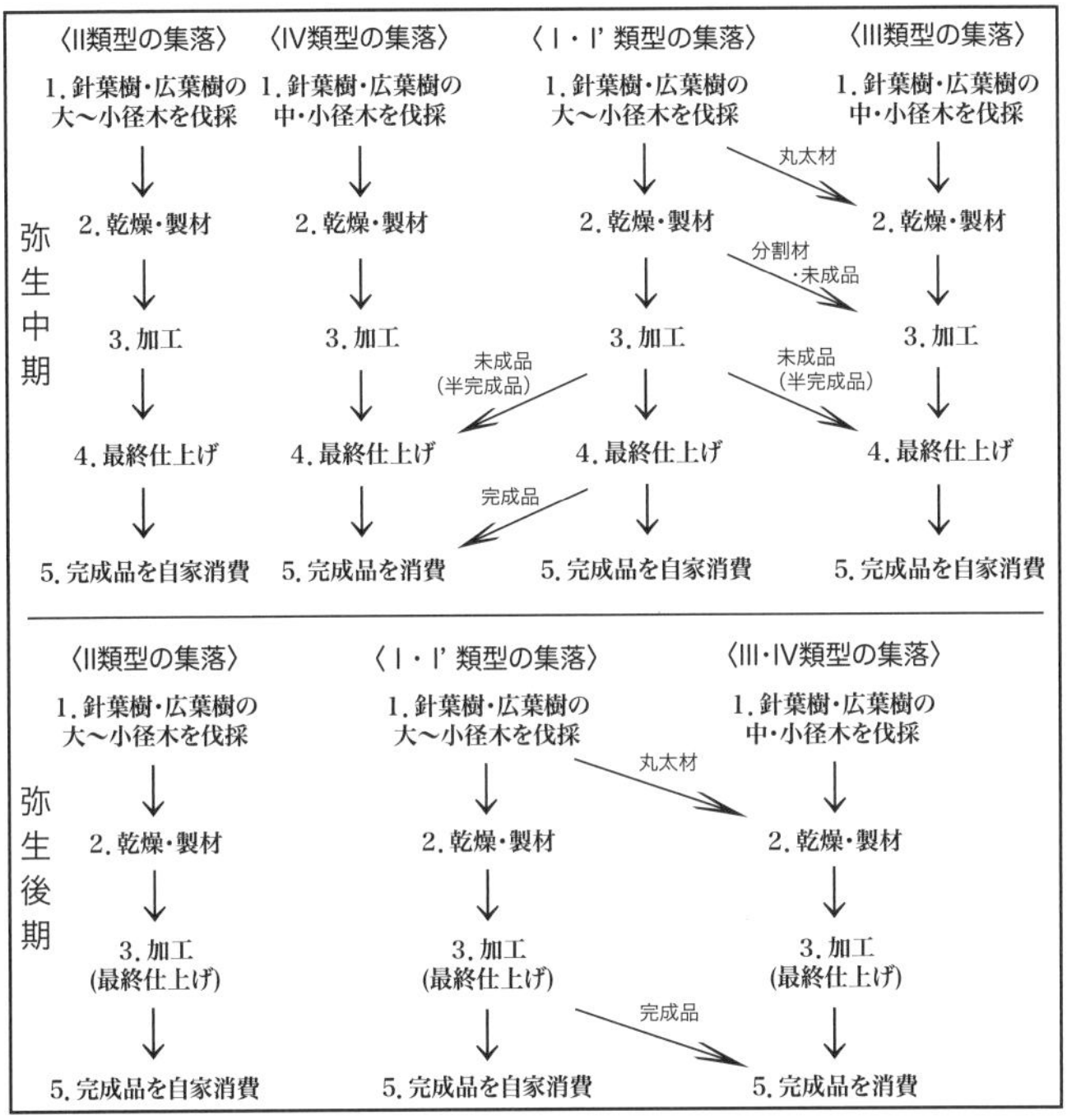

図17　木材・木製品の流通モデル

ここで表2に戻って、いくつか大事なことを押さえておく。まず、Ⅰ・Ⅱ類型とⅢ・Ⅳ類型を分ける最も重要な要素は、言うまでもなく森との距離である。特にⅢ類型での森との距離をみると、二〜三キロというのが大きな指標となりそうである。

この距離は、前述した近世の木地師が非常に重視していた距離でもあった。良質な木材を求めて遍歴する近世の木地師たちは、居住地から二〜三キロ圏内で使える材がなくなると、次の山へと移動していったことがこれまでの研究で知られている。この二〜三キロは、おそらく原木を運搬するのにさほど苦にならない最大の距離だったのであろう。この点においても、近世の木地師に弥生人の姿が見え隠れするように感じるのは私だけではあるまい。

もうひとつ重要なのは、弥生時代中期後葉まではⅠ類型の集落でも木製品生産以外の複数の生業が認められることである。現代的な視点では、大規模な工房施設を有し、他の集落にまで木材ないしは木製品を供給するⅠ類型の集落は、木製品生産に特化した専業集団のようにみえてしまうのだが、彼らは水稲耕作を生業の基本としつつ、石器生産や骨角器生産、場合によっては青銅器や鉄器生産も同時におこなっていた。

そして、こういったさまざまな生業が、それぞれに専業集団として特化していくのは、弥生時代後期からだと私は考えている。ただし、中国の王朝や朝鮮半島と接する機会が多かった北部九州地域においては、もう少し早い段階から、素材ごとの分業が集落単位で発生していた可能性がある。このことについても、本書の最後の方で詳述することとしたい。

木製品には何があるのか

現在の生活との比較

現在、私たちの身の回りにあるもののほとんどは、プラスティックなど工業製品でできている。家も、柱や梁などの構造材は木だが、壁は石膏ボードにビニールクロス張りのお宅がほとんどだろう。

ひるがえって弥生時代の生活を考えてみよう。この時代は首長層も竪穴建物に居住していたとされている。当然のことながら、柱・梁・垂木材は木でできている。屋根に葺くのはカヤか稲藁。もちろん倉庫である掘立柱建物の柱・梁・壁材・床材などもすべて木製である。

日常生活では、米や食材を煮炊きする道具こそ土器だが、食器には木製の椀や皿、鉢なども用いられていた。糸を紡ぎ、衣服を織るための紡織具はもちろん木製品でできている。食料となる獲物を捕らえたり戦いで用いる弓矢も、鏃と弓の弦以外は木製品。同じく戦いの道具である矛や戈の柄、剣の把、楯……と、いちいち数え上げればキリがない。

木製品の分類基準

ということで、おもに弥生時代に認められる木製品を一覧表にしてまとめてみた（表3～6）。表のいちばん左側の欄である大分類は掘削具、掘削具柄、農具、工具・調度・雑具、服飾具、容器、食事具、紡織具・編み具、運搬具・漁撈具、狩猟具・武具・馬具、威儀具、祭祀具、楽器、建築部材、土木材、棒、板、残材、分割材、丸太、その他と、おおまかな用途をあらわしている。

この分類は、全国各地の木製品研究者が協力して作りあげた「出土木製品用材データベース」が掲載されている『木の考古学』（伊東・山田編二〇一二）に準拠しつつも、私なりに分類し直したものである。たとえば掘削具や掘削具柄は農具に含めて論じるのが一般的である。しかし、掘削具（具体的には鍬・鋤類）は、もちろん水稲耕作や畑作に用いるが、それ以外に環濠や大溝の掘削作業、竪穴建物や掘立柱建物の築造、墳墓の築造、河川の制御、水田そのものの構築、道路普請など、農耕とは無関係の純粋な土木作業にも頻繁に利用されたであろうことが容易に想像できる。それゆえ、上原眞人氏からの「鍬・鋤類

表3　弥生～古墳時代の器種分類-1

大分類	中分類	小分類
掘削具	直柄鍬	平鍬
		小型鍬
		横鍬
		多又鍬
	曲柄鍬	平鍬
		二又鍬
		多又鍬
	泥除け具	平鍬用
		横鍬用
	一木鋤	平鋤
		多又鋤
	組合せ鋤	平鋤
		多又鋤
	馬鍬	
	犂	
掘削具柄	直柄	
	曲柄	膝柄
		反柄
農具	杵	竪杵
		横杵
		小型杵
	臼	大型
		小型
	田下駄	枠なし
		円形枠付き
		方形枠付き（大足）
	穂摘み具	木庖丁
		鉄製穂摘み具台
	鎌柄	木鎌
		鉄鎌
	刈払い具	一木式
		組合せ式
	モミスクイ	

大分類	中分類	小分類
工具・調度・雑具	縦斧柄	太型蛤刃石斧
		板状鉄斧
		袋状鉄斧
	横斧柄	柱状片刃石斧
		扁平片刃石斧
		板状鉄斧
		袋状鉄斧
	クサビ	
	カケヤ	一木式
		組合せ式
	ヨコヅチ	豆打ち用
		藁打ち用
		砧
	机	天板
		脚
	腰掛け	一木式
		座板
		脚
	ヘラ	
	自在鉤	
	発火具	火鑽杵
		火鑽臼
		火鑽弓
服飾具	履	
	下駄	
	かんざし	
	櫛	竪櫛
		横櫛
	腕輪	
容器	刳物	高杯
		鉢
		椀
		皿

表4　弥生～古墳時代の器種分類-2

大分類	中分類	小分類
容器	刳物	高杯
		鉢・椀
		皿・盤
		壺
		桶
		箱
		蓋
		槽
	挽物	高杯
		鉢・椀
		皿・盤
		壺
	指物・組み物	箱
		蓋
	曲物	合子
	編み物	カゴ
		ザル
		タワラ
食事具	杓子	縦杓子
		横杓子
	匙	
	フォーク	
紡織具・編み具	紡錘	紡輪
		紡茎
	桛	腕木
		支え木
	綛かけ	腕木
		支え木
		回転軸
		台
	タタリ	柱
		台
	糸枠	枠木
紡織具・編み具	糸枠	横木
		棒軸
	整経台	
	整経篦	
	原始機	布送具
		経送具
		綜絖
		中筒
		緯打具
	地機	布巻具
		経巻具
		筬
		綜絖
		中筒
		招木
		管大杼
	編み台	目盛り板
		脚
		木錘
運搬具・漁撈具	丸木舟	
	準構造船	船底部
		舷側板
		竪板
		飾板
		隔壁
		フェンダー
	櫂	一木式
		組合せ式
	ソリ	
	修羅	
	背負子	無爪型
		有爪型
	天秤棒	

表5　弥生～古墳時代の器種分類-3

大分類	中分類	小分類
運搬具・漁撈具	刺突具	銛
		ヤス
	網枠	
	アカ取り	
	浮子	
狩猟具・武具・馬具	弓	飾り弓
		素木弓
	弩	
	矢	木鏃
		根挟み
		鳴鏑
		矢柄
	鑓	柄
		鞘
	甲	小札
		短甲
	靫負	底板
	刀剣装具	把
		鞘
		鞘尻
	盾	
	戈	柄
		鞘
	鞍	居木
		前輪
		後輪
	鐙	壺鐙
		輪鐙
		舌鐙
威儀具	儀杖形	立飾り
		柄
	団扇形	
	翳	

大分類	中分類	小分類
威儀具	環形付	
	蓋形	立飾り
		軸受
		腕木
	蓋形	鏡板
		笠骨
		柄
	装飾板	
祭祀具	武器形	剣形
		刀形
		鑓形
		鏃形
		戈形
	動物形	鳥形
		馬形
	木偶	
	人形	
	陽物形	
	舟形	
	斎串	
	古墳立物	石見型
		笠形
		盾形
		鳥形
楽器	琴	板作り
		槽作り
		琴柱
	筑状弦楽器	
	横笛	
建築部材	柱	掘立柱建物柱
		竪穴建物柱
	梁	
	桁	

表6　弥生～古墳時代の器種分類-4

大分類	中分類	小分類
建築部材	根太	
	床板	
	壁板	
	屋根板	
	垂木	
	扠首	
	扉板	
	楣	
	蹴放し	
	方立	
	辺付	
	閂	
	ネズミ返し	
土木材	杭	
	矢板	
	井戸枠	柱
		側
土木材	井戸枠	水溜
棒	角棒	有頭
		有抉
		有溝
		穿孔
	丸棒	有頭
		有抉
		有溝
		穿孔
板		穿孔
		有溝
残材		
分割材	2分の1	
	4分の1	
	8分の1	
丸太		
その他		

は一義的には農具である」という批判を承知のうえで、ここでは掘削具として分類している。

　さらに掘削具とその柄を農具と分けているのには、もうひとつの理由がある。それは、使用される樹種の問題である。掘削具・掘削具柄・それ以外の農具類では、それぞれに使用される樹種が異なる。これをすべて農具として、他器種との樹種組成を比較すると、やや誤解を引き起こす可能性がある。それゆえ、遺跡によっては全木製品中二割以上を占めることがある掘削具および掘削具柄は、他の農具類とは分けておきたいのである。

　いっぽう、腰掛け（椅子）は調度品でもあるし、さまざまな作業でも使用する。舟や櫂などは、運搬具でもあり漁撈具でもある。弓・矢もまた、狩猟具であり武器でもある。こういった単品で出土した場合に機能が限定できない器種については、「工具・調度・雑具」や、「運搬具・漁撈具」、「狩猟具・武具・馬具」、というように、非常に大きな括りとしている。

中分類では、掘削具にかんしては直柄《なおえ》鍬・曲柄《まがりえ》鍬・泥除け具・一木鋤・組合せ鋤などと、柄の付け方の異なるものを分けるかたちになっている。本来ならまず鍬と鋤という分類を大分類と中分類の間に入れるべきであろうが、分類案が煩雑になるので、ここでは省いている。このように、中分類と小分類については、必ずしも「整然とした」分類案とはなっていない。しかし、この表を一瞥しただけでも、弥生（〜古墳）時代の人々の生活において木製品の占める割合がいかに高かったかがわかっていただけるものと思う。

他の素材との比較

次に素材の枠を超えて、石製品・土製品・骨角製品・銅製品・鉄製品とで用途の比較を試みたい。ここでは、弥生時代の出土遺物をおおまかに「マツリの道具」「首長の所有物」「日常生活の道具」に分けてみた（樋上二〇〇四）。もちろんそれぞれの領域が重なるのは承知のうえである。

さらに「マツリの道具」と「首長の所有物」は、希少性から上位と下位に分けている（表7）。

表７　他素材との用途別比較

		木製品	石製品	土製品	骨角製品	銅製品	鉄製品
マツリの道具	上位	武器形・鳥形・舟形 木偶 楽器（琴・筑状弦楽器など）				銅鐸 巴形銅器	
	下位			加飾高杯 加飾壺 器台 銅鐸形土製品		銅鏃	
首長の所有物	上位	精製容器類（高杯・鉢・桶など） 食事具（匙・フォーク） 武器（甲・剣鞘・飾り弓） 服飾具（竪櫛・カンザシ・木沓） 儀杖など	石剣		カンザシ 首飾り 腕輪 武器形	銅鏡	鉄剣
	下位		石小刀 勾玉 管玉 （ガラス玉）			銅釧	鉄釧
日常生活の道具		掘削具（鍬・鋤） 農具（田下駄・鎌・木庖丁・竪杵・臼・ヨコヅチ・木錘・編み台など） 工具（伐採斧・加工斧・クサビなど） 狩猟・漁撈具（弓・タモ枠・櫂など） 運搬具（船・背負子・ソリなど） 機織具 発火具（火鑽臼・火鑽杵）	穂摘具 石斧 砥石 石鎌 石錘	壺 甕 高杯 鉢 椀 土錘	骨鏃 モリ ヤス アワビオコシ 釣り針		鉄斧 刀子 ヤリガンナ

このように分けてみると（異論があるとは思うが）、石製品・骨角製品・鉄製品は「首長の所有物」と「日常生活の道具」、土製品は「マツリの道具」と「日常生活の道具」、銅製品は「マツリの道具」と「首長の所有物」と偏りがあるのに対して、木製品はすべてを網羅していることがわかる。そして、「マツリの道具」と「首長の所有物」では、いずれも木製品はその上位にくる可能性がきわめて高いのである。

標準的な木製品の器種組成

図18～22に、弥生時代中期の遺跡から出土する木製品について、ほぼすべてを網羅した実測図を示した（建築部材・土木材・分割材などを除く）。

このうち、掘削具の直柄平鍬と曲柄平鍬には

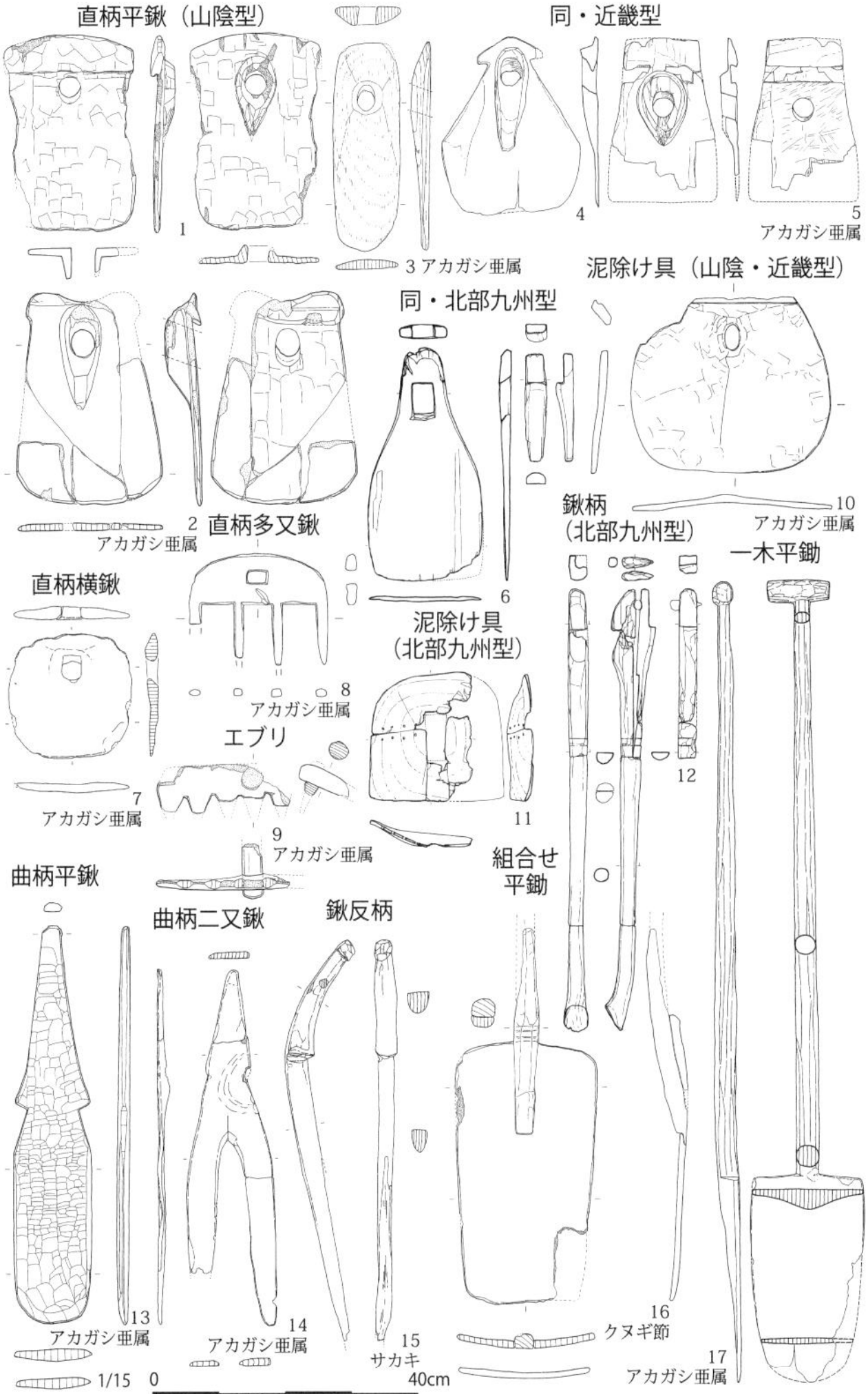

図18　弥生中期の器種組成-1（S＝1：15）

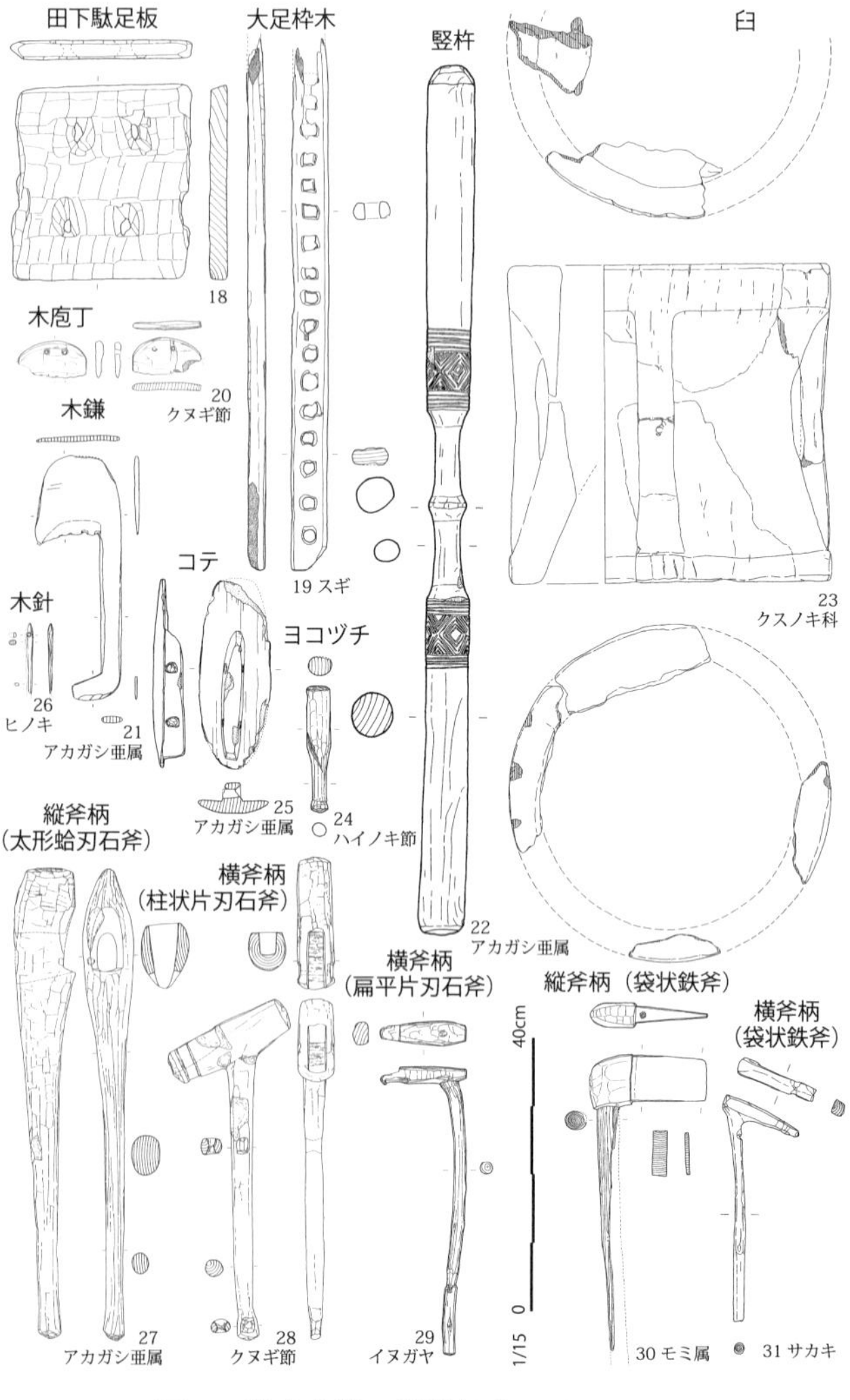

図19　弥生中期の器種組成-2（S＝1：15）

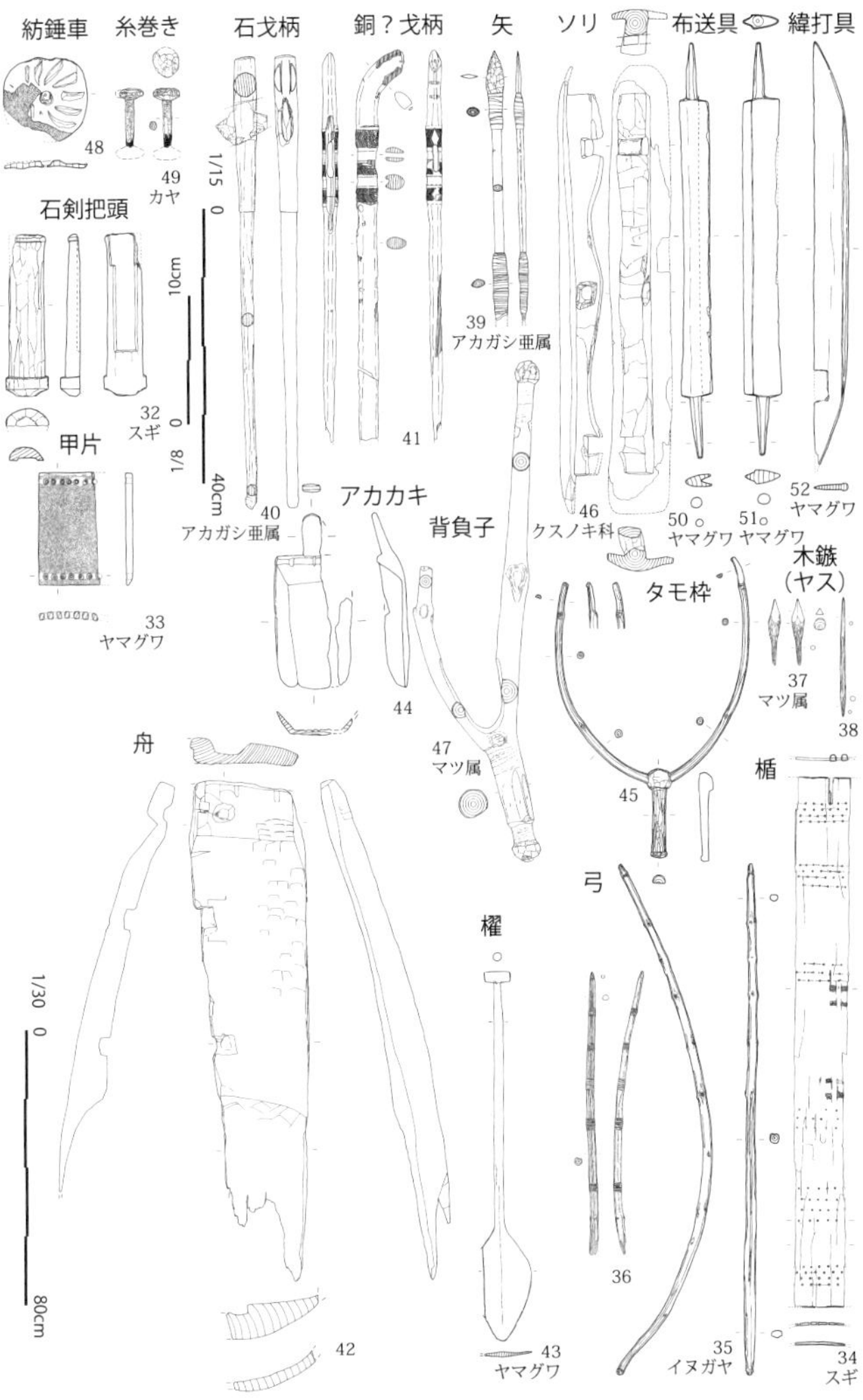

図20　弥生中期の器種組成-3（S＝1：15）

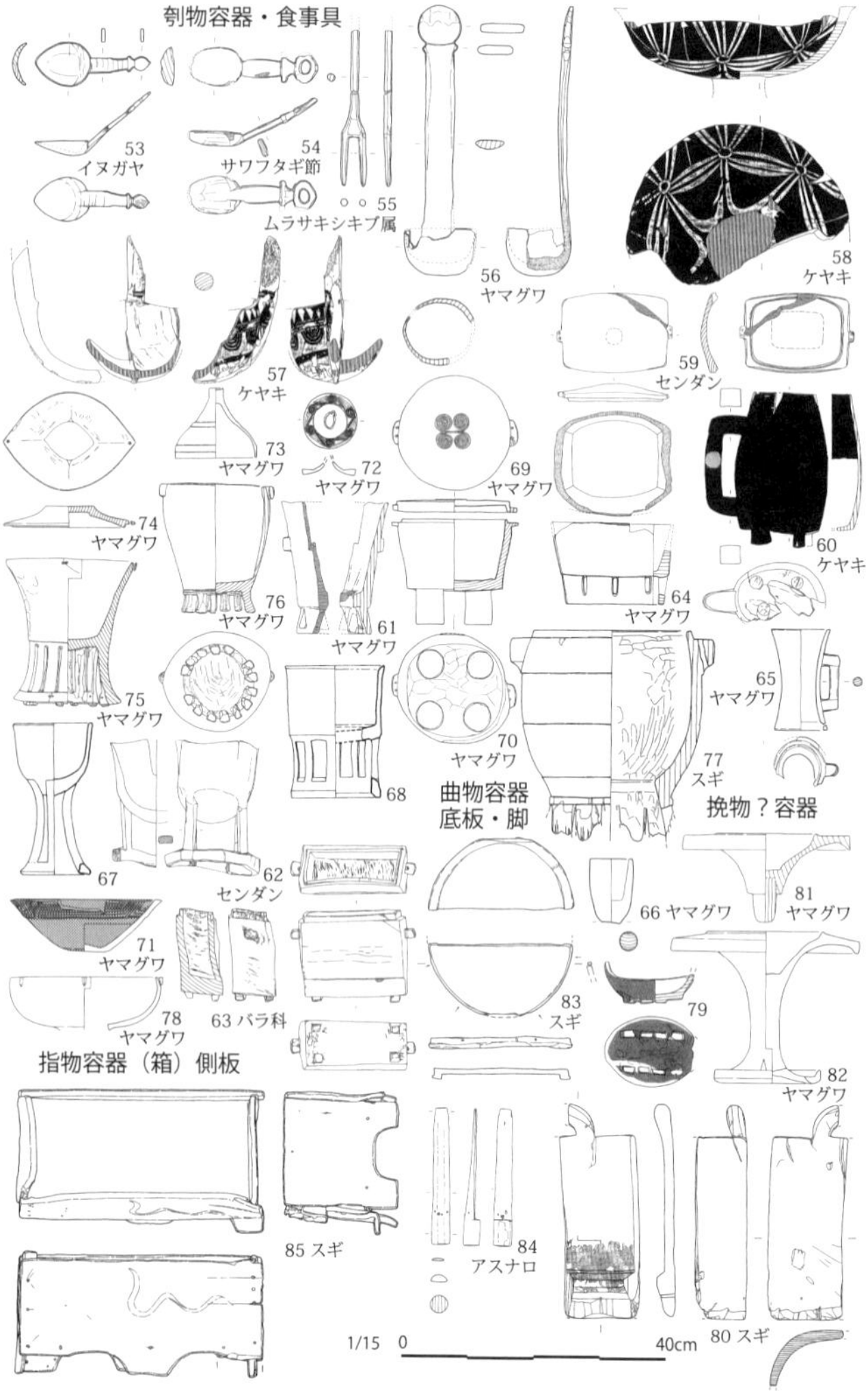

図21　弥生中期の器種組成-4（S = 1：15）

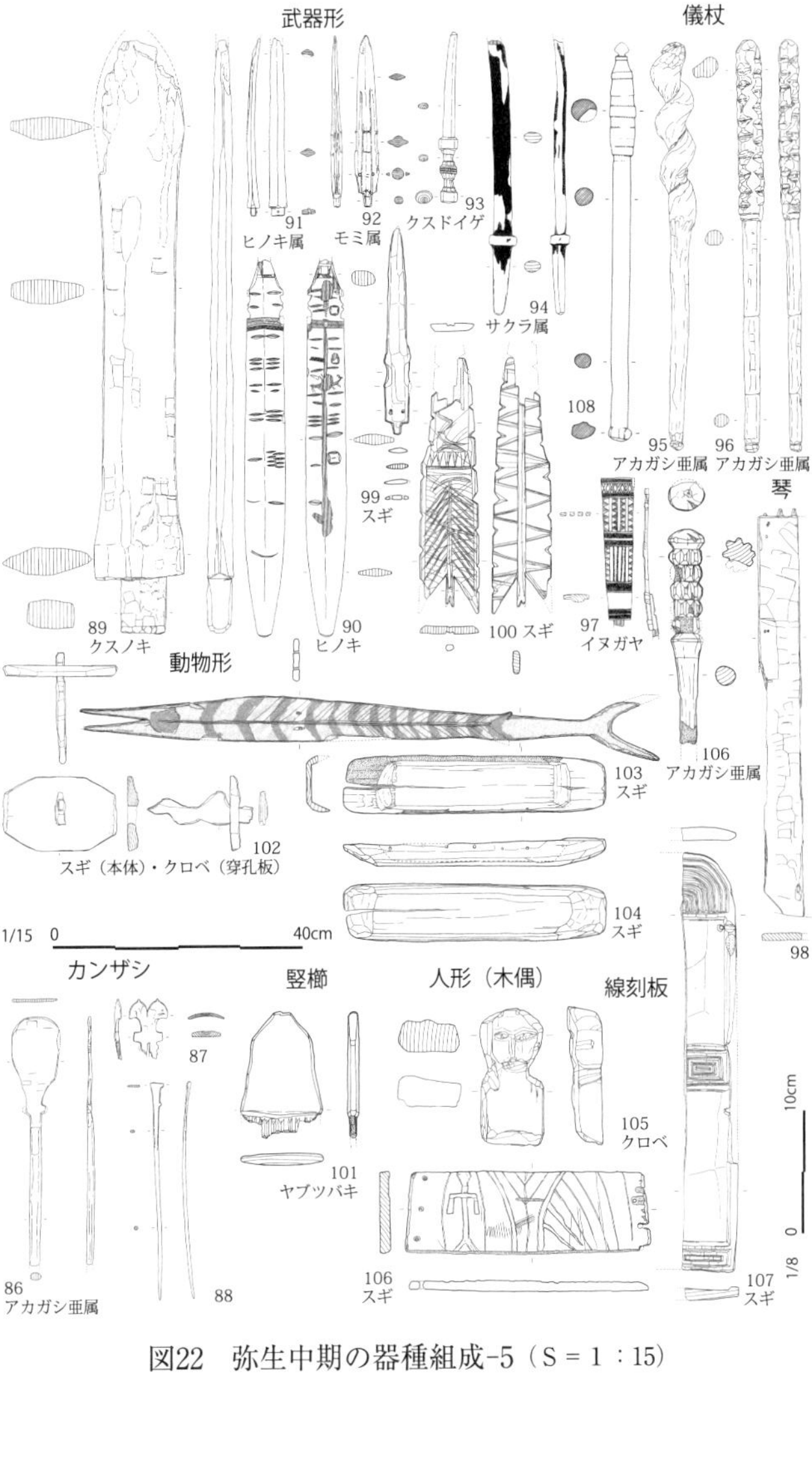
武器形
儀杖
91
ヒノキ属
92
モミ属
93
クスドイゲ
94
サクラ属
108
95
アカガシ亜属
96
アカガシ亜属
琴
99
スギ
89
クスノキ
90
ヒノキ
100 スギ
97
イヌガヤ
動物形
106
アカガシ亜属
103
スギ
102
スギ（本体）・クロベ（穿孔板）
104
スギ
1/15 0 40cm
98
カンザシ
竪櫛
人形（木偶）
線刻板
87
105
クロベ
10cm
101
ヤブツバキ
0
1/8
86
アカガシ亜属
88
106
スギ
107
スギ

図22　弥生中期の器種組成-5（S＝1：15）

著しい地域色が存在する。このことについては次章で詳述する。

農具にかんしては、杵と臼は多くの遺跡から出土するが、木庖丁と木鎌は必ずしも一般的な器種とはいえない。特に木庖丁は、木製高杯《たかつき》の口縁部からの転用品が多いとされる。水田で用いる田下駄や大足は、形態的には全国的にさほど変化しないが、出土量は地域と時期によってかなりの偏差がある。これには水田の立地や気候の変化が関係しているものと考えられる。

斧柄は立木を伐り倒すための伐採斧（縦斧柄）、クサビで分割したミカン割り材を平らな板に製材するための柱状片刃石斧《せきふ》の柄、板からさまざまな製品に加工するための扁平片刃石斧の柄があり、うち後二者をまとめて横斧と呼ぶ。弥生時代中期中葉〜後葉は、石斧から鉄斧へと移り変わる端境期にあたり、遺跡によって石斧柄が多い場合と鉄斧柄が多い場合がある。概して朝鮮半島に近い北部九州と山陰は鉄斧への変化が早い傾向がある。

糸を紡いで麻布や絹布を織るための紡織具もまた、出土する遺跡に偏差がある木製品である（東村二〇一二）。いっぽう、大分類では紡織具と一括りにしたムシロや俵を編むための木錘や編み台は比較的どこの遺跡からも出土する。

同様に、弓や楯が出土する遺跡は多いが、戈の柄・剣把・甲の出土例はきわめて少ない。

舟は小河川を航行するための丸木舟から、外洋を航海するための準構造船まで、種類や規模はさまざまである。準構造船にかんしては、そのままのかたちで出土することはきわめて稀で、たいていは舷側板や波切り板の一部か、船底部が井戸などに転用された状態で出土することが多い。

容器と食事具も、特に弥生時代中期後葉は石川県八日市《ようかいち》地方遺跡、岡山県南方《みなみがた》遺跡、鳥取県青谷上寺地《あおやかみじち》遺跡など、非常に精巧で繊細なものが大量に出土する遺跡があるいっぽう、小規模な遺跡からは槽など精度の低い刳物《くりもの》容器しか出土しないことが多い。概して日本海側は高度な技術による精巧品が多く、太平洋側は技術水準がそれよりも落ちるという傾向が弥生時代後期まで続く。これは鉄製工具の普及度とも比例していると思われる。精製容器の意義については、「首長と王の所有物」の章で詳述したい。

威儀具および祭祀具は、これまたきわめて多岐に渡る。両者とも儀礼や祭祀に用いたとみられるが、威儀具は首長（古墳時代には王）が身に帯びることによって、自らの権威を高めるアイテムと規定しておく。いっぽう祭祀具はカミマツリなどに用いる武器・舟・動物・人などを模した形代《かたしろ》類が多く、この傾向は古代まで続く。ただ、木製祭祀具の研究は時代ごとにあつかわれることが多いため、組成はともかく型式的にはさほど変化していないにもかかわらず、その使用法や意義が時代ごとに大きく変わることに対する説明がじゅうぶんなされているようには、どうしても私には思えない。考古学の遺物研究が時代ごとに断絶していることの悪弊が、最も顕著に表れている分野のひとつといえるだろう。

遺跡ごとの器種の違い

以上、ごく簡単ではあるが、表3～6の大分類に従って、弥生時代中期の木製品の器種組成について述べてきた。

一九九三年に刊行された奈良国立文化財研究所の『木器集成図録　近畿原始篇』には上原眞人氏による「解説」がついており、用途別に木製品の型式分類や編年案、そして民具研究を活用した各種木製品の使用法が詳細に述べられている。同書は弥生～古墳時代における木製品研究のバイブルとして、刊行後二〇年を過ぎた今もなお、報告書の事実記載や論文などで引用されている。いっぽうで、そのために大きな弊害も生んでいると私は考えている。『木器集成図録』を隅から隅まで読んでいると、あたかも弥生～古墳時代の集落遺跡では、ここに掲載された木製品のすべてが用いられていたかのように思えてくるのだ。

しかし、実際に遺跡を発掘調査しても、これらすべての木製品が出土することはまずない。強いていえば、律令期の旧国単位でも数えるほどしか存在しない大集落にしかなかっ

表8　弥生時代集落の階層性

集落の分類	遺跡の分布	集落の内部構造	該当する遺跡
集落A	旧国で1～3遺跡程度	・環濠などにより，居住域を複数区画に分割 ・居住域の密集度高い ・首長層の祭儀・居住施設 ・複数の手工業生産施設 ・大型方形周溝墓を核とする大規模な墓域を複数形成 ・水田域	朝日 高蔵 西志賀 八日市地方 松原 伊場・梶子 など
集落B	旧郡に1遺跡程度	・複数の居住域 ・居住域の密集度やや低い ・首長層の祭儀・居住施設 ・手工業生産施設 ・大型方形周溝墓を核とする小規模な墓域を形成	勝川 一色青海 菟上 など
集落C	旧郡に数遺跡	・明確な区画施設なし ・竪穴住居10数棟と掘立柱建物数棟を散在的に配置 ・居住域の密集度低い ・小規模な方形周溝墓群 ・水田域	大渕など

たのではないかと私は考えている。

そこで、規模・内部構造・人口・手工業生産の違いから、弥生時代の集落遺跡を大きく三つのタイプを分類してみたのが表8である。このうち、一般的な弥生時代の概説書や論文にしばしば出てくる「拠点集落」や「母集落」は、おおむね集落Aか集落Bに該当する。全国的には、奈良県唐古・鍵遺跡や大阪府池上・曽根遺跡、岡山県南方遺跡、福岡県比恵《ひえ》・那珂《なか》遺跡群、佐賀県吉野ヶ里遺跡なども当然のことながら集落Aに属する。

この表8の集落分類に表7の「マツリの道具」「首長の所有物」「日常生活の道具」という分類をあてはめると、おおむね図23

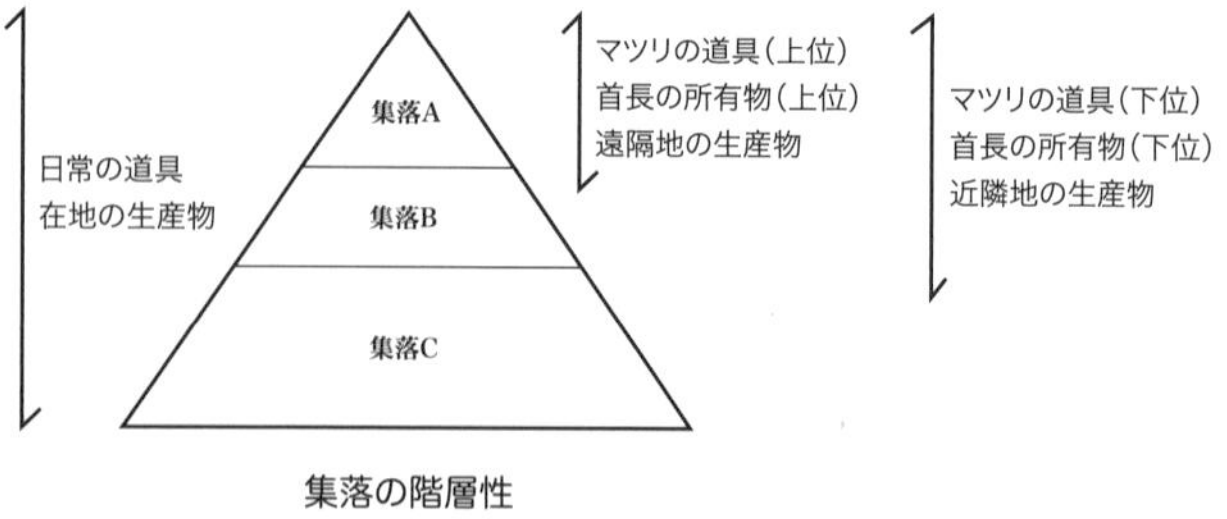

図23　弥生時代集落の階層性モデル

のようになるだろう。これは木製品だけにかぎったことではないが、集落の規模に応じて出土する遺物の量と質が異なってくる。さらに古墳時代になると、豪族（首長）居館と呼ばれる弥生時代には存在しなかった上位階層者の居住施設が新たに登場してくる。もちろん、古墳時代の豪族居館では、その場にふさわしいアイテムの木製品が用いられていたはずである。

とすれば、『木器集成図録』を引用する者が漠然と（著者である上原眞人氏の意図とは別に）、この図録に収められている膨大な種別の木製品群が、どの集落においても金太郎飴のように同じような組成で用いられていた、と考えてしまうのは、大いなる過ちといえるだろう。

そうなりがちな原因のひとつは、『木器集成図録』が出土した遺跡と切り離した器種ごとの木製品のカタログであるためだろう。しかし、機能論的な立場からみても、たとえばA

という遺跡と、Bという別の遺跡で出土した鍬がいかに同じカタチであっても、それが同じ用途に用いられたという保証はどこにもない。

それぞれの木製品の本来の用途を突き詰めるには、カタログで器種ごとに切り分けられた木製品群を、いったん出土した元の遺跡・遺構に戻して、それぞれの場所での器種組成を復元してこそ、初めて個々の木製品の機能が推定できるのではないか、というのが私の基本的なスタンスである。そして、遺構ごと・遺跡ごとの木製品群の器種組成を比較することによって、ようやくそれぞれの遺構・遺跡の性格が明らかにできるものと考える。これは、常に遺跡の発掘現場に立ち続けて、遺跡の立地・植生を含めた自然環境・周囲の遺跡との関連を含めた歴史的環境などを加味しつつ、そこから出土する木製品群を調査・研究してきた私の実感である。

器種ごとに異なる用材

ここでもうひとつ触れておく必要があるのは、表3〜6にあげた器種ごとに、使用される木の種類（用材）が違っているということである。無垢の天然木でできた家具や建具などから遠ざかっている現代人は、ついつい木なら何でも同じだと考えがちである。しかし、図24をみてもわかるように、掘削具（柄）、農具、工具、容器・食事具、狩猟具・武具、建築部材を比較すると、すべての器種で用材

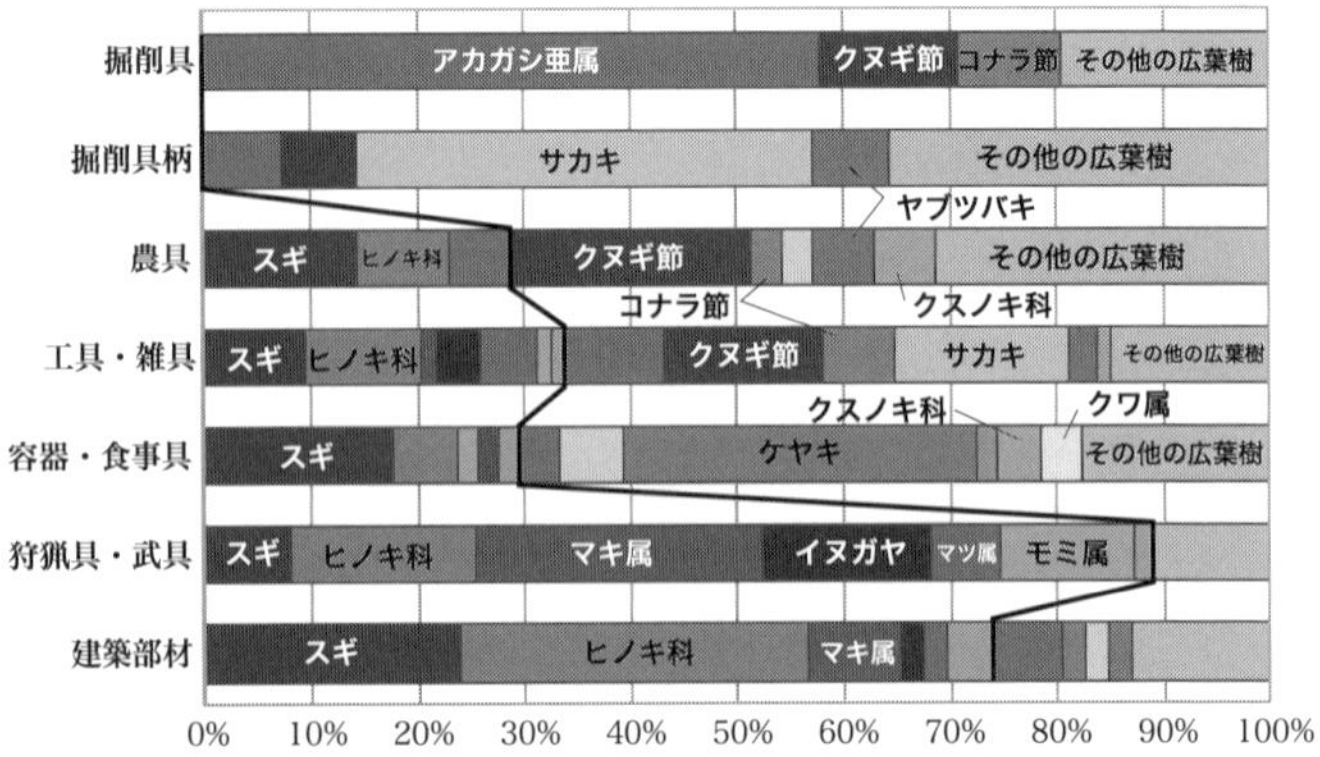

図24　愛知県 朝日遺跡出土木製品の用途別 樹種組成グラフ

の組合せが少しずつ異なっていることがわかる。

これはあくまで朝日遺跡の例だが、鍬や鋤のように直接土に打ち込んで掘り起こすには堅いアカガシ亜属が最も好まれた。そして、アカガシ亜属の大径木が乏しい濃尾平野や中部高地以東の地域では、その代用としてコナラ節やクヌギ節が使われる。弾力のあるサカキは枝分かれ部分を曲柄鍬の柄に用いている。

農具では、竪杵にはツバキ属（ヤブツバキ）・アカガシ亜属・コナラ節など、臼には成長が早く大径木になりやすいクスノキ科が多用される。田下駄や大足は軽いスギやヒノキなどの針葉樹を使っている。

斧柄は、伐採斧にはアカガシ亜属やコナラ節・クヌギ節、加工斧にはサカキを用いている。

容器には、木目の美しいケヤキやクワ属が多く、方形の槽にはスギ・ヒノキ科・クスノキ科も使われる。

弓は弾力のあるマキ属・イヌガヤが多用され、楯にはモミ属とスギを用いる。

建築部材は大型の部材にはスギやヒノキ科の分割材が使われ、竪穴建物の柱材にはマキ属などの芯持ち材が用いられる。

これら多種多様な木材の使用法は単なる偶然ではなく、弥生時代の人々がその地の植生や気候風土に応じて、文字通り「適材適所」で選び抜いた結果なのである。

本書ではここまでに、掘削具に用いられるアカガシ亜属の大径材を中心に、森林資源と集落の位置関係から原材および木製品の流通の実態についてみてきた。概して集落の近傍に森林資源の豊富な遺跡では使用される木の種類が少なく、比較的特定の樹木に集中するのに対し、朝日遺跡のような木材資源の乏しい集落では、使えそうな木は何でも使ってやろうというように、非常に木の種類がばらつく傾向がある。それでもなお掘削具のように半数近くをアカガシ亜属が占めるということは、どうしても必要な木材にかんしては、どのような手段を使ってでも入手するという、弥生時代の人々の強靱な意志が読み取れるのである。

これは決して木材資源だけにかぎったことではない。石器を作るための石材、骨角器、金属製品の素材についても言えることである。弥生時代の人々は、朝日遺跡のようにあえて資源の乏しい沖積低地に居を構えることによって、周辺地域との間に流通網を確立していったとみることもできるのである。

鍬は語る

鍬の機能を考える

直柄鍬と曲柄鍬

一般に鍬は「農具」として分類されることが多い。それはとりもなおさず、近世において、鍬は田や畑を「耕す」という行為に用いられてきたからに他ならない。これは弥生時代や古墳時代でも同様である。春先におこなう水田の荒起こしに始まり、用排水路の溝さらえ、田に水を入れる際の地ならし、夏場の除草作業などなど、水稲耕作における鍬の役割はきわめて重要である。

しかし、遺跡から出土する鍬の多くは、実は田や畑とは無関係な遺構から出土している。つまり、単に「鍬」というだけでは、一義的にその機能を限定することはできない。遺跡から出土した鍬の機能を限定するためには、前章でも述べたように個々の出土状況を詳

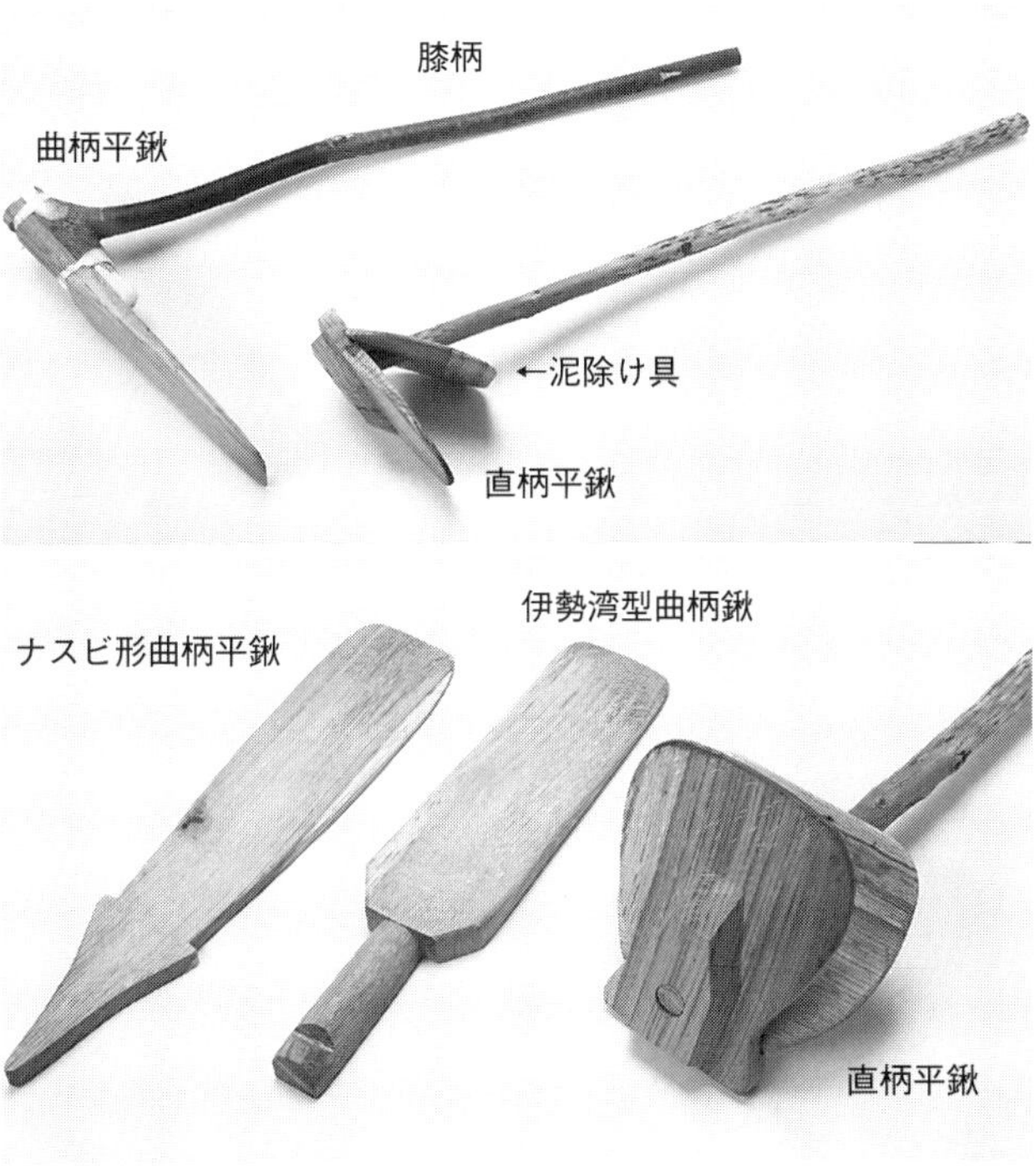

図25　直柄鍬と曲柄鍬

細に検討する他に手だてはない。

現代の鍬は身の部分がすべて鉄でできているが、江戸時代までは、木製の身の先端に鉄の刃先を装着する「風呂鍬」が一般的であった。この風呂鍬は身の上半部に孔を開けて、真っ直ぐな柄を通すことから、「直《なお》柄《え》風呂鍬」と呼ばれる。

このように木製の身の先端に鉄製の刃先をつけるようになるのは古墳時

代中期以降のことであり、それ以前は原則として刃先まで木でできていた。

身と柄の固定方法については、これまで出土した鍬から、二通りの方法が想定されている。ひとつは先に挙げた「直柄風呂鍬」と同様に、身の上半部に穿孔《せんこう》をほどこし、そこに真っ直ぐな柄を通す「直柄鍬」。そしてもうひとつは身の上半部を棒状に加工し、そこに木の枝分かれ部分を利用した「膝柄《ひざえ》」や「反柄《そりえ》」を紐で縛って固定する「曲柄《まがりえ》鍬」である（図25）。それぞれ、刃先が平らな「平鍬」と二又以上に分かれる「多又鍬」が存在する。

それぞれの鍬の起源

このように柄の固定法が異なる二種類の鍬が日本列島の弥生〜古墳時代に存在することとなった理由については、これまで数多くの研究者たちの頭を悩ませてきた。それぞれのタイプの鍬の伝播経路・系譜関係・分布域と、それにともなうさまざまな問題、さらには「曲柄鍬」という形態の鍬がなぜある時期に消滅して現代まで残らなかったのかについては後で詳述することとして、ここではまずそれぞれの鍬の由来について述べておく。

まず、「直柄鍬」の出現については、縄紋時代後期〜晩期頃に、朝鮮半島南部から日本列島に水稲耕作が体系的に伝播したことに由来すると考えて間違いないだろう。福岡市雀《ささ》

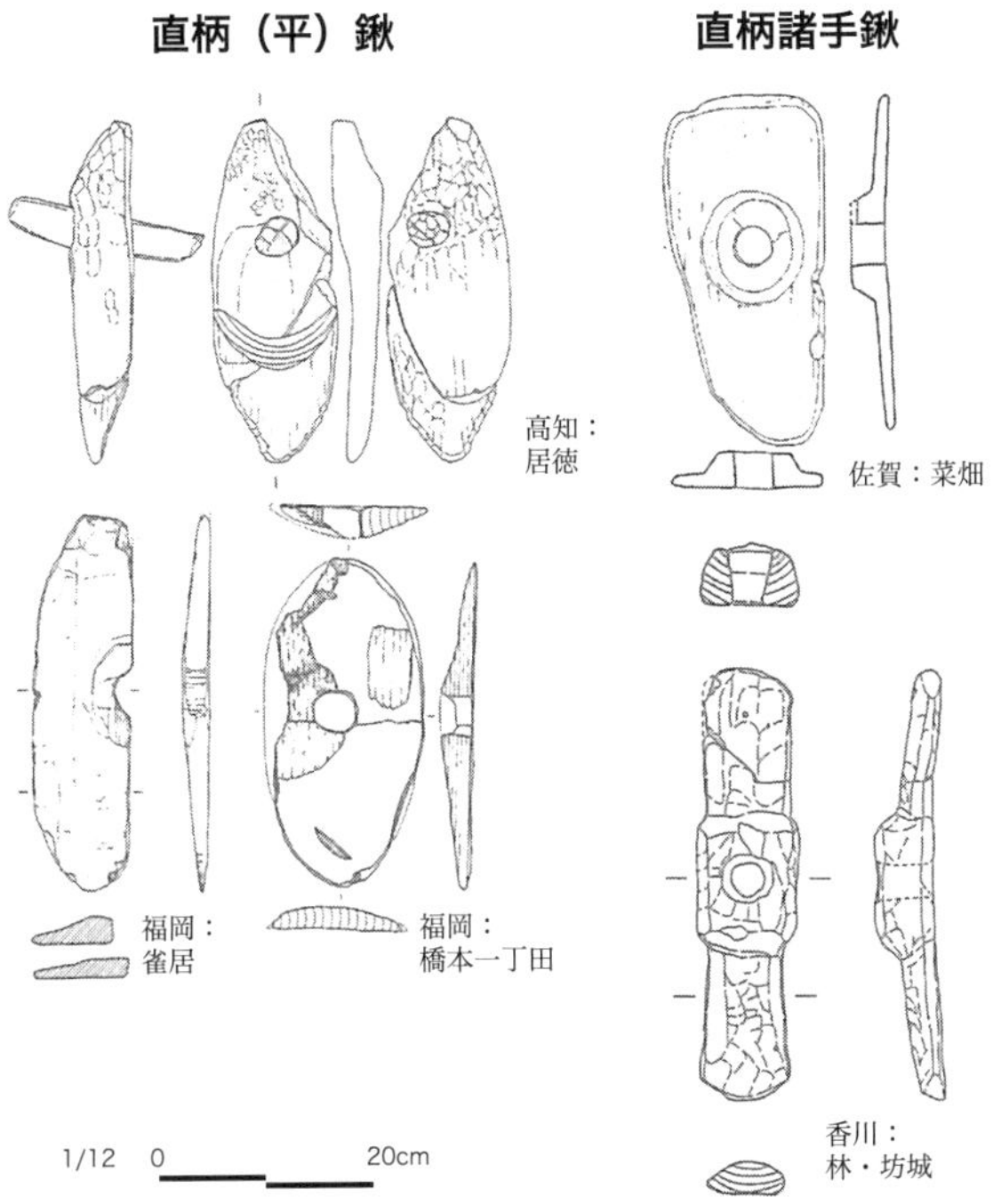

図26　最古の直柄鍬（S＝1：12）

居《い》遺跡・橋本一丁田《はしもといっちょうだ》遺跡、高知県土佐市居徳《いとく》遺跡など、最初期の直柄鍬はおおむね縄紋時代晩期に属し、縦長の楕円形を呈する身のほぼ中央に円形の穿孔をほどこしている（図26）。また、これに若干遅れて出現する「直柄諸手鍬」は、身部の中央部に直柄を通す孔を開け、身の上端・下端ともに使用できるようになっているのが特徴である。縦方向の断面形状でみると、柄孔周辺の隆起部がおへその出

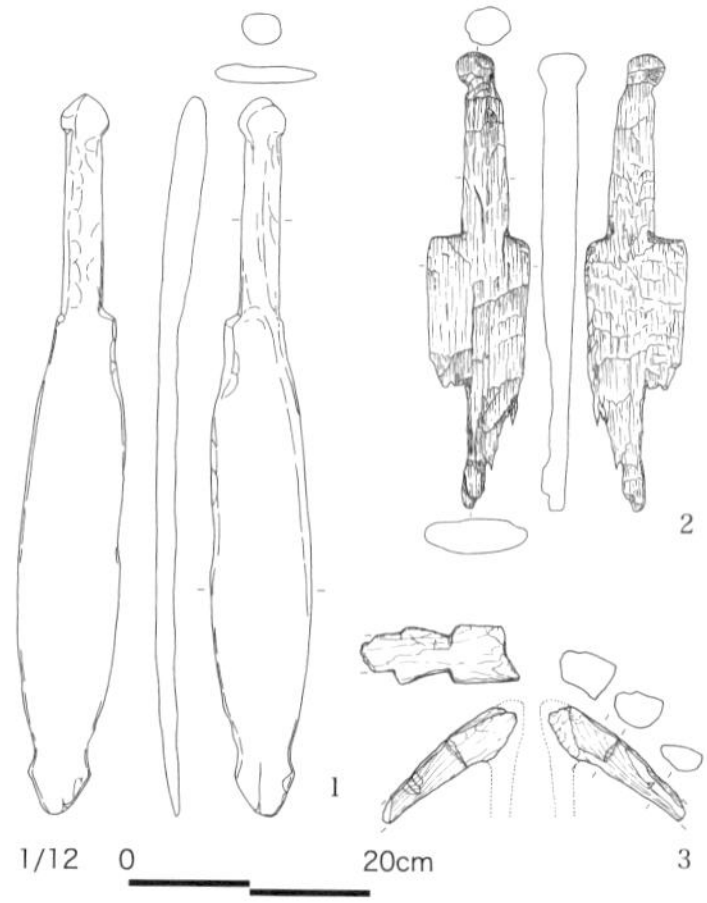

1　山形 押出（縄紋前期）、2　岩手 大日向II（縄紋晩期）、3　北海道 忍路土場（縄紋後期）

図27　縄紋時代の曲柄鍬（S＝1：12）

っ張りのように突出するタイプ（図26の林・坊城《ぼうじろ》遺跡例）と、隆起部が内側にきて、上下両端が外向きに反るタイプの両者が存在する。

いっぽう、「曲柄鍬」にかんしては、山田昌久氏は縄文時代前期の東日本にその起源を求めている（山田一九九九）。図27が山田氏のあげる縄文時代の曲柄鍬とその柄だが、本書で後述するように、これらは弥生時代以降の曲柄鍬の中心的な分布域から大きく外れている。また所属時期も飛び飛びで、弥生時代の曲柄鍬への連続性を欠いていることから、現状では私は弥生時代のものとは無関係と考えている。

起源としての打製石斧

むしろ私は、縄文時代以来存在する打製石斧《せきふ》こそが、その直接的な起源であろうと推定している。打製石斧については、かつては真っ直ぐな柄に取り付けて、「掘り棒」として根菜類の掘削などに用いるという説が一般的であった（鈴木次郎一九八三など）。しかし近年では、刃先に残る使用痕の顕微鏡観察によって、膝柄に取り付けて「石鍬」として用いた例が一定量存在することが明らかになってきた（川口二〇〇〇、池谷・馬場二〇〇三、久保・鈴木二〇一〇、原田二〇一五など）。その機能について、安藤弘道氏は「住居や貯蔵穴の掘削から根茎類の採取・収穫、そして水田や畑の後期や水路の掘削に至るまで、さまざまな場面で使用された土掘り具だったのであろう」としている（安藤二〇〇一）。

打製石斧は、東日本では縄紋時代前期に出現し、西日本でも縄紋時代早期〜前期には、朝鮮半島南海岸を起源として北部九州から山陰地方に広がっていることが近年の研究で明らかとなっている（幸泉二〇〇八）。そして縄紋時代後期中葉以降、その分布域を瀬戸内・四国・近畿・伊勢湾へと広げていく。その終焉に関しては、多くの地域で弥生時代中期中葉頃まで残ることは確実である（国立歴史民俗博物館一九九六・一九九七）。

この打製石斧は、弥生時代前期を境にして急激に大型化することがわかっている。おそらくは土の掘削深度をより深くするための工夫であったのだろう。しかし、原石のサイズにはおのずと限界があるうえ、大型化すればするほど重くなって、柄との装着に困難を生じる。それゆえ、石を木に置き換えたのが、木製の「曲柄鍬」であったと私は考えている。

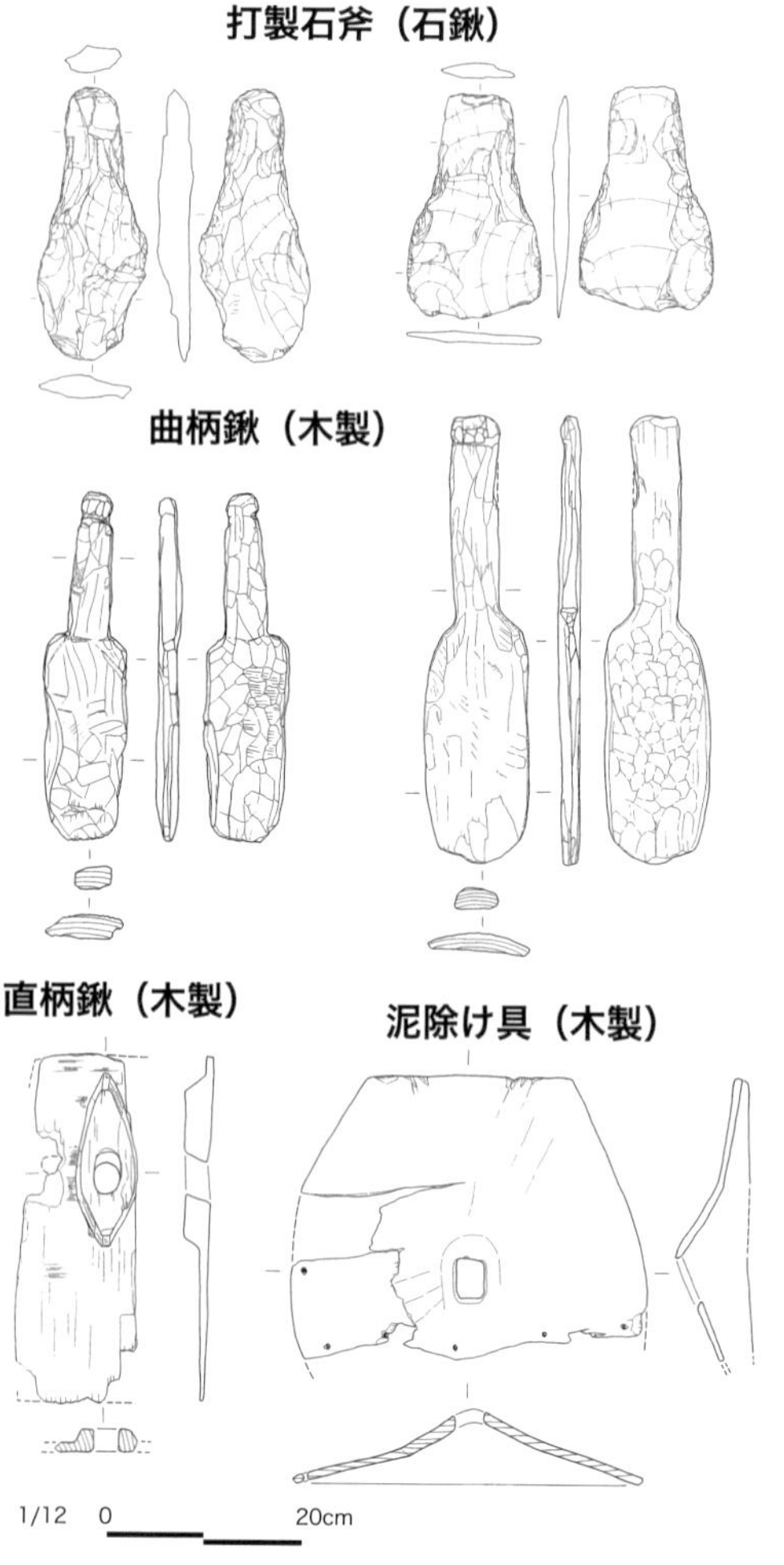

図28　和歌山県 立野遺跡の直柄鍬・曲柄鍬・石鍬（S＝1：12）

近年、報告書が刊行された和歌山県すさみ町の立野《たちの》遺跡（弥生時代前期）では、打製石斧と木製の「曲柄鍬」が共伴しており、そのサイズはほぼ同じであった（図28）。木製「曲柄鍬」のメリットは、必要とあらば刃部長をいくらでも長く取れることである。

この立野遺跡では、打製石斧・木製の曲柄平鍬とともに、泥除け具を装着した直柄平鍬も出土している。直柄平鍬が前述のように水稲耕作を主たる用途の鍬だとすれば、打製石斧と木製の曲柄平鍬は、縄紋時代早期以来の土掘り具としての用途を引き継ぎ、竪穴建物・環濠・土坑などの掘削に用いる鍬として、弥生時代前期段階から直柄平鍬とは機能分化して用いられてきたと考えるのが自然であろう。このことは、後述するナスビ形曲柄鍬や伊勢湾型曲柄鍬の伝播のしかたにおいても大きな意味をもっている。

鍬の身と柄の装着角度

次に、鍬の身（刃部）と柄との装着角度について検討する。鍬の身に対する柄の装着角度と身の刃部幅は、鍬の用途と密接に関わっているとされる。

この考え方は、主として近世～近代に使用されてきたいわゆる民具としての鍬に対して深められてきた。ここではその代表として、飯沼二郎氏と堀尾尚志氏による『農具』の研究成果を例にあげる。両氏によると、鍬には地面に対して深く打ち込んで土を掘り返す機能の「打ち鍬」と、水平に引いて土を移動するのに使う「引き鍬」、そして

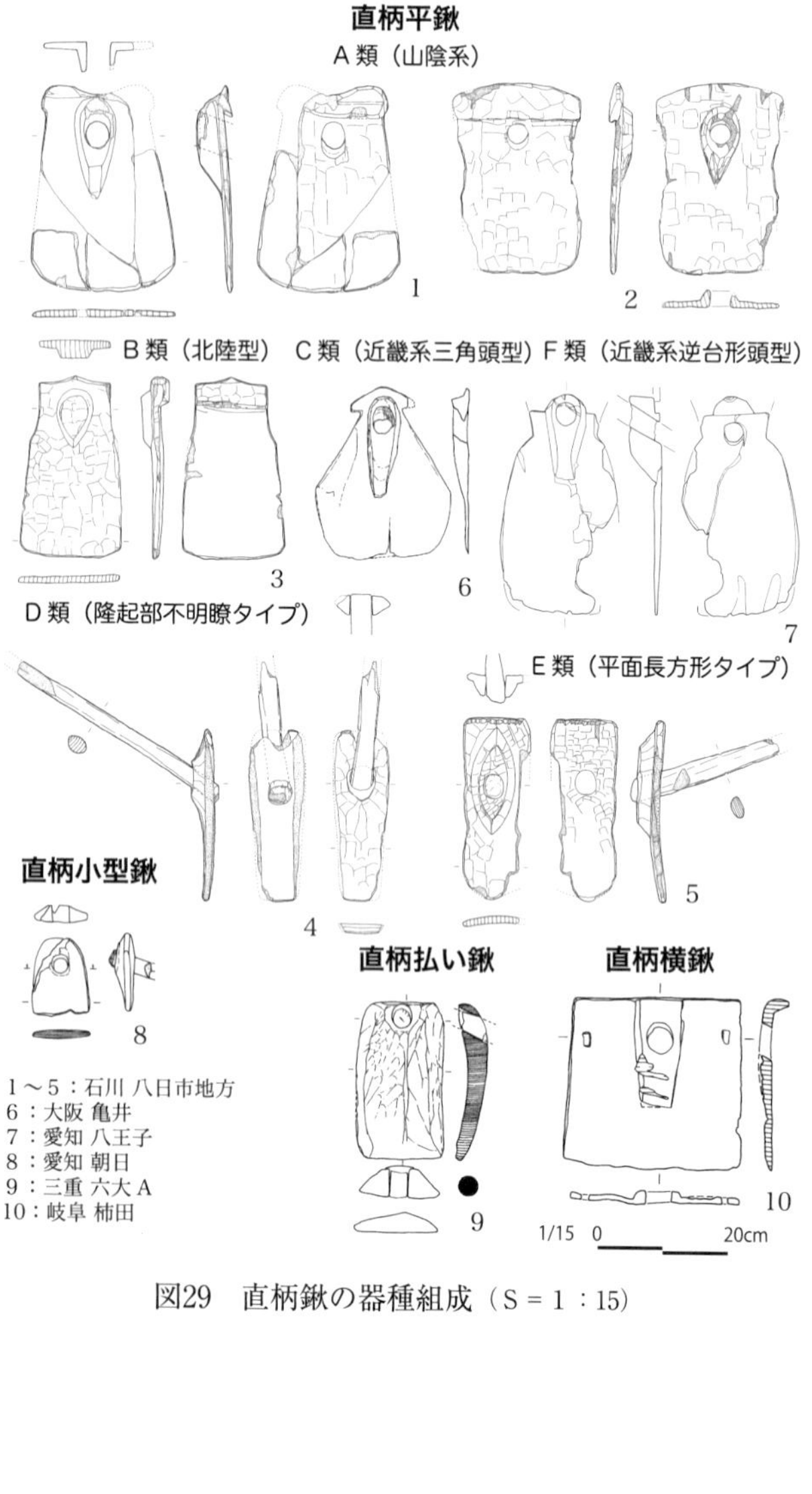

図29　直柄鍬の器種組成（S＝1：15）

両者の機能を兼ね備えた「打引き鍬」に分類できる（飯沼・堀尾一九七六）。

さらに、「打ち鍬」は身と柄の装着角度が六〇〜八〇度で「引き鍬」は四〇〜四五度、「打引き鍬」はその中間の五〇度程度とされる。いっぽう考古学の側からは、根木修氏によって「引き鍬」は四五〜七五度とかなり広めに設定されている。

刃部幅について飯沼・堀尾両氏は言及していないが、考古学の分野において、前述の根木氏のほか黒崎直氏や上原眞人氏らによって、おおむね一五チセンを境として、それより刃部幅の狭いものが「打ち鍬」、広いものが「引き鍬」ないし「打引き鍬」と規定されている（黒崎一九七〇、根木一九七六、上原一九九三）。

では、実際に考古資料としての鍬が、民俗例を踏まえた研究成果と合致するのか否かについてみていくこととする。全国各地から出土する膨大な数の鍬をすべて調べるには無理があることから、私の研究フィールドである濃尾平野を中心とする地域と、石川県小松市の八日市《ようかいち》地方遺跡の出土資料について、報告書の実測図を一点ずつ定規と分度器で計測し、その結果をグラフ化して比較検討することとした（図30）。

私がこの図を作成するまで、出土した弥生・古墳時代の鍬の刃部幅と柄の装着角度について、それぞれにグラフ化したものはあったが、なぜかその両者の相関を示したグラフは

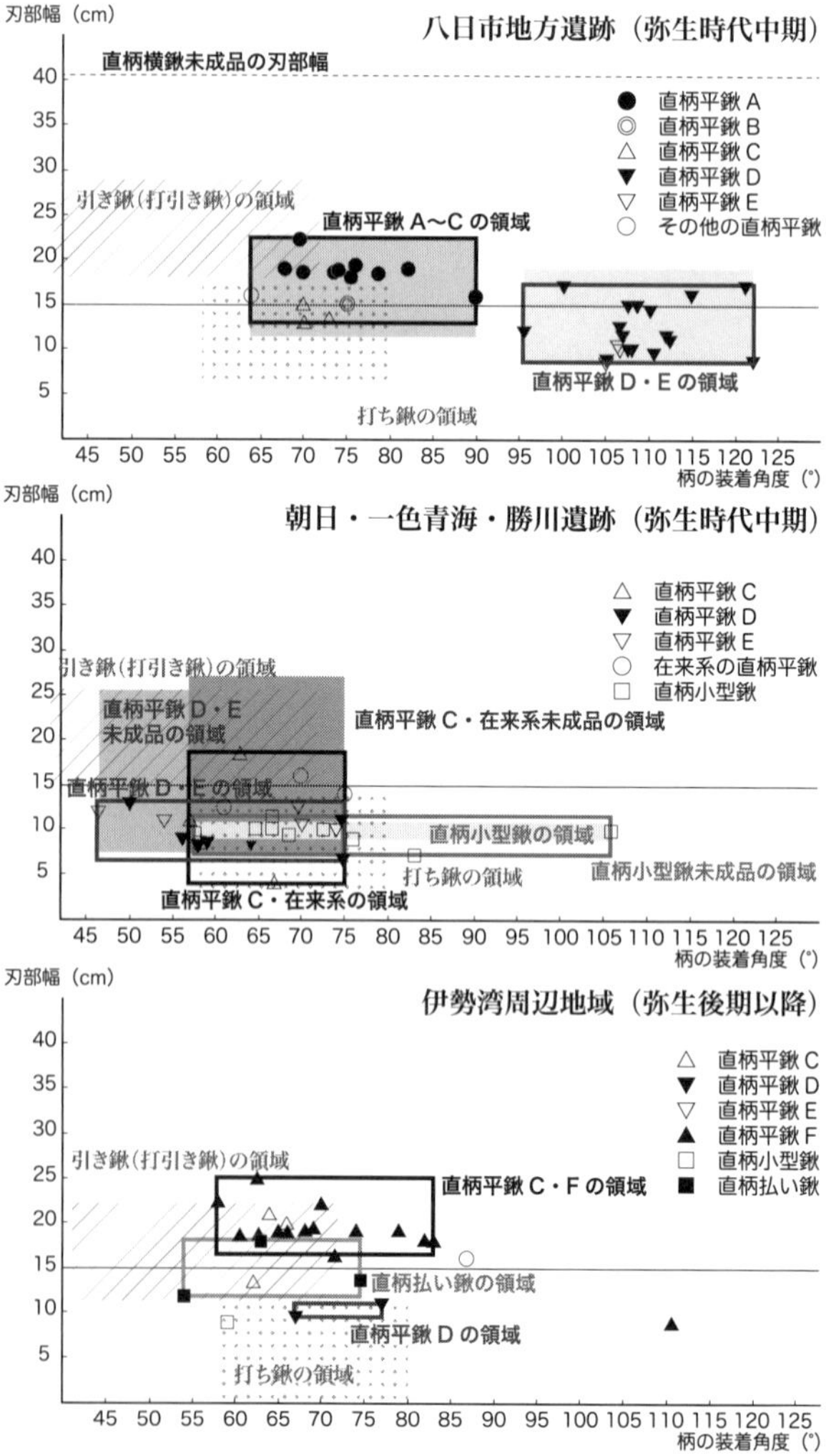

図30　鍬 刃部幅／柄 比較グラフ（凡例は図29に準じている）

存在しなかった。つまり、これまでの研究は鍬の型式（たとえば図29で示したような分類）が、それぞれ前述の民具学で言うところの「打ち鍬」「打引き鍬」「引き鍬」のどれに対応するのかについては、刃部幅か柄の装着角度か、そのいずれかの立場からしか論じられてこなかったことになる。

私自身もこのグラフを作成するにあたって、当然のことながら鍬の型式がこの民具学における鍬の機能ときわめて高い相関を有しているであろうとの予測を立てていた。しかし、最初に作った濃尾平野の弥生時代中期の鍬（図30中段）において、完全にその予測が外れた（樋上二〇〇六・二〇一四）。

直柄平鍬C・D・E類は刃部幅が五〜一五チセン《チセン》、柄の装着角度五五〜七五度あたりのエリアに集中するとともに、それぞれの型式の鍬がとりとめなく広い範囲にバラついている。いっぽう、弥生時代後期以降の伊勢湾周辺地域（伊勢・美濃・尾張・西三河）の鍬（図30下段）は、直柄平鍬C・F類、直柄平鍬D類、直柄払い鍬のそれぞれが比較的狭いエリアに集中し、しかも相互に領域をほぼ異にしていることがわかった。

はたしてこれはどういうことなのだろうか？

さんざん頭をひねって行きついた答えが、弥生時代中期までと弥生時代後期以降での鍬の生産体制の違いであった。すなわち前章でも述べたように、弥生時代中期後葉までの木製品生産体制は、基本的に表2（三六頁）のⅡ類型、つまり原材の獲得から木製品の製作、さらには消費にいたるまで自給自足であった。

鍬の生産体制の違い

さらにⅢ類型とした、自前で原材の獲得ができない濃尾平野低地部のような広大な沖積平野においても、主要河川を通じて張り巡らされた流通網を使って、丘陵部ないしはその縁辺にある集落（Ⅰ類型）から原材ないしは板材を調達し、そこから鍬なり他の器種なりを作っていた。そこでできた製品は、基本的に自分たちで消費していたと考えるのが自然である。その場合、後述するように使用者が限られる特に高い精度と技術が求められるごく一部の木製品以外は、おそらく集落居住者の大半がその製作に携わっていた可能性が高い。言い換えると、自分が使う木製品のかなりの部分は自分自身か、あるいは「顔の見える範囲の」ごく身近な人が作っていたということになる。

使用者による最終仕上げとカスタマイズ

ここで話を再び鍬に戻すと、弥生時代中期後葉までの鍬の最終的な形態はきわめて「属人的」なものであったということになる。すなわち、自分が使いやすいように、あるいは特定の機能をはたせるように、使用者それぞれがカスタマイズを加えていたために、鍬の平面形の共通性を超えて刃部幅と柄の装着角度がバラつくのではないか、という結論に達した。

その推論の蓋然性の高さを示すのが、作りかけの鍬、すなわち未成品のサイズである。濃尾平野における直柄平鍬の未成品は、刃部幅が最大で二五センチを超えている。しかし完成品（使用済みの廃棄品）のほとんどは刃部幅が一五センチ以下、すなわち一〇センチ近くも刃部幅を狭くしているということになる。

ここでいま一度、前章で述べた未成品の出土状況を思い出して欲しい。いわゆる未成品貯蔵施設から出土する作りかけの鍬は、側面に二ないしは三分割するための切れ目を入れた状態の長さ約一メートルの板のままか、あるいはそれを一個一個のかたちに分割した状態で出土することが多い。このうち後者が濃尾平野では幅二五センチ前後の鍬の未成品にあたる。これをわざわざ一〇センチも幅を狭くするのは、おそらく使用者の体格や使用方法に合わせたためであろう。刃部幅はそのまま身の重さに直結することから、軽い鍬が良いと思う人は刃部幅を狭くしたいと考えたに違いない。

また、柄の装着角度が著しくバラつくのは使用者の身長差に帰する可能性が高い。すなわち、身長一七五センチのAさんと、身長一四〇センチのBさんとでは、当然使いやすい柄の長さも装着角度も異なっていたはずである。

そのような使用者の体格や使用法に合わせたカスタマイズを可能にするためには、直径六〇センチ以上のアカガシ亜属大径木を伐採・加工する際に、鍬の使用者が決まるまでは、幅二五センチで長さ一メートルぐらいの板のままにしておくか、あるいは一個ずつに分割しても柄孔を開けないままに水漬けしておいた方が、彼らにとっては合理的だったのである。

弥生時代後期の生産・流通革命

しかし度重なる伐採により、弥生時代後期以降になると沖積平野の周辺ではアカガシ亜属の大径木が枯渇し、その調達は自ずと山間部の集落に頼らざるを得なくなる。また工具の鉄器化にともなって、加工の各段階ごとにいちいち水漬けする必要がなくなってくる。

そうなると、山間部でじかに木材調達ができる集落（表2のⅠ類型）のなかで、伐採〜加工〜完成までを一貫しておこなう方が、わざわざ板材や未成品を低地部の集落に供給して使用の場で最終仕上げをするよりも無駄がないと判断されていったに違いない。つまり、生産の場と消費の場が完全に分離した、広域的な集落間での分業体制の確立である。逆に使用者側からの要望としては、自分たちでカスタマイズできない分、より特定の用途に応じた鍬の形態が望まれて、細かく器種分化していったのではないだろうか。その結果が図30の下段のグラフにおける直柄平鍬C・F類とD類の領域が重ならないなどという鍬の「規格化」に現れていると私は考えている。

八日市地方遺跡の場合

では図30の上段、石川県の八日市《ようかいち》地方遺跡の状況はどのように考えれば良いのだろうか。少なくとも直柄平鍬A〜C類と、同D・E類では刃部幅と柄の装着角度が大きく異なることから、濃尾平野よりは使用法による器種分化が進んでいた可能性が高い。また、集落内での鍬の製作者と使用者が、ある程度は分離していた（分業化が進んでいた）とみることもできる。

八日市地方遺跡における鍬の生産を考えるうえで、もうひとつ重要な要素は、未成品と完成品とで刃部幅がほとんど変わらない点である。これは前述のように鍬の製作者と使用者がある程度分離していた可能性があるとともに、入手できる原材のサイズに規定されている面も大きい。

図31は直柄平鍬の製品と未成品の刃部幅を四地域で比較したグラフである。上段右側が

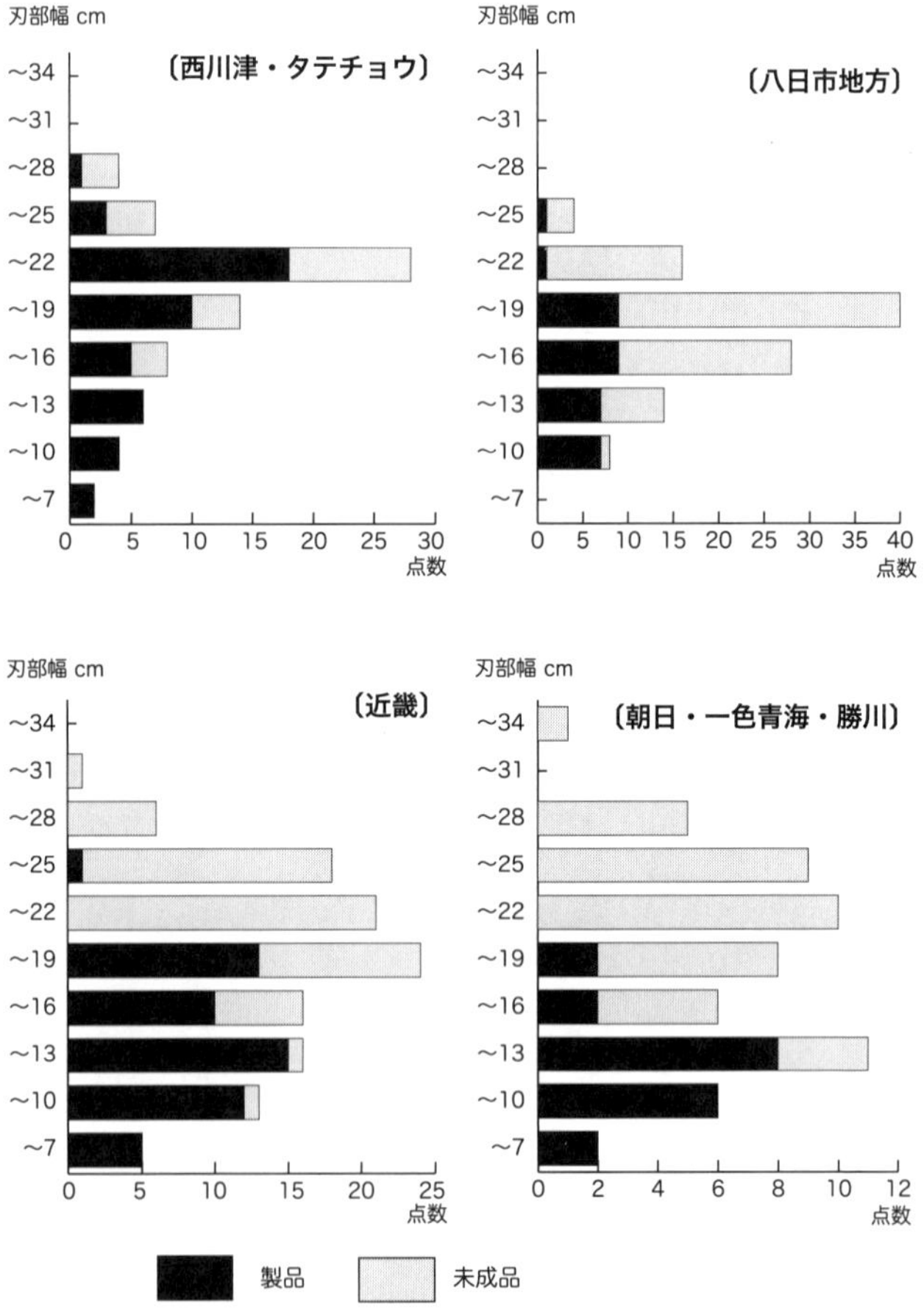

図31　山陰・北陸・近畿・尾張 刃部幅 比較グラフ

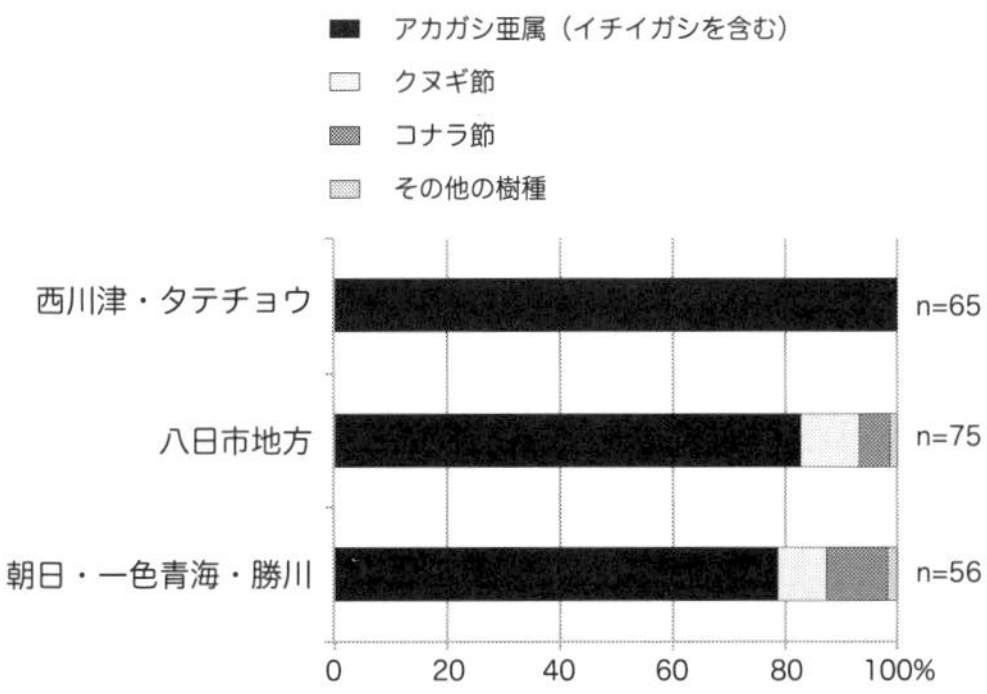

図32　山陰・北陸・尾張 樹種組成 比較グラフ

八日市地方遺跡、同じく左側は直柄平鍬の系譜において、北陸地方と密接なかかわりをもつ山陰地方の島根県松江市西川津《にしかわつ》遺跡とタテチョウ遺跡である。下段右は濃尾平野の愛知県清須《きよす》市朝日遺跡・稲沢《いなざわ》市一色青海《いっしきあおかい》遺跡・春日井《かすがい》市勝川《かちがわ》遺跡、そして下段左は上原眞人氏による近畿地方のデータ（上原一九九三）である。

山陰・近畿・濃尾の三地域では、特に未成品は刃部幅一九〜二二センチをピークとする正規分布を示すとともに、刃部幅が二五センチを超える直柄平鍬が一定量出土しているのに対して、八日市地方遺跡では刃部幅が一六〜一九センチが最も多く、なおかつ二五センチを超えるサイズの直柄平鍬が存在しない。

このことは、Ⅱ類型である八日市地方遺跡の周辺では、直径が六〇センチを超えるアカガシ亜属の大径木が意外に少なかった、という可能性を示唆している。

さらにその証左となるのが直柄平鍬に用いられた樹種の内訳の比較である（図32）。西川津遺跡とタテチョウ遺跡がすべてアカガシ亜属であったのに対して、八日市地方遺跡では二割近くがクヌギ節・コナラ節など他の広葉樹であった。

濃尾平野でも同様に、二割以上がアカガシ亜属以外の樹種を用いている。濃尾平野では刃部幅の狭い曲柄平鍬にはコナラ節・クヌギ節・クリを使うなど、もともと貴重なアカガシ亜属の用途を限定する傾向がある（樋上二〇〇二）。

八日市地方遺跡では曲柄平鍬にもアカガシ亜属を用いていることから（小松市教育委員会二〇一四）、濃尾平野ほどではないが、少なくとも直径六〇センチを超えるアカガシ亜属の大径木は、それほど多くなかった可能性が高い。

民具学との比較

最後にもう一度、図30に戻って、次は民具学での鍬の用途との比較をしておきたい。前述のように民具学の分野では、刃部幅が一五センチ以下で、身と柄の装着角度が六〇〜八〇度の鍬を「打ち鍬」、刃部幅が一五センチ以上で、身と柄の装着角度が四〇〜七五度の鍬を「引き鍬（打引き鍬を含む）」としている。

図30には、それぞれのグラフにこの「打ち鍬」の領域をドットで、「引き鍬（打引き鍬）」の領域を斜線で示している。これをみるかぎり、八日市地方遺跡の直柄平鍬A〜C

類と弥生時代後期以降の伊勢湾周辺地域における直柄平鍬C・F類の一部が「引き鍬（打引き鍬）」と重なることと、濃尾平野の弥生時代中期における直柄平鍬C類と在来系鍬の領域の多くが「打ち鍬」と重なること以外では、さほど明確な相関関係が認められない。

ただ、八日市地方遺跡の直柄平鍬A～C類と弥生時代後期以降の伊勢湾周辺地域における直柄平鍬C・F類には泥除け具が装着されており、実際に深く地面に打ち込む機能が想定されていないことを考えれば、これらは「引き鍬」であったと結論づけられる。しかし、逆に弥生時代中期の濃尾平野では、このグラフによる限り明確な「引き鍬」が存在しなかったことにもなる。

また、煩雑になるためこの図からは割愛したが、曲柄平鍬はおおむね刃部幅が一五センチ以下で、柄と身の装着角度は四〇～七五度の領域を占めている。これについても、「打ち鍬」の領域との重なりが大きいが、柄の角度が六〇度以下のものはその領域から外れてくる。

このように、曲柄平鍬は「打ち鍬」＝開墾・土木用、泥除け装着の曲柄平鍬は「引き鍬（打引き鍬）」＝農作業用とおおまかに分類することは可能であるが、民具学の研究成果をそのまま応用することは、まだまだ難しいと言わざるを得ない。

あえて言えば、柄と身の装着角度以上に刃部幅がおのおのの鍬の機能を規定していた可能性が高い。しかし、それについても、それぞれの地域で入手できるアカガシ亜属その他の原材のサイズに影響されるところ大であり、さらに弥生中期後葉までは使用者の体格に合わせてのカスタマイズも考慮に入れておかねばならない。

鍬の機能を決定するには、さらに使用場面における器種組成もまた考えておく必要があり、各個別の単体の鍬だけでは単純に復元できるものではないことがわかるのである。

鍬の系譜と伝播

直柄鍬と曲柄鍬

前述のように、弥生・古墳時代の木製鍬には身部に孔を開けて真っ直ぐな柄を通す「直柄鍬」と、身部の上半を棒軸状にして、そこに屈曲した柄を紐で縛り付ける「曲柄鍬」が存在する。「直柄鍬」は縄文時代晩期頃に朝鮮半島から水稲耕作とともに伝来したのに対し、「曲柄鍬」は縄文時代早期以来の「打製石斧(石鍬)」をその起源として弥生時代前期に木製に置き換えられたものである（樋上二〇一二b）。

ここでは、「直柄鍬」「曲柄鍬」ともに、日本列島の各地域ごとにまとまった特徴を有する『地域型』鍬（樋上編二〇〇八）の生成・伝播過程をみていくこととしたい。

さきほどの図26で示した日本列島最古段階の直柄平鍬や直柄諸手鍬と徐々に入れ替わるようにして、弥生時代前期以降に出現する『地域型』直柄鍬として、現状では山陰型・北陸型・北部九州型・瀬戸内型・近畿型を設定することが可能である（図33・34）。以下、それぞれの特徴について述べる（樋上二〇〇九）。

『地域型』直柄鍬の特徴

『山陰型』直柄鍬には、鍬の上端部が半円状に丸くなる「丸形頭系」と、頭部中央を逆半円形に抉り込む「凹形頭系」がある。鍬の使用者側の面に設けた段に泥除け具の上端を引っかけ、さらに逆滴状の柄孔隆起部の横に穿孔を施して、泥除け具を紐で縛って固定する。泥除け具の平面形は頭部を水平にカットした下ぶくれの円形で、縦方向の断面形は「く」の字状を呈する。弥生時代前期における西日本全域の泥除け具とも共通した器形である。

『北陸型』直柄鍬は、頭部が山形を呈し、両側縁部の中央付近に突起を設ける。『山陰型』と同様に鍬の使用者側の面に作りだした段を泥除け具の上端部に引っかけ、さらに柄孔の両側に開けた小孔を利用して木製の栓で留めている。『北陸型』泥除け具は、一見すると鍬と同じような平面形だが、柄孔周辺の隆起部がなく、縦方向の断面でみると「く」

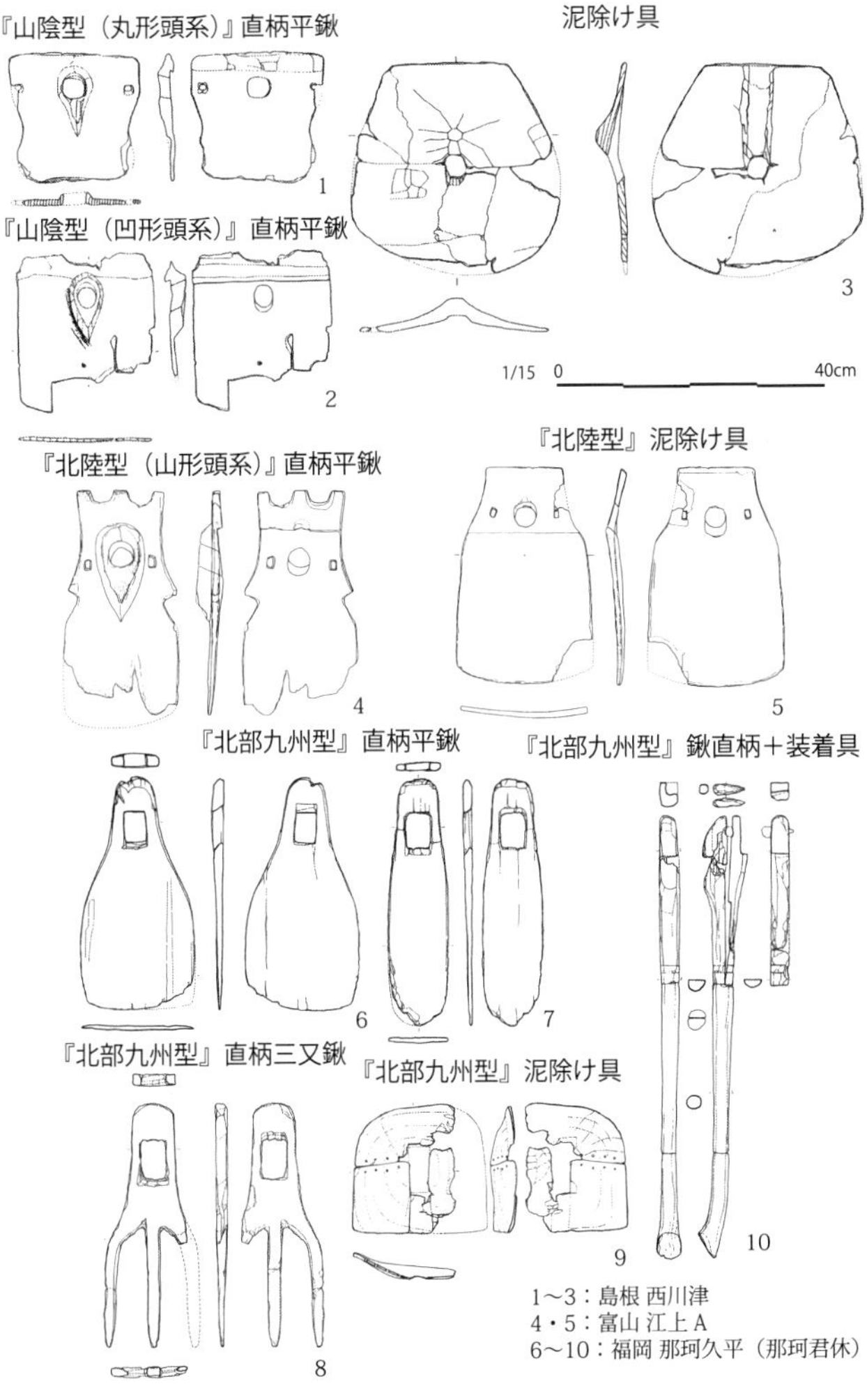

図33　『地域型』直柄鍬一覧-1（S＝1：15）

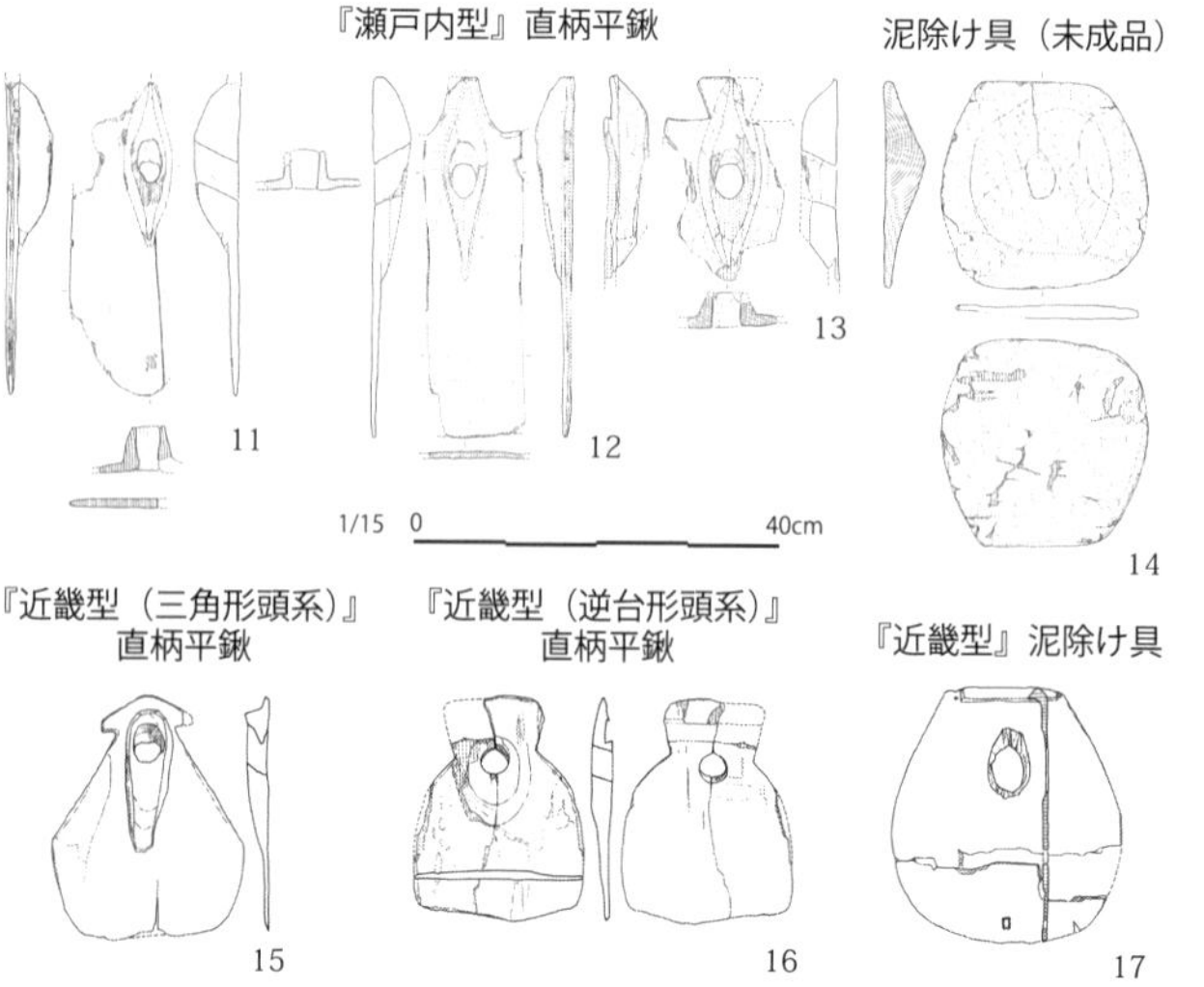

11〜14：香川 鴨部・川田、15：大阪 亀井、16：京都 羽束師、17：滋賀 赤野井湾

図34　『地域型』直柄鍬一覧-2（S＝1：15）

の字状に折れ曲がっている。この「く」の字状の上半部を鍬の使用者側にぴったりと密着させるように作られている。

『北部九州型』直柄鍬は、大きな方形柄孔と、柄孔周辺に隆起部を作り出さないシンプルな形状が特徴である。ただし、柄の方は他地域のような単純な丸棒ではなく、装着具と呼ばれる複雑な構造をもつ。泥除け具もまた方形の柄孔を有する。また、他地域の『地域型』直柄鍬はある程度刃部幅があり、かつ下端部が緩やかに湾曲する平鍬（広鍬）が主体だが、『北部九州型』だけは広鍬と狭鍬、さらには下端部を二又や三又にした鍬も多数存在する。出土量は平鍬（広鍬・狭鍬）よりも、むしろ三又鍬の方が多いぐらいである。後述するように、このタイプの鍬は朝鮮半島南部を起源としているため、本来であれば『朝鮮半島・北部九州型』と記すべきだが、本書では『北部九州型』で統一して記述する。

『瀬戸内型』直柄鍬は、頭部に台形ないしは逆台形の突起部を作り出すのが特徴である。泥除け具は、紡錘状の柄孔隆起部の両側に開けた小孔を利用して紐で縛って固定する。この『瀬戸内型』直柄平鍬は弥生時代前期に出現するが、他地域に伝播するなどの動きがなく、時期的にも弥生時代中期まで続かないことから、ここで紹介するのみにとどめる。泥除け具は同時期の山陰地方で出土するものと基本的に共通した形状である。

『近畿型』直柄鍬には、頭部に三角形の突起部を有する「三角形頭系」と、逆台形の頭部を作り出す「逆台形頭系」が存在する。このうち、「逆台形頭系」は使用者側の面に蟻溝（断面が台形を呈する溝のこと）をほどこし、ここに逆台形状の突起部を上端に設けた、縦方向の断面形が平らな『近畿型』泥除け具を横からスライドさせて挿入する。泥除け具の下端には穿孔があり、紐を通して柄と固定する。なお「三角形頭型」にかんしては、泥除け具の固定方法はよくわかっていない。

なお、『北部九州型』以外の直柄鍬は基本的に平鍬のみなので、ここからは『〇〇型』直柄平鍬で統一する。『北部九州型』については、適宜、直柄平鍬・直柄二又鍬・直柄三又鍬などと記述することとしたい。

『山陰型』直柄平鍬の系譜

『山陰型』直柄平鍬は、弥生時代前期に出現して、主として日本海側を東へと伝播していく（図35）。

弥生時代中期前葉には「凹形頭系」が石川県吉崎《よしさき》・次場《すば》遺跡で一点出土している。

山陰地方以外で「丸形頭系」と「凹形頭系」の両方が揃うのは弥生時代中期中葉の岡山県南方遺跡と石川県八日市地方遺跡で、このうち八日市地方遺跡を経由したタイプが弥生時代中期後葉には宮城県中在家南遺跡にまで伝播する。中在家《なかざいけ》南《みなみ》遺跡出土例では、「丸形頭系」は柄孔周辺の隆起部が紡錘形である以外、ほぼ八日市地方遺跡例の原型を保っているが、「凹形頭系」は単純な逆半円形の凹みが発達して、あたかもクワガタムシの顎のように変形している。

西に伝播していった福岡県長野《ながの》小西田《こにしだ》遺跡出土の「凹形頭系」は、上端部がつながった小さな三角形の孔に変化している。なお、南方遺跡と長野小西田遺跡出土例にかんしては、

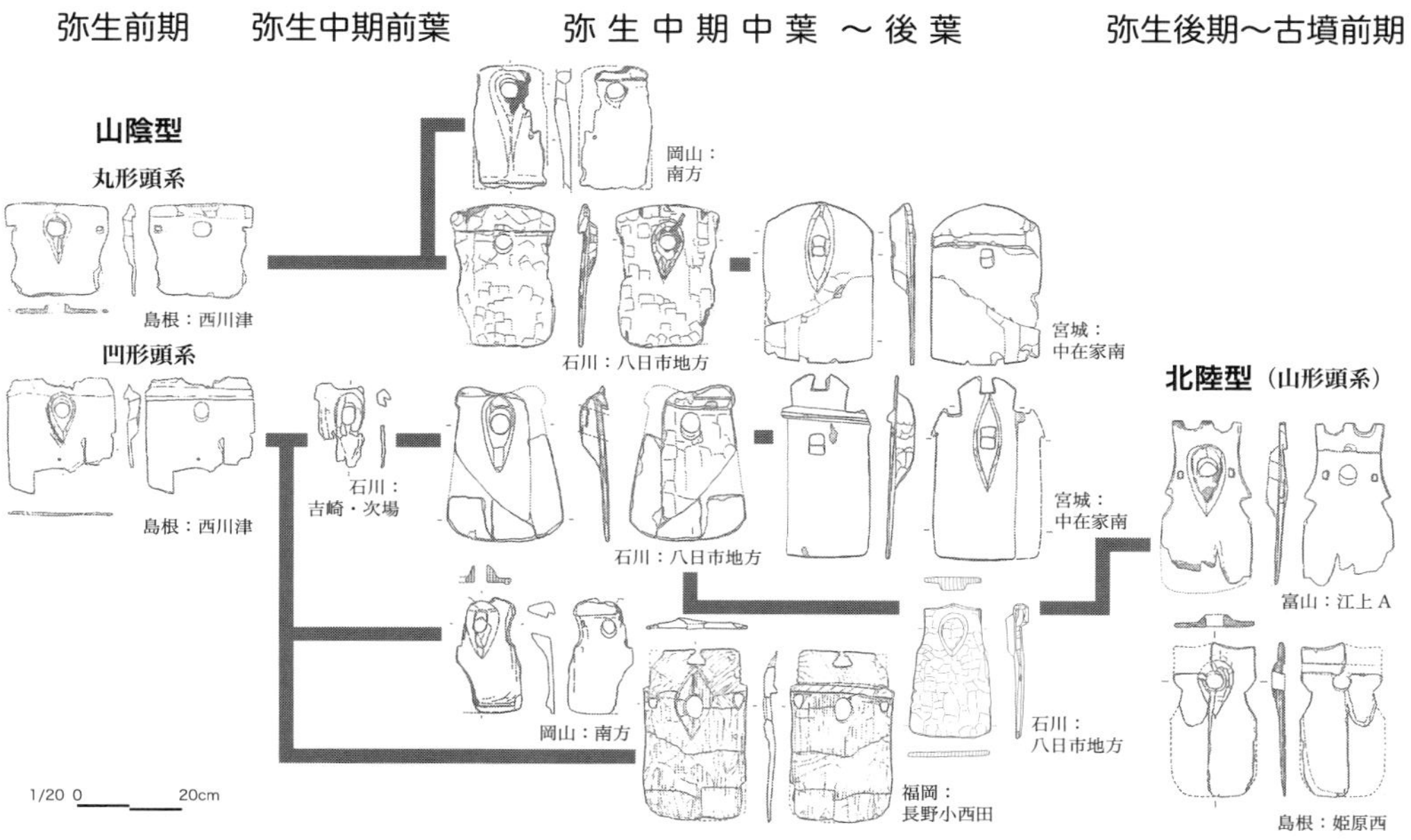

図35　直柄鍬の系譜-1（山陰系，S＝1：20）

ここからさらに他地域に伝播した形跡は認められない。

いっぽう、八日市地方遺跡では弥生時代中期後葉のうちに頭部を「山形」に変化させたものが出現し、これが弥生時代後期の『北陸型』直柄平鍬（および泥除け具）へと発展していく。この『北陸型』直柄平鍬は、日本海側を逆に西へたどるルートで、島根県姫原西遺跡へと伝播したことがわかっている。

『北部九州型』直柄鍬の系譜

『北部九州型』直柄鍬の起源は朝鮮半島南西部に求められる（図36）。韓国光州広域市の新昌洞《シンチャンドン》遺跡から、日本列島の弥生時代中期前葉に相当する時期の平鍬（狭鍬タイプ）が出土しており、これとほぼ同形のものが佐賀県土生《はぶ》遺跡で認められる。また、新昌洞遺跡では広鍬タイプは不明だが、二又鍬・三又鍬も揃っていることから、これら一式がセットで北部九州にもたらされたことは間違いない。

この『北部九州型』直柄鍬は弥生時代後期段階まで九州島を出ることはなかったが、弥生時代終末期〜古墳時代前期になると、まず北陸地方に出現し、そこから滋賀県の琵琶湖東岸部を経由して岐阜県大垣市へと伝播する。滋賀県松原内湖《まつばらないこ》遺跡および岐阜県荒尾南《あらおみなみ》遺跡の出土例をみてもわかるように、単に方形柄孔というだけではなく、複雑な装着具の

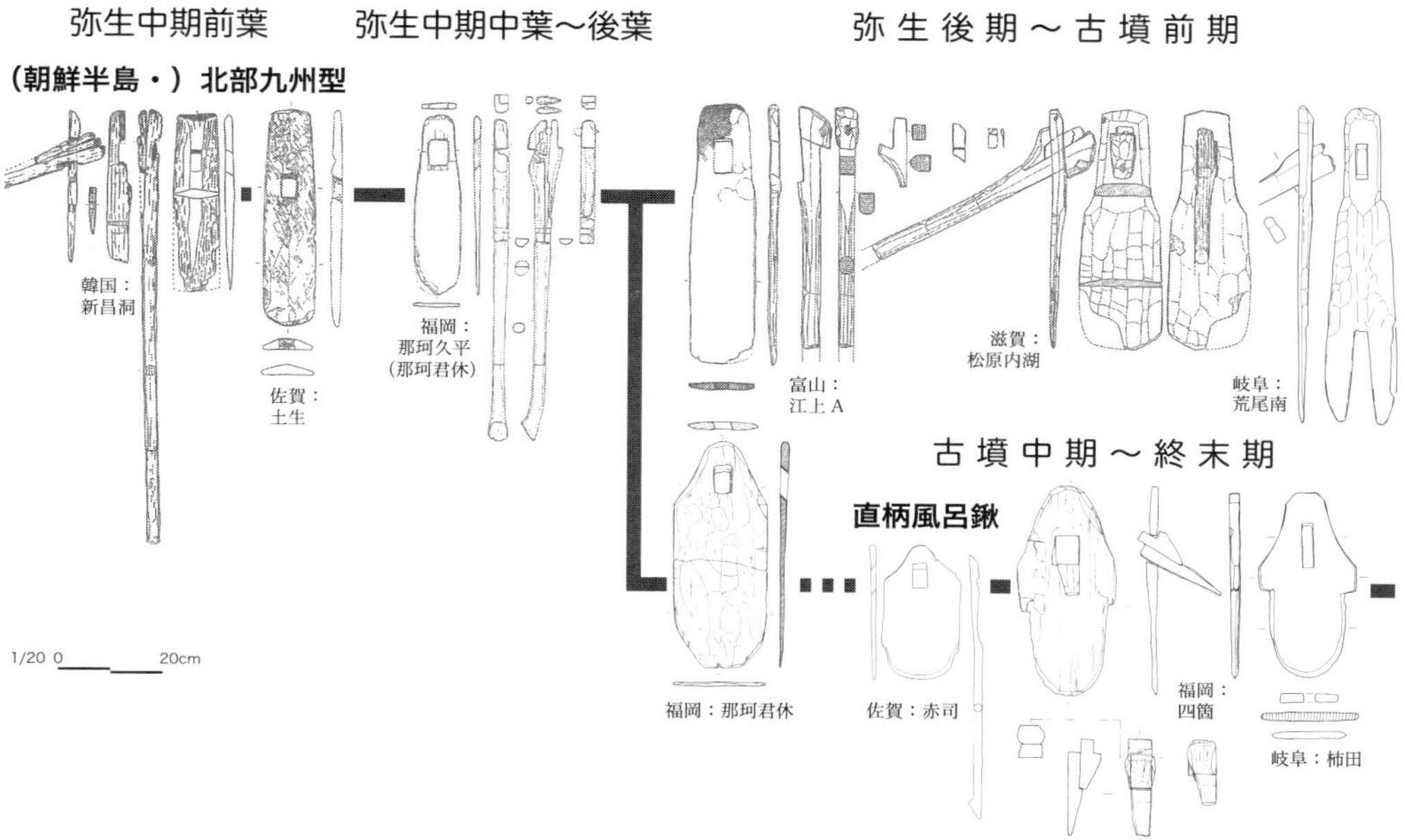

図36　直柄鍬の系譜-2（北部九州系，S＝1：20）

柄もそのまま出土している。特に大垣市域では装着具のみの出土も含めると、かなりの点数に達している。しかし、この『北部九州型』直柄鍬は、大垣市より東に広まることはなく、北陸地方以外ではその地域の鍬のかたちに影響を与えることもなかった。

ただ北陸地方では、柄の構造が簡略化されて同地に定着し、後述する『北陸型』ナスビ形曲柄鍬を産み出すこととなる。

この『北部九州型』直柄鍬のうち、特に広鍬タイプは古墳時代前期のうちに図33（八七頁）で示した下ぶくれの平面形状から、福岡県那《な》珂《か》君休《くんきゅう》遺跡出土例（図36）のように縦長の楕円形に近いものに変化する。古墳時代中期になると、これにU字形の鉄刃が下端部に装着されるようになる。『直柄風呂鍬』の誕生である。この『直柄風呂鍬』は古墳時代終末期以降、本州へと伝播して、古代から江戸時代にいたるまで、日本列島の鍬の原型となっていく。

『近畿型』直柄平鍬の系譜

『近畿型』直柄平鍬のうち、「三角形頭系」の原型となるのは弥生時代前期の奈良県唐古《からこ》（・鍵《かぎ》）遺跡出土例である可能性があるが、定形化するのは弥生時代中期中葉である（図37）。

「三角形頭系」が伝播するメインルートは太平洋側で、愛知県朝日遺跡、静岡県角江《かくえ》遺

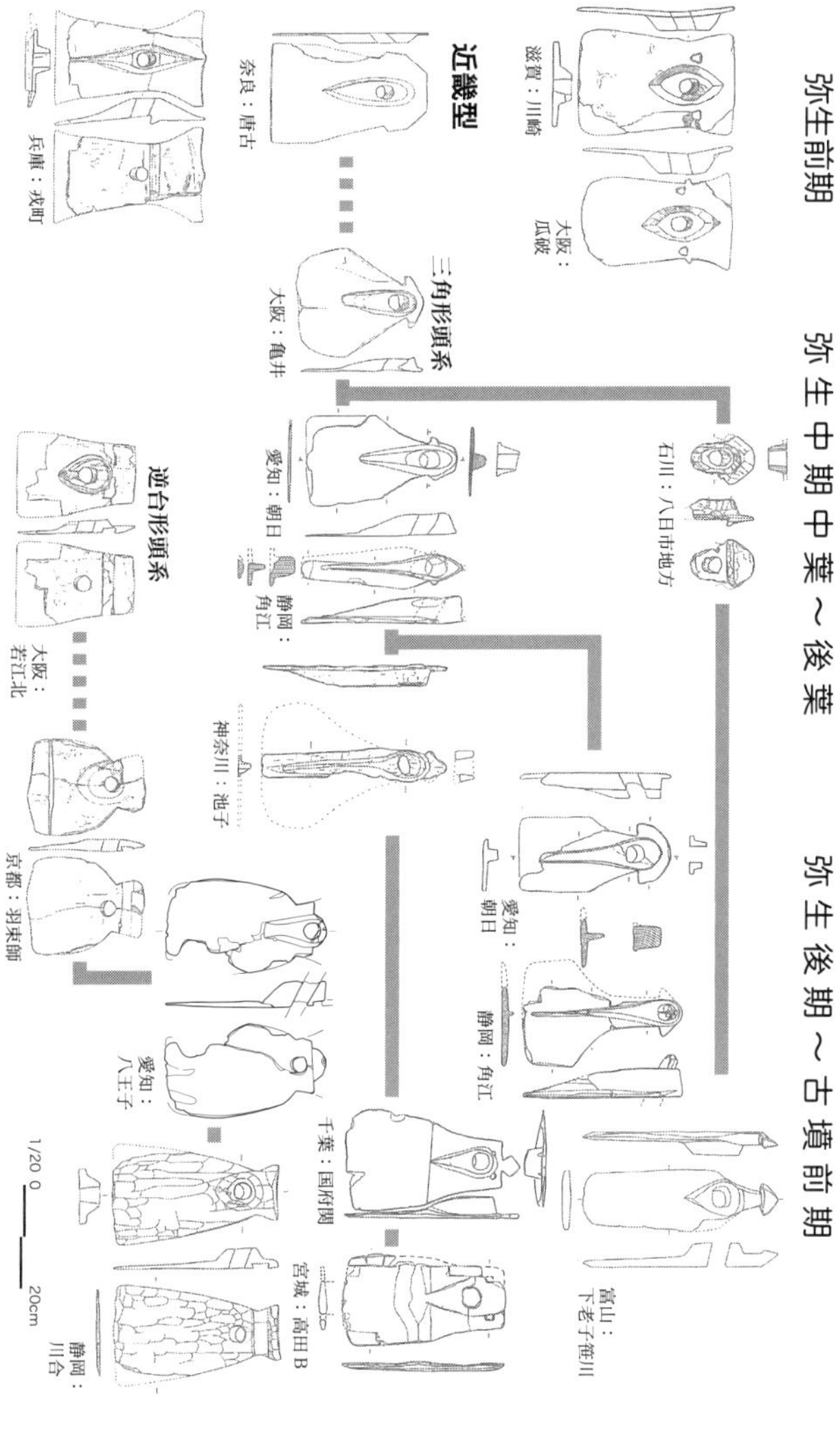

図37　直柄鍬の系譜-3（近畿系，S＝1：20）

跡、神奈川県池子《いけご》遺跡へと弥生時代中期後葉のうちに東漸していく。もうひとつのルートは日本海側で、石川県八日市地方遺跡から一点だけだが「三角形頭系」の上半部が出土している。

この両ルートとも、弥生時代後期以降になると、徐々に変質していく。太平洋沿岸ルートでは、古墳時代前期の千葉県国府関《こうぜき》遺跡で、頭部に菱形の薄い板がつく直柄平鍬が認められる。同様に弥生時代後期の富山県下老子笹川《しもおいごささがわ》遺跡で、頭部に葱帽子《ぎぼうし》状の突起物を作り出す直柄平鍬がある。これらを単独でみただけでは、どういう意図で作ったのかが全く理解できない。しかし、それぞれの地域に隣接する池子遺跡や八日市地方遺跡の直柄平鍬を見直すことによって、それらが近畿地方由来の「三角形頭系」直柄平鍬のなれの果てであることが理解できる。このうち、国府関遺跡のものは、さらに宮城県高田B遺跡にいたると、頭部の菱形の板すらなくなってしまう。

また朝日遺跡では、弥生時代後期になると頭部の三角形が極大化している。

いっぽう「逆台形頭系」直柄平鍬は、出発点とみられる弥生時代中期後葉の大阪府若江《わかえ》北《きた》遺跡例では、まだ明確に頭部が「逆台形」化していない。しかし、『近畿型』泥除け具を装着するための蟻溝はきちんと作られている。やや余談になるが、この蟻溝のように、板に逆台形状の溝を石製工具で彫り込むのはきわめて困難であり、鉄製のノミを使用したと考えてまず差し支えない。ゆえに、これは弥生時代中期後葉の近畿地方において、直柄平鍬の製作に鉄製工具が使用されていたというかなり有力な証拠となる。

この「逆台形頭系」直柄平鍬が近畿地方で一般化するのは弥生時代後期である。ほどなく「三角形頭系」と同様、太平洋沿岸ルートを通じて濃尾平野から静岡県（静清平野《せいせい》）へと伝播して、このルート上では「三角形頭系」直柄平鍬を駆逐していくこととなる。

『地域型』曲柄鍬の特徴

弥生時代前期から中期にかけて出現してくる『地域型』曲柄鍬には、南部九州型・伊勢湾型・東北型・中国型と、ナスビ形曲柄鍬がある（図38・39）。そして、さらにナスビ形曲柄鍬には瀬戸内型・北陸型・南部九州型が存在する。このうち、中国型は弥生時代中期後葉までしか残らないのに対し、他は古墳時代まで続き、特に古墳時代前期～中期に盛行するという時期的な特徴がある。以下、それぞれの『地域型』曲柄鍬について、その特徴を簡単に述べる。

『南部九州型』曲柄鍬は、短い軸部が特徴で、平鍬と三又鍬、まれに二又鍬もある。図38－2の平鍬は軸部中央に凸状の段が設けられている。

『伊勢湾型』曲柄鍬は、軸部上端付近にV字状の深い溝を刻み、身部は肩をしっかり作

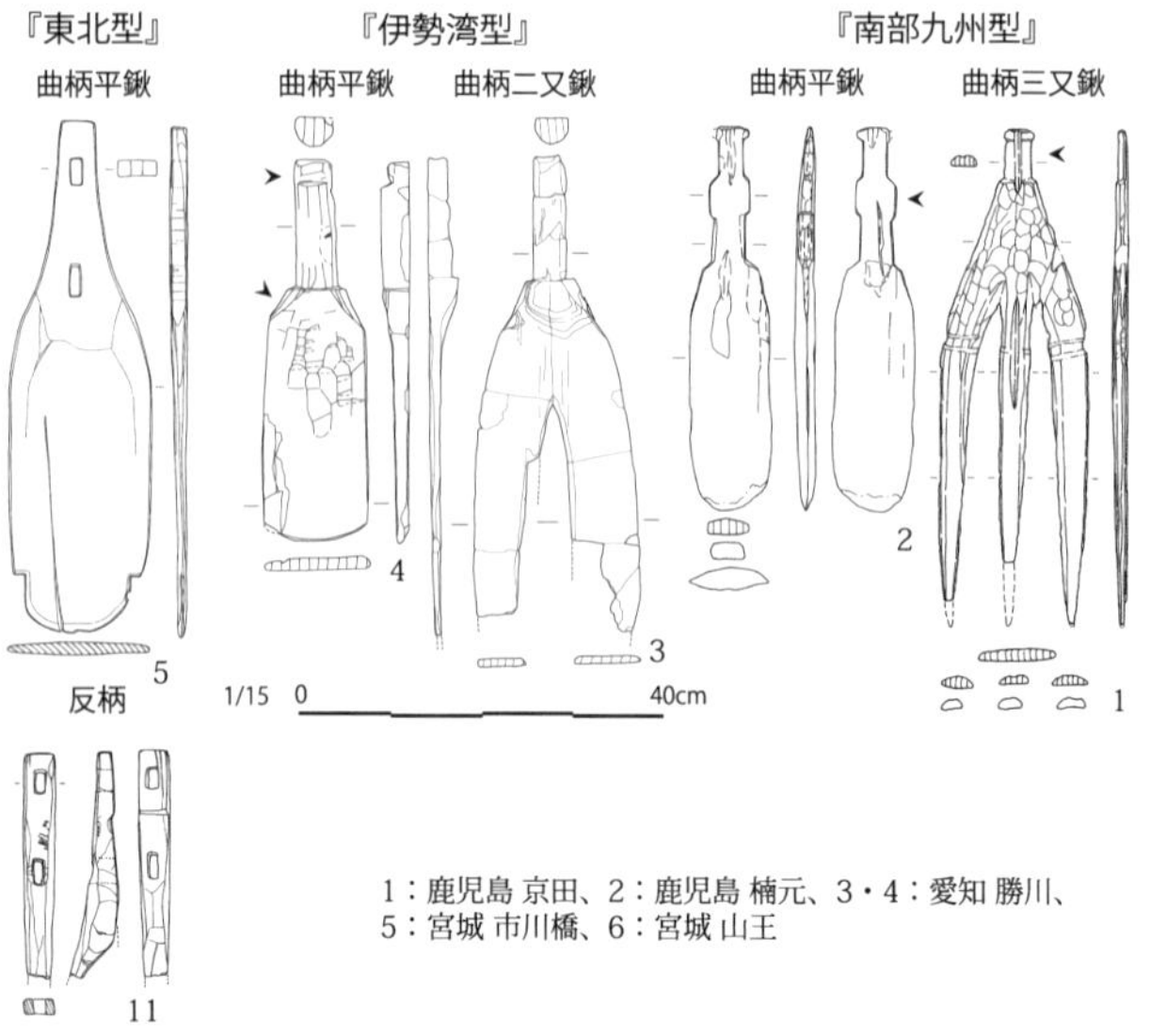

1：鹿児島 京田、2：鹿児島 楠元、3・4：愛知 勝川、
5：宮城 市川橋、6：宮城 山王

図38　『地域型』曲柄鍬一覧-1（S＝1：15）

り出す。基本的な組成は平鍬と二又鍬だが、三又鍬が卓越する地域も存在する。これまで私は伊勢湾周辺地域で出土するものを『伊勢湾型』、他地域から出土するものを『東海系』と呼び分けてきた（樋上二〇〇〇）が、煩雑になるため、本書では他地域出土のものも含めて『伊勢湾型』と呼ぶこととしたい。

　『東北型』曲柄鍬は、軸部に二ヶ所の穿孔をほどこす点に特徴がある。これとセットになる反柄にも同じ位置に穿孔があり、栓で身と固定する。現状で確認できているのは平鍬のみである。

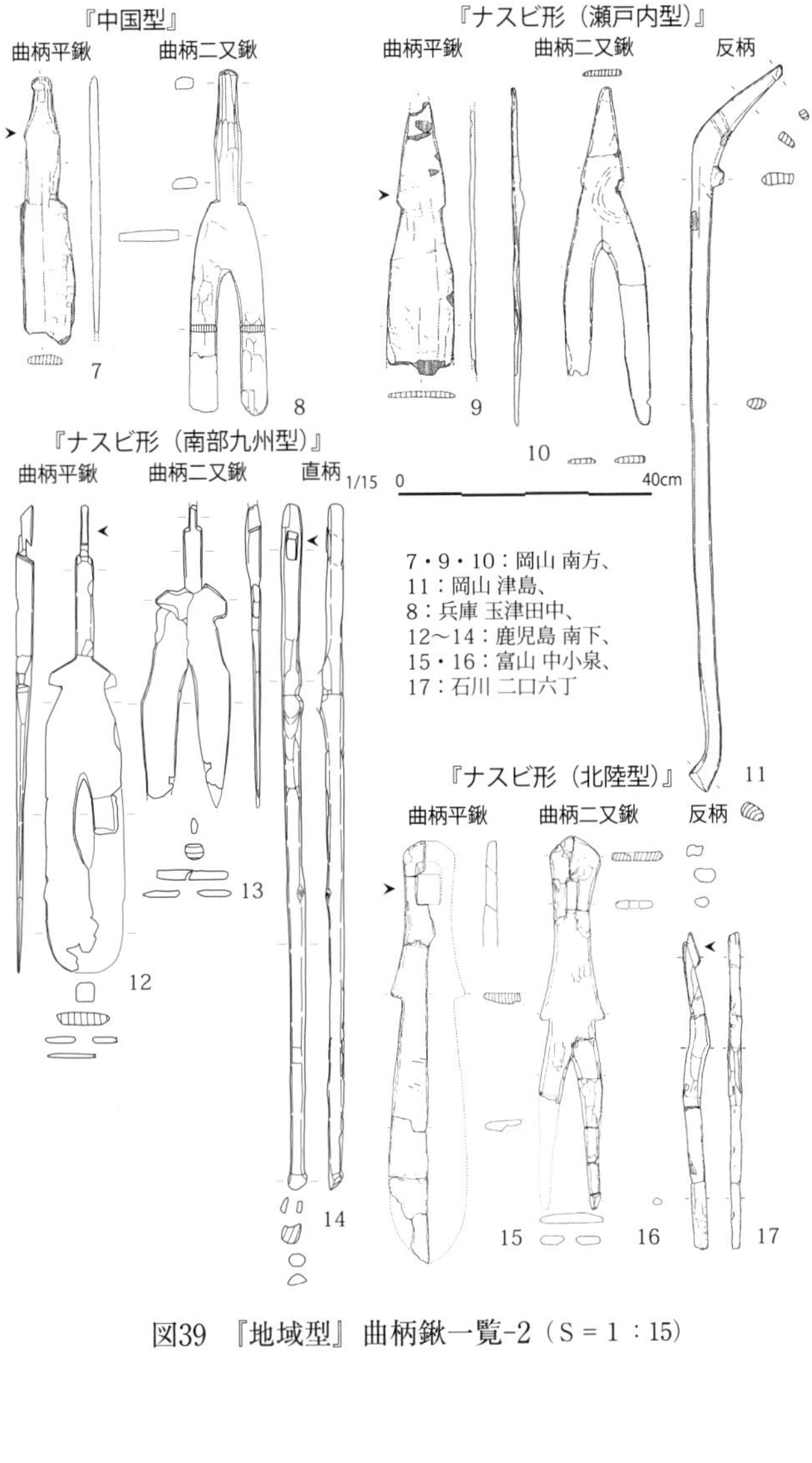

図39 『地域型』曲柄鍬一覧-2（S＝1：15）

『中国型』曲柄鍬は、瀬戸内から山陰地方までのいわゆる中国地方に広く分布するタイプの曲柄鍬で、後述するとおりナスビ形曲柄鍬の原型となるものである。軸部の平面形が縦長の菱形をなすのが特徴で、平鍬と二又鍬がある。

『ナスビ形』曲柄鍬には、「瀬戸内型」「北陸型」「南部九州型」がある。このうち「瀬戸内型」が一般的なナスビ形曲柄鍬で、軸部の形状がナスビのヘタのようなかたちをしていることからその名がつけられた。平鍬・二又鍬・三又以上の多又鍬など、ヴァリエーションも多い。組み合う柄は膝柄ではなく、基本的に反柄（図39－11）を用いる。

「北陸型」ナスビ形曲柄鍬は、方形柄孔をもつナスビ形曲柄鍬で、先端に鍬の側の方形柄孔に結合させるための突起をもつ反柄を用いる（図39－17）。平鍬・二又鍬・三又鍬がある。

「南部九州型」ナスビ形曲柄鍬は、直柄の先端付近に穿孔をほどこし（図39－14）、鍬の軸部上端を一段細くしてこれを柄に通すというきわめて特殊な形状をなす。平鍬・二又鍬がある。

ナスビ形曲柄鍬の出現

まずは、ナスビ形曲柄鍬の着柄方法の研究史について軽く触れておきたい。

この野菜のナスビを縦割りにしたような形状をもつ特殊な「農耕具」については、一九八〇年代までは、もっぱら真っ直ぐな柄が付く「着柄鋤」説が有力であった。しかも、出土する地域が近畿地方を中心とし、所属時期も古墳時代前期～後期であったことから、当時この分野における研究の第一人者であった黒崎直氏は「古墳時代の農耕具」として、ナスビ形「着柄鋤」の集成をおこなっている（黒崎一九七六）。

このナスビ形「着柄鋤」が、実は「鍬」であることがわかったのは、前述の『伊勢湾型』曲柄二又鍬が静岡県内において、膝柄を紐で結わえたまま出土したことがきっかけである（藤枝市教育委員会一九八一）。しかし、その後も「鍬・鋤論争」は続き、一九八〇年代後半に静岡市内の神明原《しんめいばら》・元宮川《もとみやがわ》遺跡においてナスビ形曲柄平鍬そのものに反柄が縛られた状態で出土したことによって、ようやく完全決着がついた。

この「ナスビ形」の形態についても、かつては朝鮮半島の「タビ」と呼ばれる踏み鋤を起源とする説や、近畿地方における弥生時代の曲柄鍬（七〇頁図28の立野遺跡出土例など）と『北部九州型』直柄鍬が融合してできたという説など、長らく定見をみなかった。

また、所属時期についても一九八〇年代半ばから山陰地方で弥生時代中期～後期の遺跡

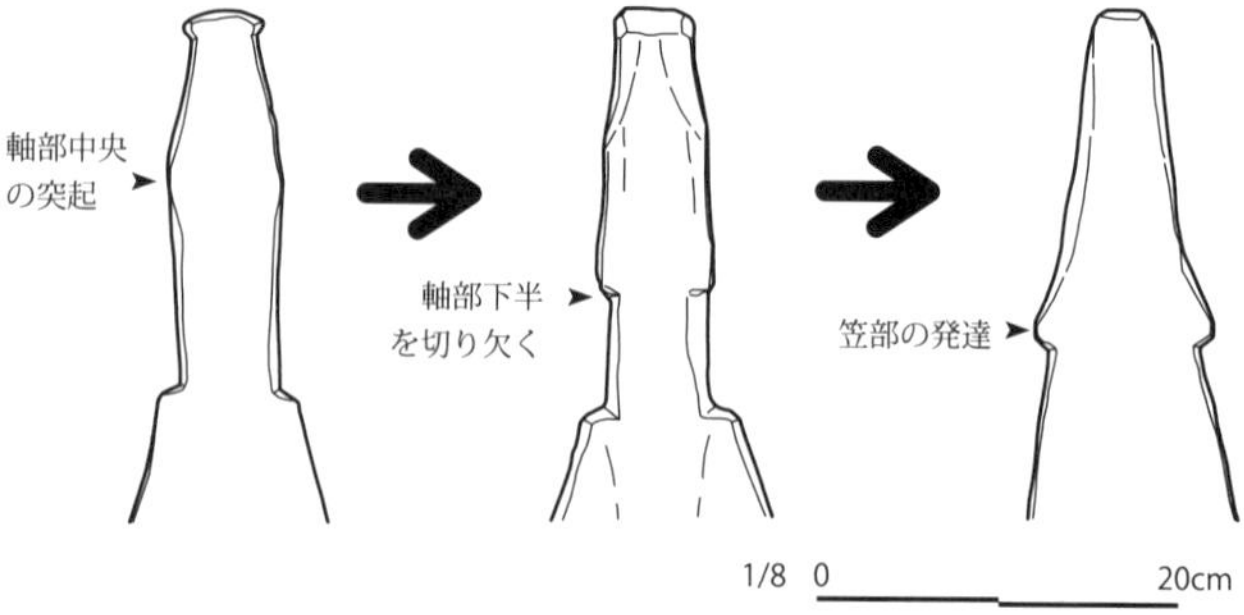

図40　ナスビ形曲柄鍬の成立過程（S＝1：8）

からも出土していることがわかってきていたが、相変わらず古墳時代前期の近畿地方で出現したに違いないと固く信じている研究者が多かった。

この状況を一変させたのが、岡山県南方釜田《みなみがたかまた》遺跡からまとまって出土した弥生時代中期中葉〜後葉の曲柄鍬群である。私は一九九〇年代の初めにこの資料を実見し、そのなかに図40のような軸部の変遷過程があることを「発見」した（樋上一九九四）。

すなわち、図39で『中国型』曲柄鍬とした菱形の平面形をもつ軸部（図40左端）の下半を切り欠き（図40中央）、それによってできた段を笠状に発達させた（図40右端）のがナスビ形曲柄鍬である。

その後、南方釜田遺跡と同じく岡山平野に位置する南方遺跡においても、同様の変遷がたどれる多量の曲柄鍬が出土した。かくして、ナスビ形曲柄鍬の発祥地が岡山平野であることが「確定」したのである。

ナスビ形曲柄鍬と『伊勢湾型』曲柄鍬

図38・39にあげた『地域型』曲柄鍬のすべてに対して記述すると煩雑になるため、ここでは特に、日本列島を西と東で二分するように広域伝播するナスビ形曲柄鍬と『伊勢湾型』曲柄鍬について記述する（図41）。

弥生時代中期中葉〜後葉に岡山平野で出現した『瀬戸内型』ナスビ形曲柄鍬は時を経ずして山陰地方に伝播し、さらに弥生時代中期後葉のうちに北陸の石川県八日市地方遺跡まで広がる。

北陸地方では柄と身の結合をより強固にするため方形柄孔を開けた『北陸型』のナスビ形曲柄鍬を産み出す。これが北関東を経由して東北地方の仙台平野にまで到達する。

さらに、西日本では『瀬戸内型』ナスビ形曲柄鍬が、弥生時代後期のうちに三重県へ、そして弥生時代終末期には河内平野と北部九州に伝播していく。

いっぽう、弥生時代後期に濃尾平野低地部と伊勢平野で出現した『伊勢湾型』曲柄鍬は、弥生時代終末期には琵琶湖東岸部と奈良盆地へ広がる。ただし、奈良盆地では古墳時代前期には『瀬戸内型』のナスビ形曲柄鍬に置き換わっている。

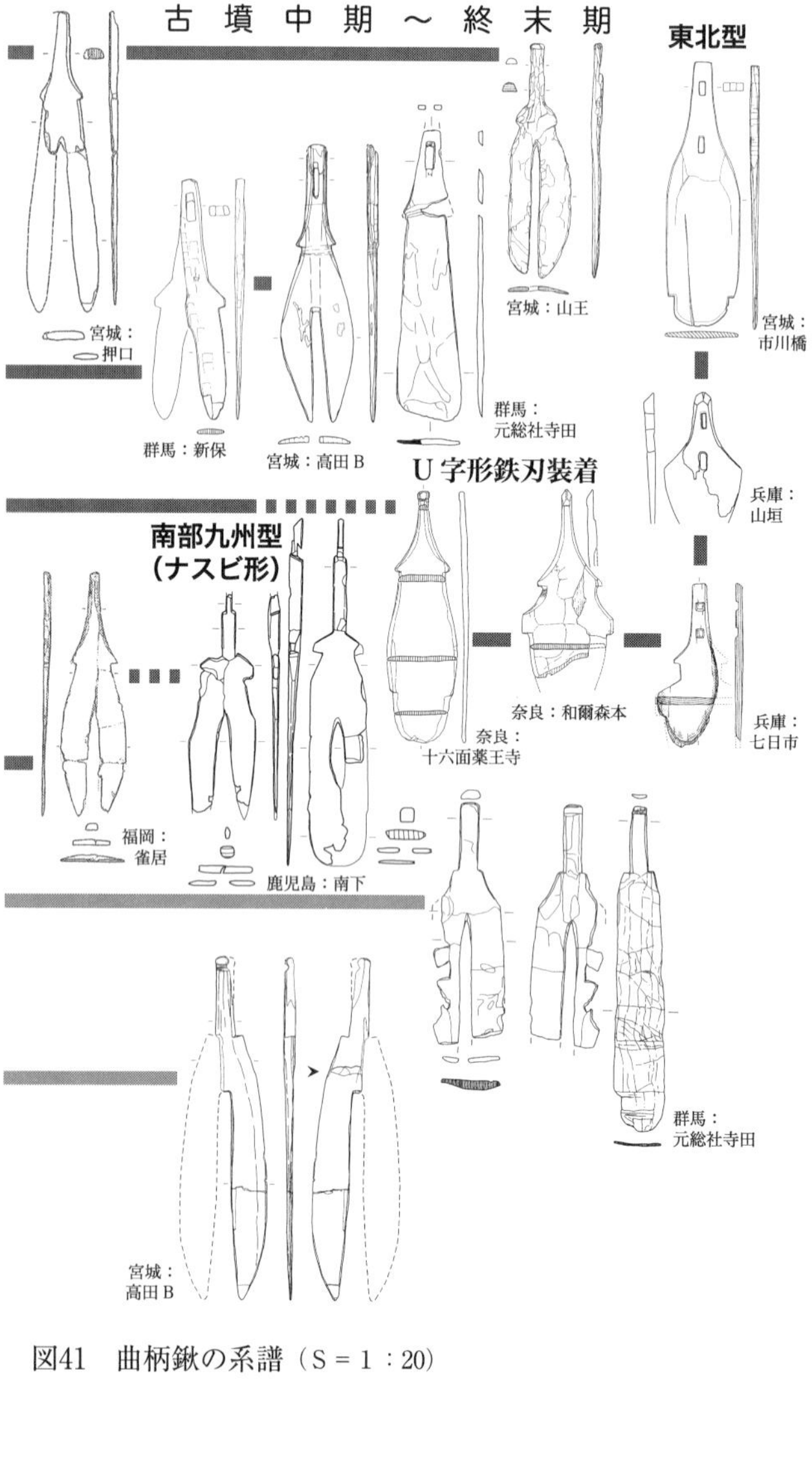

図41　曲柄鍬の系譜（S＝1：20）

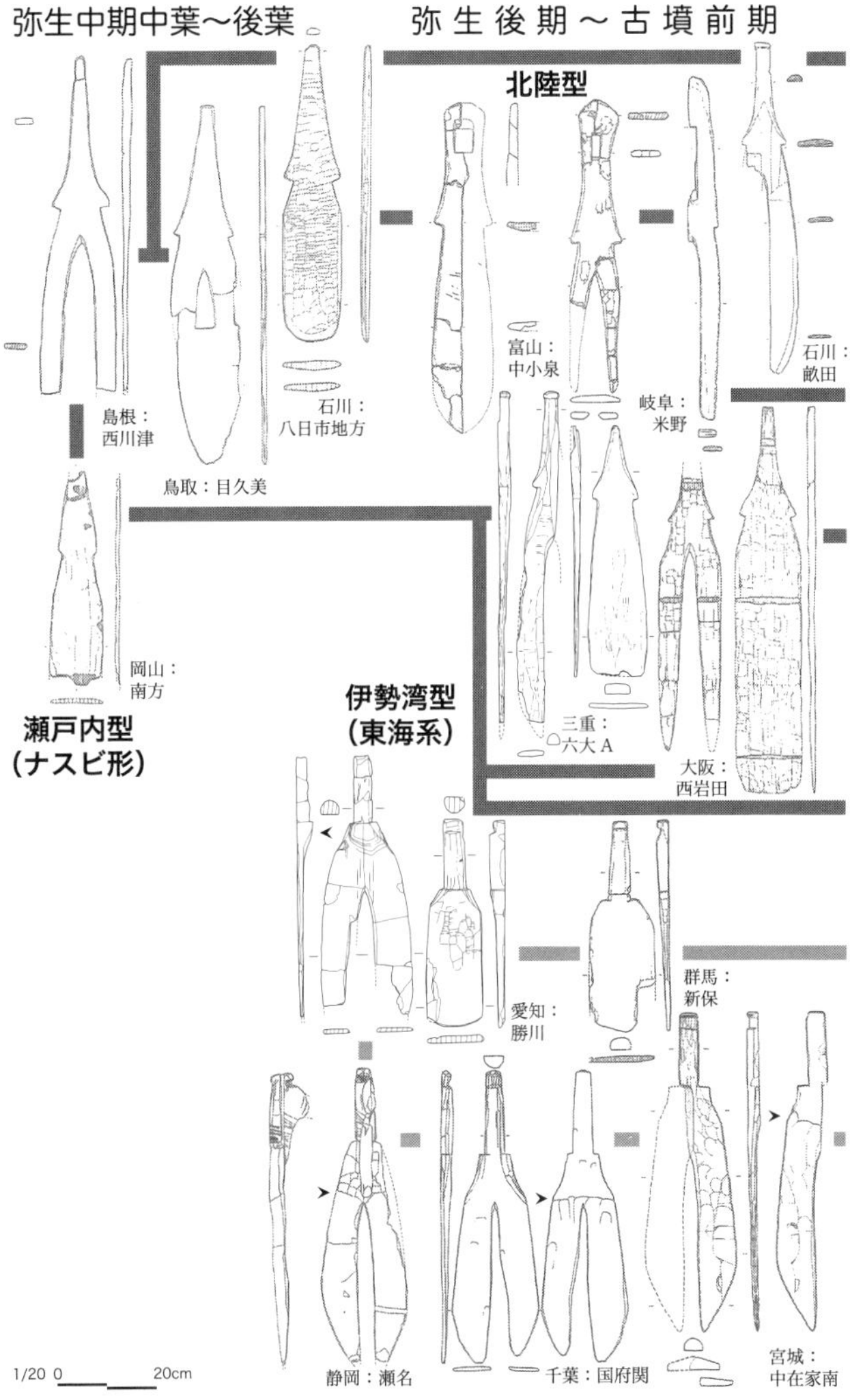
弥生中期中葉～後葉
弥生後期～古墳前期
北陸型
島根：
西川津
鳥取：目久美
石川：
八日市地方
富山：
中小泉
岐阜：
米野
石川：
畝田
岡山：
南方
瀬戸内型
(ナスビ形)
伊勢湾型
(東海系)
三重：
六大A
大阪：
西岩田
愛知：
勝川
群馬：
新保
1/20 0 20cm
静岡：瀬名
千葉：国府関
宮城：
中在家南

『伊勢湾型』曲柄鍬は、さらに古墳時代前期にはのちの東山道ルートで長野県善光寺平《ぜんこうじだいら》を経て北関東へと伝播して同地で古墳時代後期まで定着する。また、のちの東海道ルートでは、静岡県の静清平野まで伝播し、ここで形態が一部変化して南関東に広がり、さらに仙台平野や山形盆地へと伝播していく。

以上のように、古墳時代前期段階には『伊勢湾型』曲柄鍬と『瀬戸内型』ナスビ形曲柄鍬は、日本列島の東西で相対峙するかのように分布している。この状況を一変させるのが、五世紀中葉頃に朝鮮半島から日本列島に伝播してくるU字形の鉄刃である。

U字形鉄刃の出現

このU字形鉄刃は北部九州では直柄鍬に装着されて『直柄風呂鍬』を産み出すが、それ以外の地域では、もっぱら鋤かナスビ形曲柄鍬に装着される。U字形鉄刃そのものが規格品であるため、ナスビ形曲柄鍬の方がそれにサイズを合わせるようになり、著しく幅広化する。

このU字形鉄刃を装着したナスビ形曲柄鍬は、五世紀後半には濃尾平野低地部においても『伊勢湾型』曲柄鍬を完全に駆逐し、ナスビ形曲柄鍬一辺倒の分布へと状況を変化させる。ただし、関東地方以北でそのような状況を実現させるのは六世紀以降を待たねばならなかった。

東北では、兵庫県但馬地方のナスビ形曲柄鍬の影響を受けた、柄と身を栓で留めるタイプの鍬を新たに出現させる（『東北型』曲柄鍬）が、この細工については次に述べることとする。

ナスビ形曲柄鍬終焉の謎

五世紀代にU字形鉄刃を装着することにより、まず『伊勢湾型』曲柄鍬を駆逐して日本列島の大半を手中に収めるとともに、幅広化によって本州島では直柄鍬の機能をも兼ね備えて、名実ともに「古墳時代の農耕具」としての地位についたナスビ形曲柄鍬だが、なぜか七世紀後半を境に急激にその姿を消していく。この理由については長年の謎であり、私自身もずっとそのことで頭を悩ませていた。ある時、この七〜八世紀代のナスビ形曲柄鍬と、それに取って代わったとみられる『直柄風呂鍬』の資料を集成してみて、重要なことに気がついた（樋上二〇一二a）。

まずは「終末期」のナスビ形曲柄鍬を集めた図42上段をご覧いただきたい。多くのナスビ形曲柄鍬に、ある共通点があることにお気づきになるだろうか。そう、軸部の上半に小さな穿孔をほどこしている例が圧倒的に多いのである。しかもそれは、一つ孔だけでなく、『東北型』曲柄鍬のように二つ孔のものまで存在する。一見すると古墳時代前期の『北陸型』ナスビ形曲柄鍬に似ているが、その穿孔部は『北陸型』のそれよりも、はるかに小さい。図42の福岡県吉武《よしたけ》遺跡で示した反柄の方にも同じ大きさの穿孔があることからもわかるとおり、柄と身を栓で留めていたのである。

ではなぜ、このような細工をしたのだろうか。曲柄鍬は柄と身を紐で結わえるために、土に打ち込んだ際にズレが生じやすい。それを防ぐために『伊勢湾型』のV字状の切れ込みや、『瀬戸内型』ナスビ形曲柄鍬のヘタ状の笠部のような独自の工夫をおこなってきたのである。しかし、これに当初は想定していなかったU字形鉄刃（図42の静岡県伊場《いば》遺跡例を参照のこと）の重みが加わったために、従来の細工では不十分であることがわかり、柄と身を栓で留めるという工夫にいたったものと考えられる。

しかし、このナスビ形曲柄鍬全体のなかで、最も細くて弱い軸部上半に穿孔をほどこすというのは、ある意味で自殺行為となることは、もはや言うまでもないだろう。そこで新たに注目を浴びることとなったのが、北部九州でのみ、細々と生き延びていた直柄鍬をU字形鉄刃装着用に「最適化」した『直柄風呂鍬』だったのである（図42下段）。『直柄風呂鍬』は、いずれも頭部を幅広に作り、柄と身を栓で結合するのではなく、柄孔に直柄を通したうえで、さらに栓で留めるという工夫をしている。これが、こののち千年以上にわた

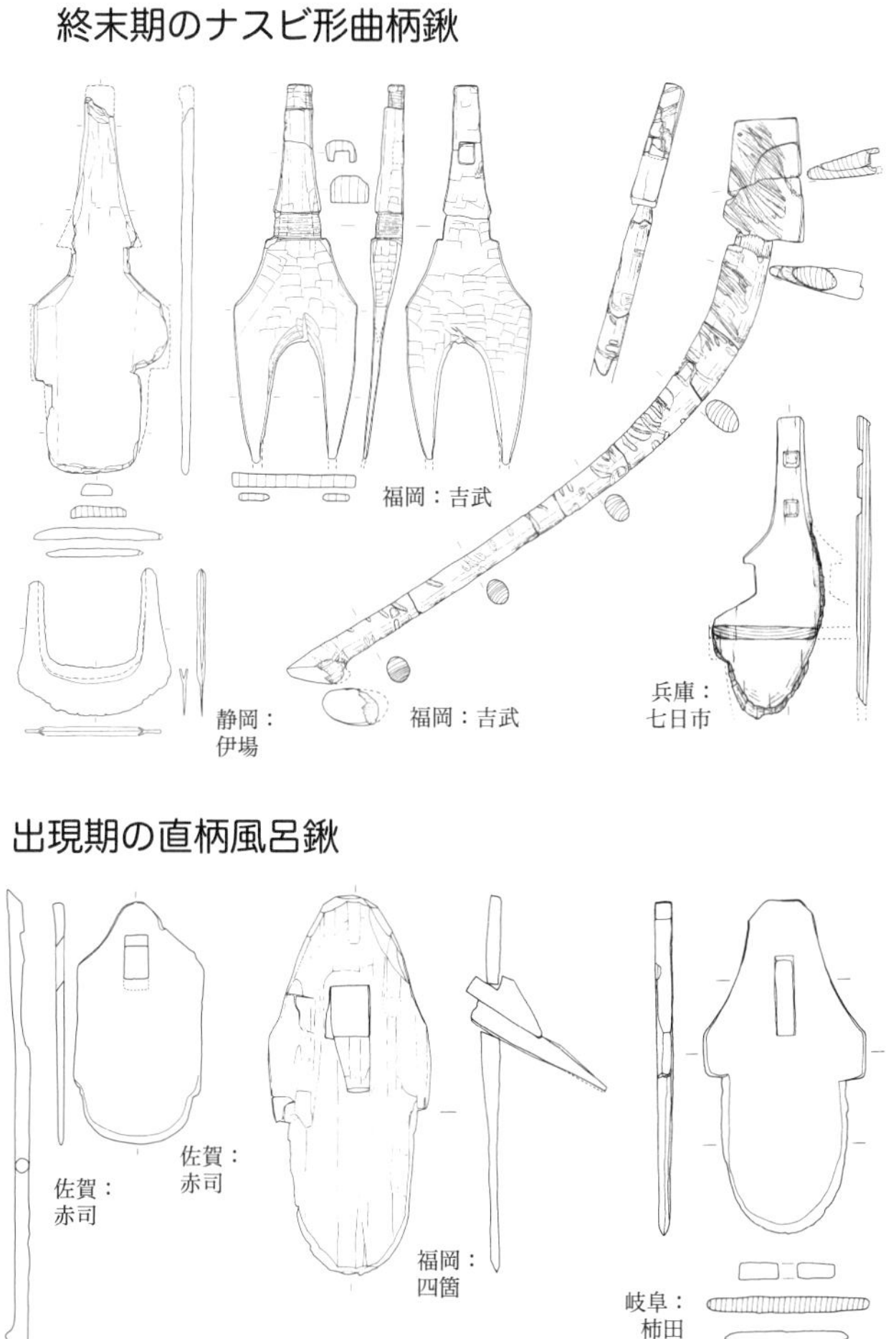

図42　終末期のナスビ形曲柄鍬と出現期の直柄風呂鍬（S = 1 ：12）

って日本列島の鍬のカタチを規定していくのである。それゆえ、弥生時代前期から古墳時代前期まで、本州島に広く分布していた『山陰型』や『近畿型』などの直柄平鍬が、現在の鍬に直接つながるのではないのだ、ということを改めてここで確認しておきたい。

直柄平鍬や『伊勢湾型』曲柄鍬を駆逐し、『瀬戸内型』ナスビ形曲柄鍬を文字どおり「古墳時代の農耕具」たらしめたのはU字形鉄刃であったが、結局のところ、その加重を完全に克服することができなかったがために、最終的にナスビ形曲柄鍬を終焉に向かわせたのは、なんとも皮肉なことであった。

弥生時代後期における鍬の鉄器化の問題

U字形鉄刃を論じたついでに、弥生時代後期における方形鉄刃（図43下段）についても触れておきたい。

一九六七年に発表された都出比呂志氏の有名な論文「農具鉄器化の二つの画期」以来、そのうちの第一段階にあたる弥生時代後期の方形鉄刃は、主として鉄器研究者において高く評価されてきた（第二段階は言うまでもなく五世紀代のことで、これにかんしては前述のとおりである）。

近年では弥生時代における鉄器研究の第一人者である野島永氏によって、北部九州の筑前中枢域において、弥生時代後期中葉〜終末期に方形鉄刃が急増することが明らかにされ

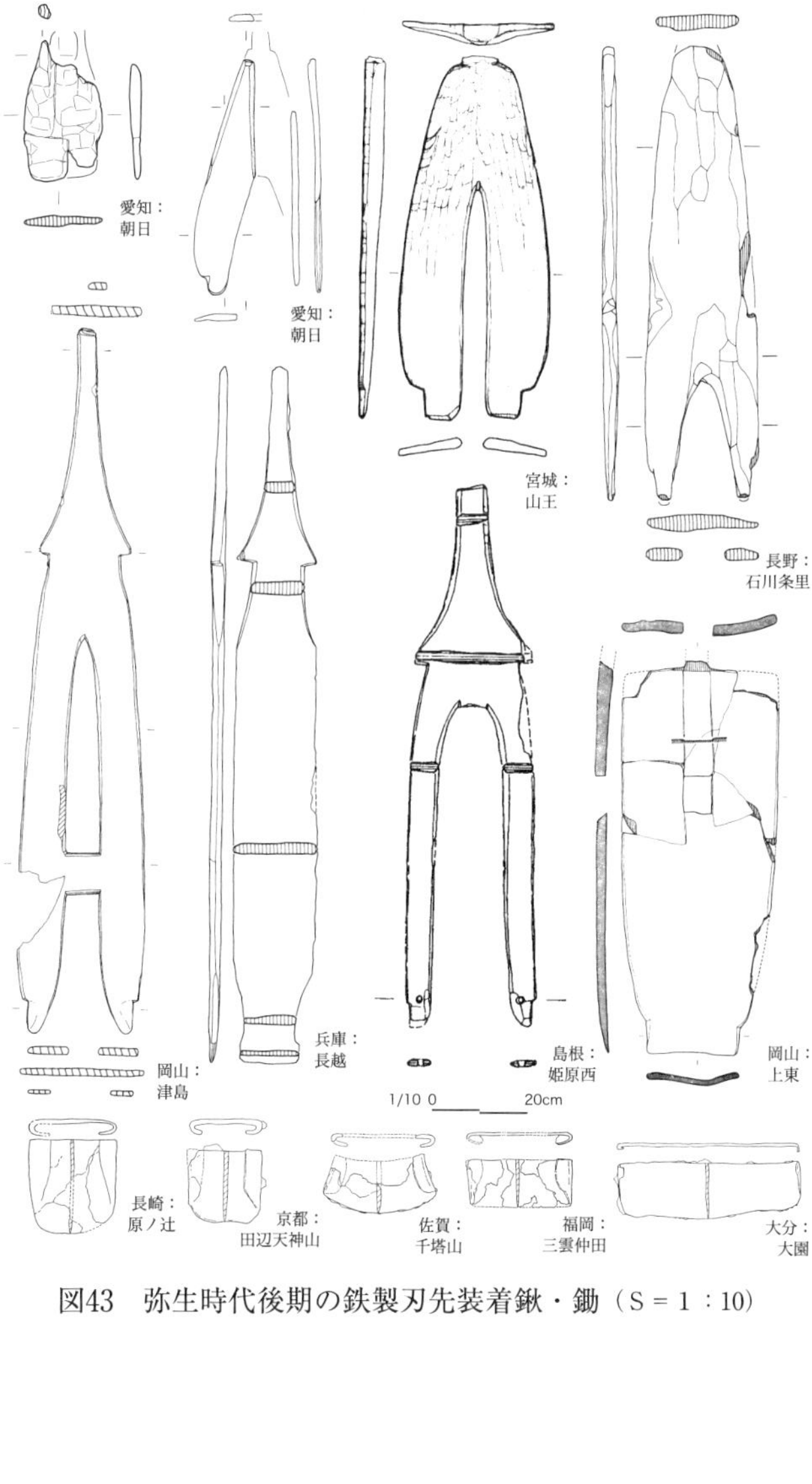

図43　弥生時代後期の鉄製刃先装着鍬・鋤（S＝1：10）

ており、「さらなる可耕地開発のために鉄刃農具をつくり出すにいたった」とされている（野島二〇〇〇）。

しかし、木製品研究者としての私の立場からみれば、弥生時代後期〜古墳時代前期の方形鉄刃を装着した痕跡が認められる鍬・鋤は、全国的にも二〇例に満たない程度であり、しかも肝心の北部九州地方では全く出土していないのである。

さらに、図43にあげたように、そのほとんどは通常の木製刃先の鍬・鋤類を細工して転用したもので、最初から方形鉄刃装着を意識した作られたものは、ほぼ皆無といってよい。今後類例が増加しても、刃先まで木製の鍬・鋤との比率はおそらく一〇点に一点にも満たないであろう。これらは山口譲治氏が言うように、台地での掘削など限定された場所で使用されたものだったのだろう（山口一九九一）。

ただ、一部の鉄器研究者からは、木製の鍬・鋤の先端に段を設けなくとも方形鉄刃が装着できるのでは、との指摘もなされている。もし仮にそうであったとしても、確実に固定するために鉄刃を折り曲げた両端部が木製の刃先に食い込むはずなので、なんらかの痕跡はとどめる可能性が高い。それゆえ、これからはより一層詳細な木製品の観察が必要となる。

それとともに、いや、それ以上に、素材ごとに縦割りされている現在の日本考古学の現状を改めて、素材横断型の研究組織の構築が求められる。鉄器・石器・土器・木製品など他素材の研究者同士が交流する場を数多く設けることによって、いずれはこのような齟齬も自ずと解決していくだろう。その際には、すべての素材と密接な関連を有する木製品こそが、中心となるようにしていかねばならないと私は常々考えている。

『地域型』直柄鍬と曲柄鍬の伝播経路

次に、『地域型』直柄鍬と曲柄鍬が、それぞれどこで出現し、どのようなルートで他地域に伝播していったのかを確認しておく（図44・45）。

まず『北部九州型』直柄鍬は、弥生時代中期前葉に朝鮮半島南部から伝播して北部九州地方に定着する。その後は弥生時代終末期～古墳時代前期に日本海沿岸を北上して北陸地方～岐阜県大垣市域へと達する。さらに九州島のなかでは、有明海沿岸と東部九州を経由して南部九州へと伝播する。

『山陰型』直柄平鍬は、中国山地を横断して瀬戸内地方へ行くとともに、日本海沿岸を進んで北陸地方へと到達し、ここからさらに北上して東北地方にまで伝播する。

『近畿型』直柄平鍬は、一部は北部九州と北陸地方へ伝播するが、主には太平洋沿岸を通じて伊勢湾～静清平野～南関東～東北地方というルートで東遷する。

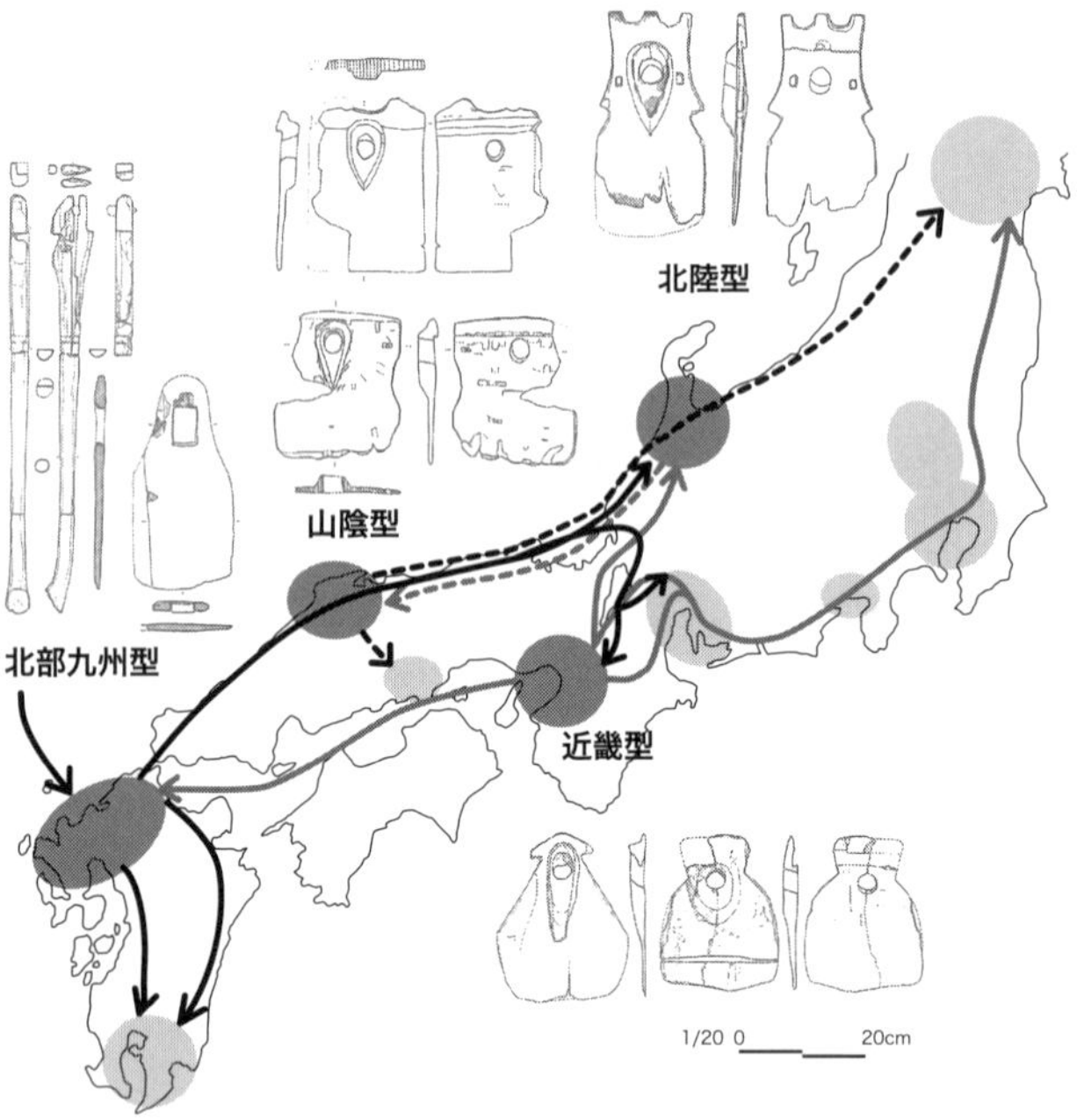

図44　『地域型』直柄鍬の伝播経路（S＝1：20）

『北陸型』直柄平鍬は、その本来の故地であった山陰地方へと伝播していく。

『瀬戸内型』ナスビ形曲柄鍬は、山陰地方を経由して北陸〜北関東、瀬戸内沿岸を西へ進んで北部九州〜南部九州、近畿地方中央部を経由せずに伊勢湾西岸部、近畿地方を経由して伊勢湾西岸部〜西三河〜西遠江と美濃地方西部へという、『伊勢湾型』曲柄鍬の主要分布域を避けつつ多数の経路で日本列島西半部へと伝播していく。

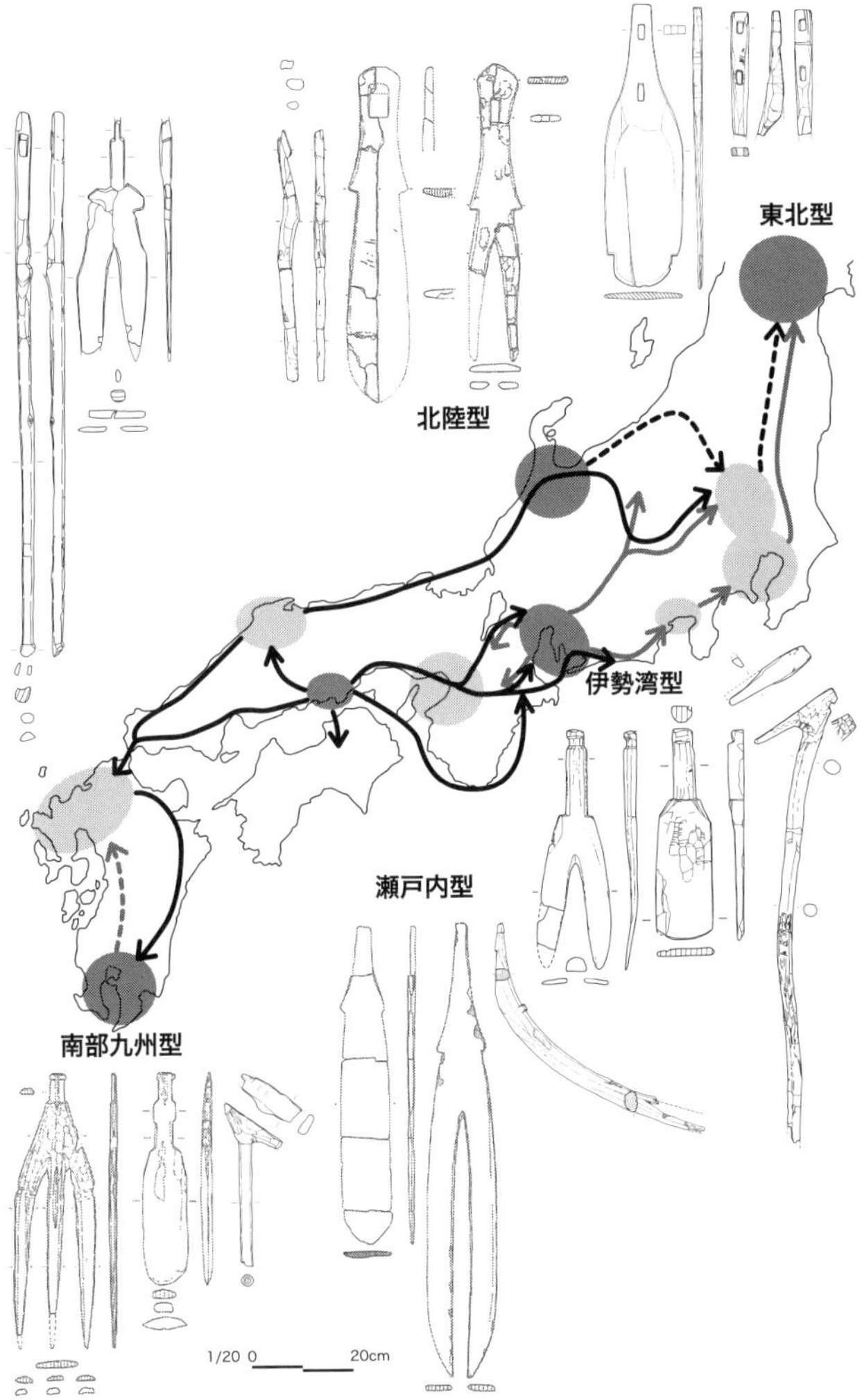

図45 『地域型』曲柄鍬の伝播経路（S＝1：20）

『伊勢湾型』曲柄鍬は、一部が奈良盆地と琵琶湖東岸部に伝播するが、主流は東山道ルートで善光寺平〜北関東と、東海道ルートで静清平野〜南関東〜東北へという複数ルートで東日本を広範囲にその分布域とする。

『北陸型』ナスビ形曲柄鍬は、新潟から群馬へと伝播し、さらにここから北上して東北地方へと広がる。

『南部九州型』曲柄鍬およびナスビ形曲柄鍬は、主として北部九州へ伝播していく。

『東北型』曲柄鍬にかんしては、ここからどこかへ伝播していくという状況は現状において認められていない。

『地域型』鍬が伝播する背景

図44と図45を見較べると、あるきわめて重要なことに気がつく。広範囲に伝播していく『地域型』直柄鍬と曲柄鍬のそれぞれの故地は、北陸地方を除くといずれも重ならないということである。

すなわち『地域型』直柄鍬の出現地は、北部九州・山陰・近畿・北陸で、『地域型』曲柄鍬の出現地は南部九州・瀬戸内・伊勢湾・北陸・東北となり、それぞれがお互いに異なる柄の装着法の鍬を受け入れていることがこの図からは読み取れる。これはいったい、何を意味しているのであろうか。

前述のように、直柄鍬は縄紋時代晩期に朝鮮半島南部から水稲耕作とともに伝播してきた「農耕具」であり、曲柄鍬は縄紋時代早期以来の打製石斧（石鍬）の系譜を引く「土木具」であると私は考えている。

それゆえ直柄鍬の伝播経路は、おおむね稲作の伝わり方を示している。その土地土地の土質に合わせて工夫された「農耕具」が、基本的には西から東へと伝わっていった。そのなかで、『縄紋時代晩期系』や『北部九州型』など、朝鮮半島から幾度も新たな波があったようだ。あるいは弥生時代前期の『山陰型』もまた、北部九州を介さず朝鮮半島から日本海を越えての別ルートでの新たな稲作技術の伝播の結果であったのかもしれない。

それに対して曲柄鍬、特に『瀬戸内型』ナスビ形曲柄鍬と『伊勢湾型』曲柄鍬は、日本列島内で非常に複雑な経路をたどって多方面に伝播していることが見て取れる。それには岡山平野と濃尾平野という、河川が乱流してそのままでは居住に適さない低湿地（図11〈二一四頁〉を参照）を克服していく過程で、そこに住む人々がさまざまに工夫し産み出した独自の「土木技術の結晶」としての側面が、これらの曲柄鍬にはあるのではないかと私はみている。

この土木技術には、広大な水田の構築技術や、河川の制御技術、環濠や大溝の掘削技術、あるいは墳丘墓の築造技術なども含まれる。

このうち墳墓の築造技術を採ってみても、吉備地方は楯築《たてつき》墳丘墓に代表される大型墳丘墓を弥生時代後期に産み出し、特殊器台型埴輪とともに近畿地方の初期前方後円墳にその技術が取り込まれていることは周知の事実である。いっぽう、濃尾平野低地部は古墳時代初頭に前方後方墳を産み出し、S字状口縁台付甕とともに東日本に広く伝播していくことは赤塚次郎氏による一連の研究でよく知られている（赤塚二〇〇九）。

そう考えると、古墳時代初頭（庄内式前半期）の河内平野は吉備系の技術によって、奈良盆地は伊勢系の技術によって「再開発」されたものと理解でき、それぞれの地域から大量に出土する「外来系土器」は、その傍証となる。

ただし、これが邪馬台国VS狗奴国というような古墳時代初頭の政治的対立に直接結びつくかというと、それはまた別問題である。たとえば濃尾平野低地部は『伊勢湾型』曲柄鍬を産み出し、『瀬戸内型』ナスビ形曲柄鍬を受け入れなかったが、いっぽうで『近畿型』直柄平鍬をそのまま受容していることからも明らかだろう。

おそらく『瀬戸内型』ナスビ形曲柄鍬と『伊勢湾型』曲柄鍬の広範な伝播の背景は、吉備や濃尾平野の勢力が一方的に拡大して他地域を浸食していったというたぐいのものではなく、逆にこれらの曲柄鍬を受容する側の地域首長からの依頼によるものであったと私はみている。そして、各地の地域首長が欲したものは、単なる曲柄鍬のカタチではなく、先にあげたさまざまな「土木技術」の総体、さらにいえば、弥生時代においては広範囲に手をつけることができなかった沖積低地の開発技術こそが、地域首長層が最も喉から手が出るほど欲しかったものであったと推察している。『瀬戸内型』ナスビ形曲柄鍬や『伊勢湾型』曲柄鍬が拡散して以降、日本列島の各地で総延長数キロにおよぶ広大な水田域が築かれていることが、なによりもその証拠となろう。

では、Ｕ字形鉄刃の出現は、いかなる意義を持つのであろうか。沖積低地の開発が一段落した五世紀中葉以降、それまでほとんど縁辺部の利用に限られていた洪積台地が一斉に開発される。その代表例は大阪府の上町台地や愛知県の名古屋台地などである。このような粘土質で堅い台地の掘削に効力を発揮したのが、Ｕ字形鉄刃を装着したナスビ形曲柄平鍬であった。おそらくは五世紀中葉以降の巨大前方後円墳もまた、Ｕ字形鉄刃を装着したナスビ形曲柄平鍬と平鋤によって築かれたのであろう。

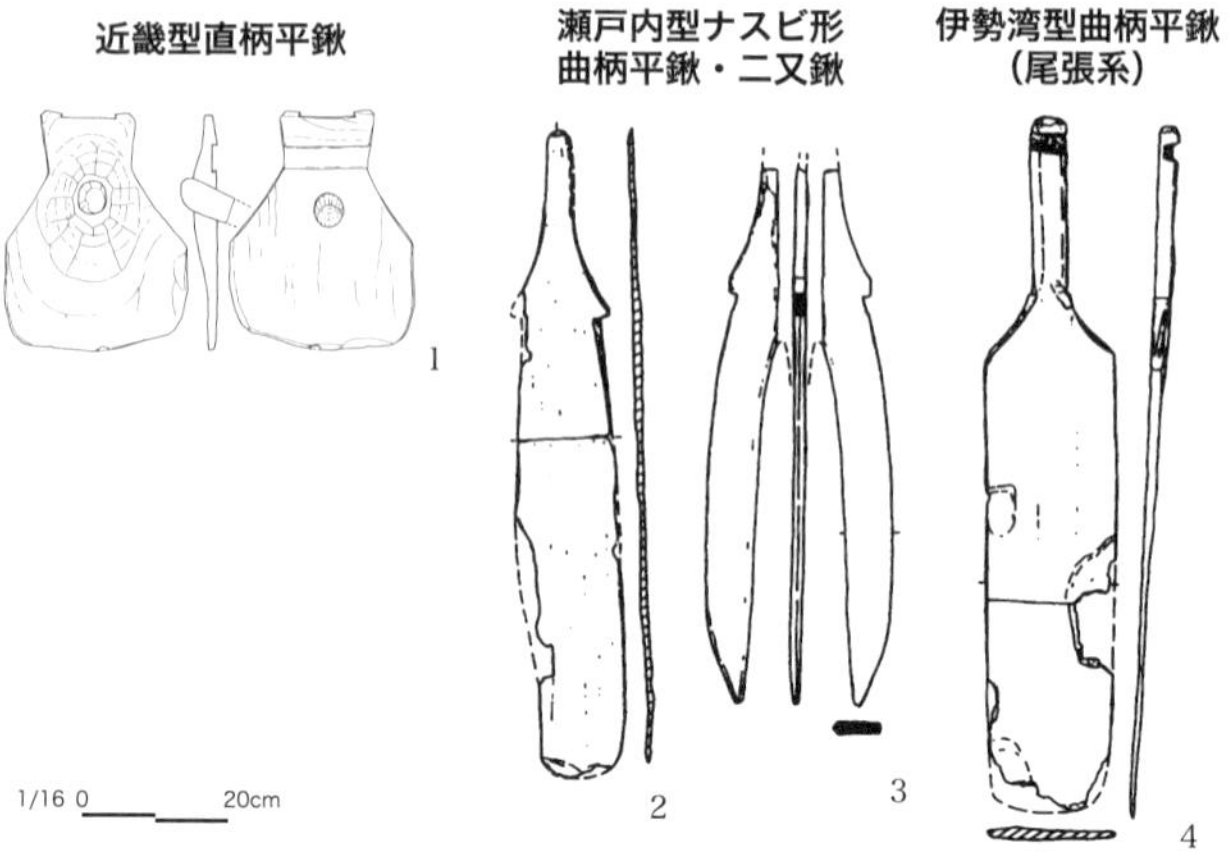

図46　奈良県 城島遺跡出土の『地域型』鍬（S＝1：16）

巨大古墳の築造と『地域型』鍬

では、ナスビ形曲柄平鍬にU字形鉄刃が装着される以前、どのような掘削具で巨大古墳は築かれていたのであろうか。それを知るてがかりが、奈良県桜井市にある城島遺跡に遺されている。この遺跡は有名な初期前方後円墳である桜井茶臼山古墳から近鉄大阪線を挟んで真北に位置し、城島小学校の校舎改築の際にみつかった。ここからは大量の鍬・鋤類のほか、S字状口縁台付甕など多数の煮炊用土器が出土している。調査担当者である清水真一氏は、全長二〇七メートルを測る桜井茶臼山《ちゃうすやま》古墳を築造するために集められた人々のキャンプサイトと推定している（清水一九九九）。

ここで用いられた鍬・鋤類のなかには『近畿

型』直柄平鍬や『瀬戸内型』ナスビ形曲柄鍬、『伊勢湾型』曲柄鍬が認められる（図46）。このうち『瀬戸内型』ナスビ形曲柄鍬については、すでに近畿地方一円で広く定着している時期なので問題はないが、注目すべきは『伊勢湾型』曲柄平鍬である。いずれも軸部上端付近にV字状の溝を刻み、しっかりと肩部を作り出していることから、「尾張系」に属する。ただ、樹種にはこの器種としては尾張低地部であまり用いないアカガシ亜属を使用していることから、尾張から直接持ち込まれたのではなく、この地で製作されたと考えられる。

前述のS字状口縁台付甕もまた、この桜井市周辺の土を用いていることが胎土分析の結果からわかっており、巨大古墳の築造に駆り出された尾張の人々が、この城島遺跡で長期間生活し、自分たちが使い慣れた鍬で作業に従事していたことがうかがえるのである。

首長と王の所有物

みせびらかす器、隠匿する器

木製容器にみる四つの方向性

次に俎上にあげるのは「木製容器」である。容器、なかでも食器は人間が生活していくうえで最も重要な「衣・食・住」のうち、「食」を司っている。原始・古代の社会、特に弥生時代においては、集落に暮らす大勢の人びとが集い、カミに祈りを捧げたのち、カミへ奉納した品々と同じものを集落の成員が食する「神人共食」という儀式が非常に重要視されていた。ここで重要な役割を果たすのが、「木製容器」である。

ただし、「木製容器」と一括りにしてしまうと事の本質を見誤る恐れがある。まずは、図47・48にあげた弥生時代中期の石川県八日市《ようかいち》地方遺跡出土の木製容器をご覧いただきた

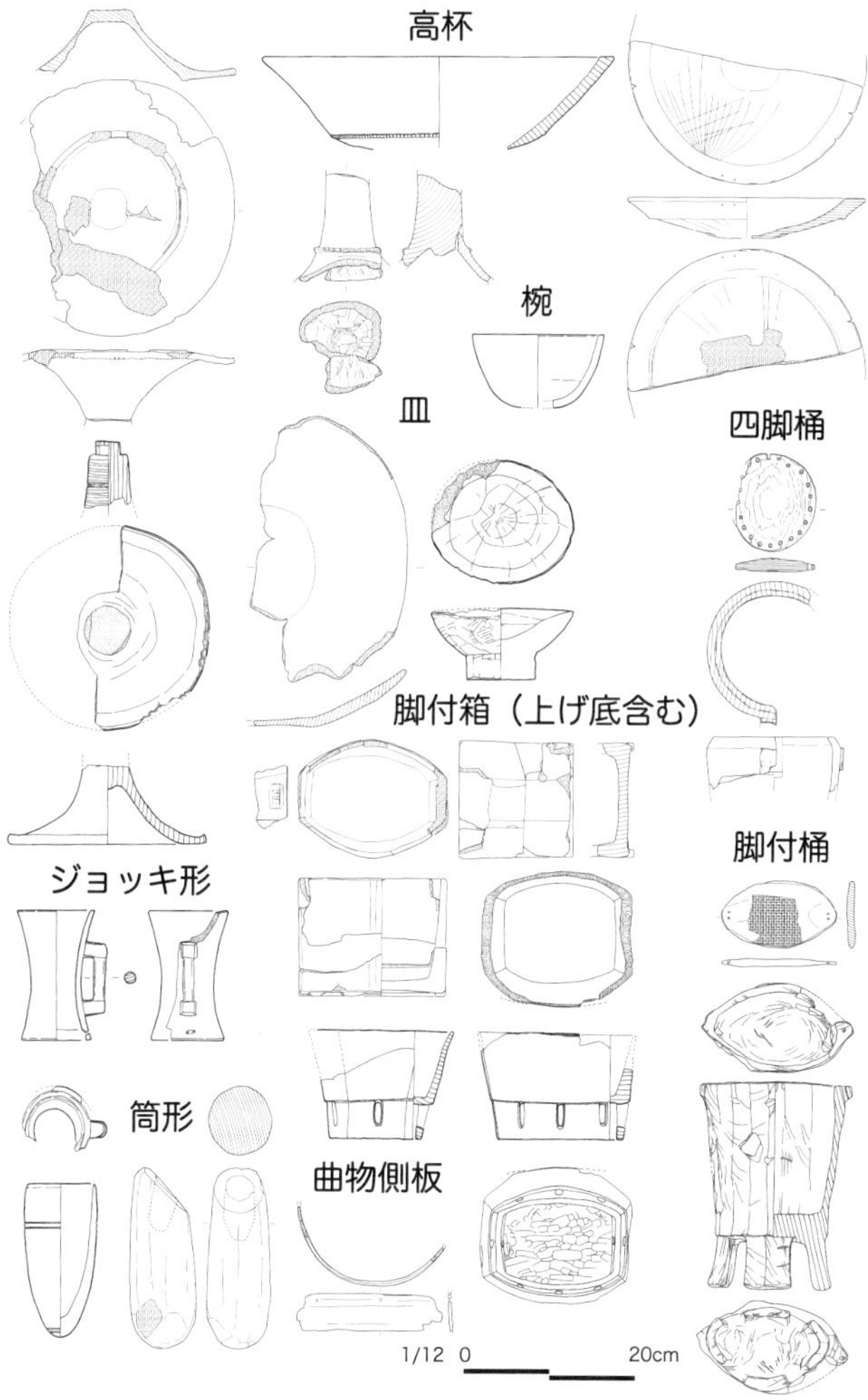

図47　石川県 八日市地方遺跡出土容器一覧-1（S = 1 : 12）

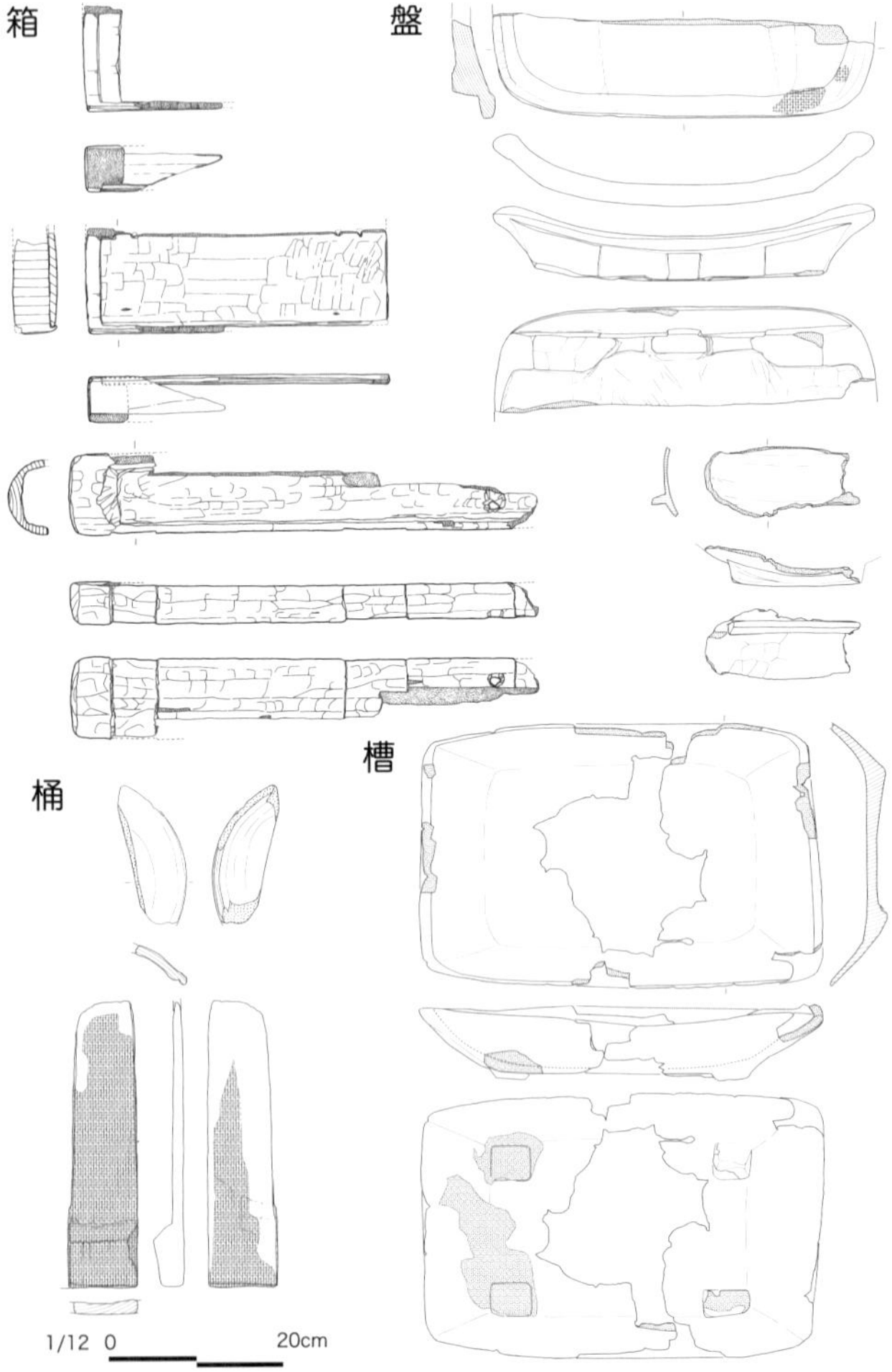

図48　石川県 八日市地方遺跡出土容器一覧-2（S＝1：12）

い。

高杯《たかつき》・椀・皿・四脚桶・脚付桶・脚付箱・ジョッキ形・筒形・盤・槽・箱・桶・曲物《まげもの》側板など、きわめて多種多様な「木製容器」があることがわかる。

この図47・48の「木製容器」を一瞥すると、高杯・皿・四脚桶・脚付桶・脚付箱・ジョッキ形・筒形のように、きわめて精巧かつ丁寧に作られているものと、槽や桶のように、やや雑な仕上げのものがあることに気がつく。本書では、前者を『精製容器』、後者を『粗製容器』と呼んで話を進めることにしたい。

『精製容器』と『粗製容器』は主として作り方（素材・製作者・工具の優劣と手間のかけ方）に帰結するのに対し、容器のもうひとつの異なる重要なベクトルとしては、用途の違いがある。すなわち、高杯・椀・皿・盤・脚付箱・脚付桶・ジョッキ形・筒形のように、主に供膳具（すなわち食器）として用いられた一群と、箱や合子《ごうす》と呼ばれる蓋付きの円形容器・桶のように何かを収納あるいは貯蔵することを目的としている一群に分けることができる。ただし、槽のように大小で用途が大きく異なるという例外も存在する。

つまり、発掘調査報告書などで「木製容器」として紹介される遺物のなかには、「精製」か「粗製」、あるいは「供膳用」か「収納・貯蔵用」という、全く方向性の違うもの

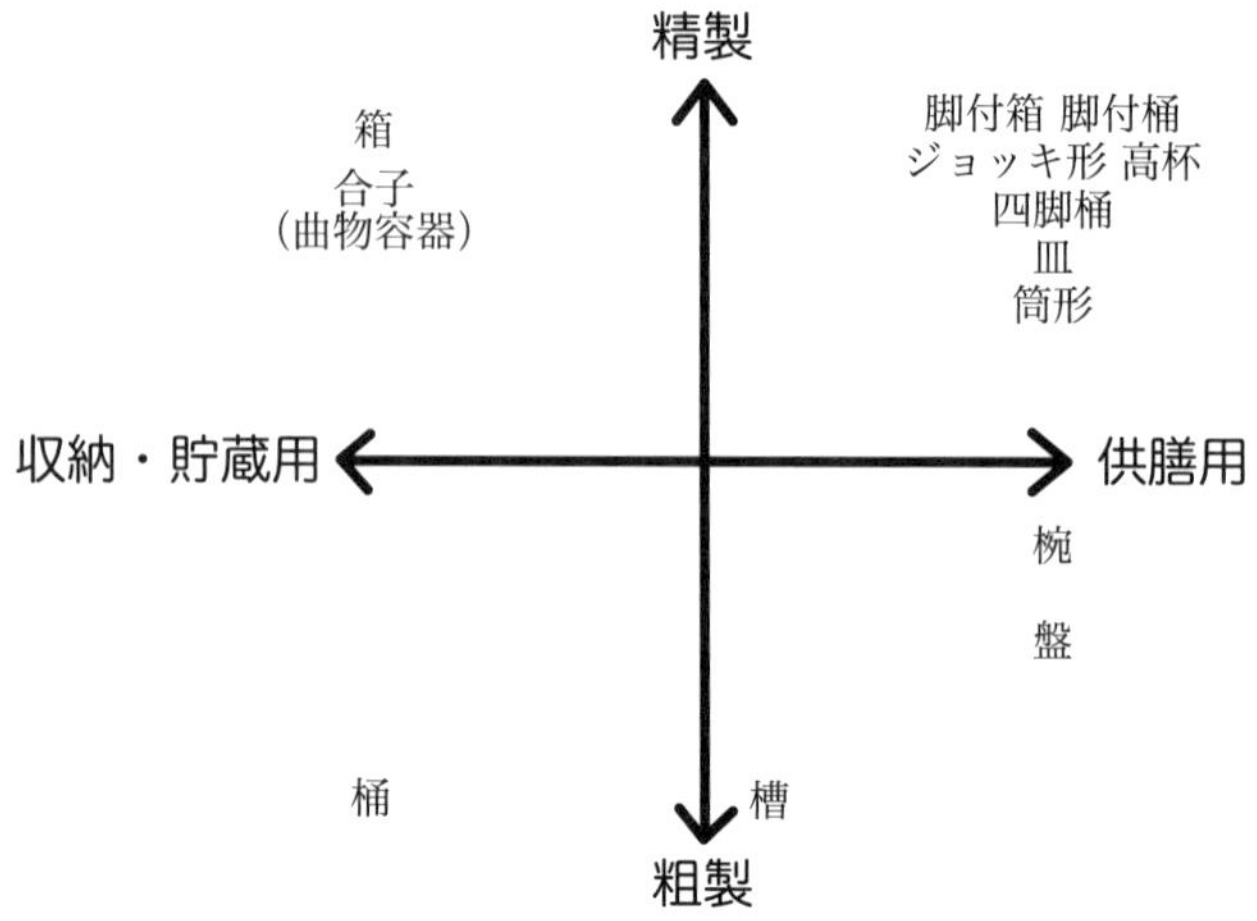

図49　木製容器の概念図

が混在しているのである。この四つの方向性を活かして、前述の八日市地方遺跡出土「木製容器」を私の分類基準でカテゴライズすると、おおむね図49のようになる。本章では弥生～古墳時代における首長層の性格の変化をみていくことを主眼としているので、このうちもっぱら「精製」側の容器群にその焦点を当てて検討を加えることとしたい。

『精製供膳具』の分布域

図50は、八日市地方遺跡から出土している弥生時代中期中葉～後葉に属する『精製容器』のうち、特に「供膳用」と考えられるものについて、器種を分類したうえで、それぞれの器種が日本列島の東西でどのような分布域を有しているのかを示したものである

（樋上二〇一四）。

一木で作られた平面が杏仁形を呈する桶部に透かし入りで長脚がつく「脚付桶」は、北部九州から八日市地方遺跡のある北陸までをその分布域とする。うち、山陰と北陸では蓋がつくが、脚部の細工は山陰のものが最も精緻であるのに対し、八日市地方遺跡のものは簡略化が著しい（図50－1）。こういった脚部の透かしは石製工具での加工がきわめて困難であることから、鉄製工具が使用されたことはまず間違いない。

平面形が長方形ないしは両端をカットした長楕円形をとなり、透かしをほどこす脚部がつく「脚付箱」（図50－2）は、現状では北部九州と八日市地方遺跡で確認できる。そして、これを簡略化したと考えられる「上げ底箱」は八日市地方遺跡（図50－3）と岡山県南方《みなみがた》遺跡、鳥取県青谷上寺地《あおやかみじち》遺跡から出土している。八日市地方遺跡の出土例によると、これにも蓋がつくようだ。

現在のビアジョッキに似た「ジョッキ形」は、南方遺跡では底まで一木で作り出し、黒漆を外面に塗布するが、島根県姫原西《ひめばらにし》遺跡や八日市地方遺跡では、底板は嵌め込み式となっている。また、南方遺跡例と姫原西遺跡例は側面形が下に向かって緩やかに広がるが、八日市地方遺跡例は鼓状に中央部が細くなる（図50－4）。

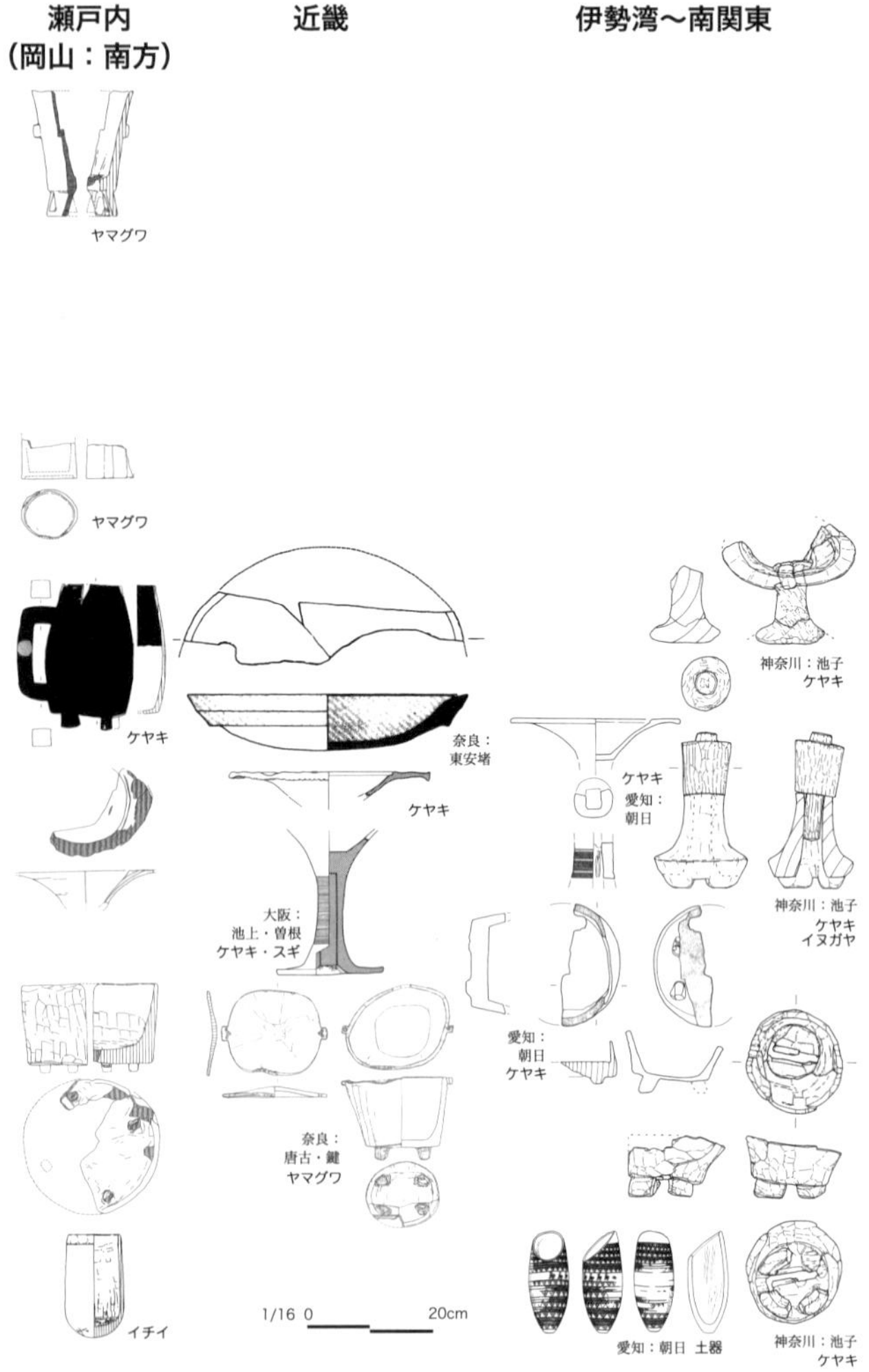
瀬戸内
(岡山：南方)
近畿
伊勢湾〜南関東
ヤマグワ
ヤマグワ
ケヤキ
奈良：
東安堵
ケヤキ
大阪：
池上・曽根
ケヤキ・スギ
奈良：
唐古・鍵
ヤマグワ
イチイ
1/16 0 20cm
神奈川：池子
ケヤキ
ケヤキ
愛知：
朝日
神奈川：池子
ケヤキ
イヌガヤ
愛知：
朝日
ケヤキ
愛知：朝日 土器
神奈川：池子
ケヤキ

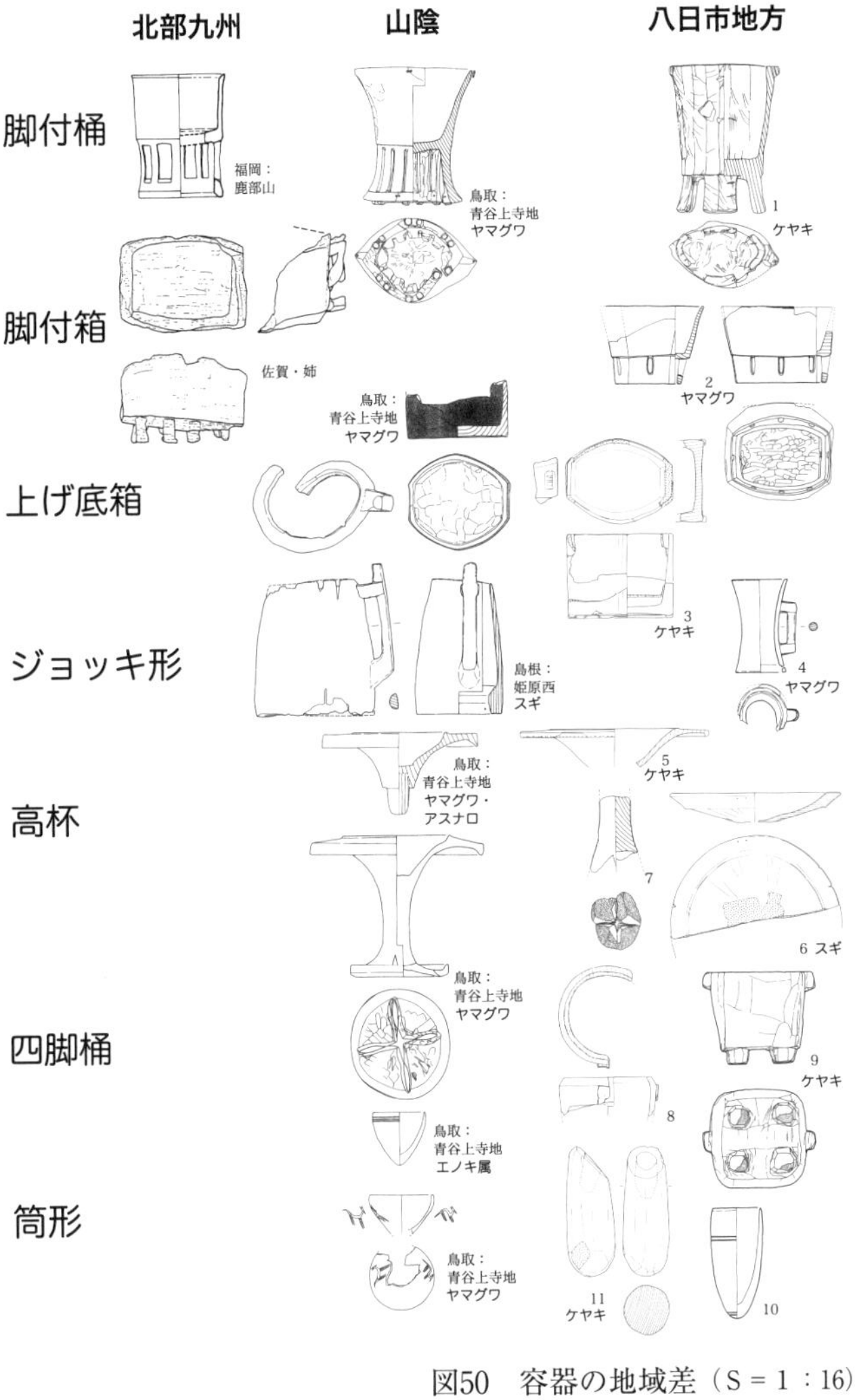

図50　容器の地域差（S＝1：16）

口縁端部が垂下するタイプの「水平口縁高杯」（図50－5・7）は、北部九州には今のところ認められないが、本州島では中国地方から南関東にかけての広大なエリアに分布する。この器形は素材を換えて土器に写されることによって、より幅広い階層へと普及していく。土器の場合はひと繋がりで作られるが、木製品では口縁部から脚部までを一木で作るにはかなりの大きな木材が必要となるため、神奈川県池子遺跡出土例のように杯部・脚部中央・脚部下端を別作りとして枘で結合することが多い。

八日市地方遺跡では、この「水平口縁高杯」以外に、口縁部が若干太くなり、杯部の底付近が緩やかに内側に湾曲するタイプの高杯も出土している（図50－6）。これと同形のものは、同時期のなかではほとんど例がないが、弥生時代後期から古墳時代前期には近畿地方（奈良県東安堵《ひがしあんど》遺跡）や新潟県などでも出土するようになる。このことについては、また改めて後述する。

底部に低い四つの脚がつき、平面形はほぼ円形を呈する「四脚桶」は、近畿地方を中心に、西は瀬戸内、東は南関東にまで分布している。このうち、八日市地方遺跡では上からみたカタチが円形のもの以外に隅丸方形のものも存在する（図50－9）。また、南関東では脚部が台形状を呈する。この器種についても、蓋がつくのが一般的である。

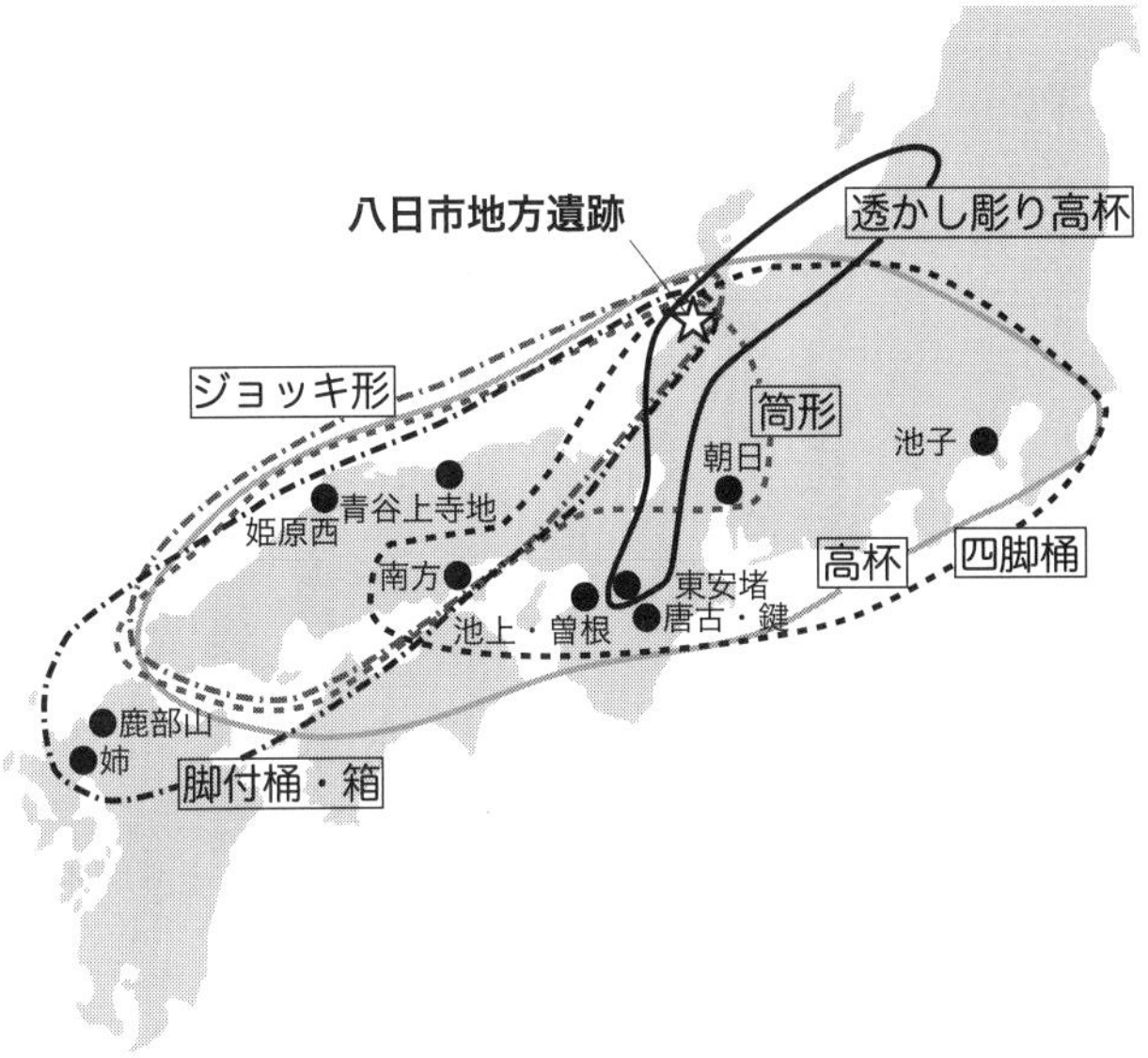

図51　各容器の分布域

底部が丸くすぼまる形状の「筒形」は、木製品としては中国地方から北陸地方にまで分布している。このうち、八日市地方遺跡では口縁部を斜めに切り落としたタイプのものがあり（図50－11）、同遺跡では土器でも同じ器形のものが認められている。この口縁部を斜めに切り落としたタイプの「土製」筒形は、北陸地方を南下した伊勢湾周辺地域でも認められ、愛知県朝日遺跡では比較的多数の出土例が存在する。この筒形には、木製品・土器を問わず、なぜか「鹿の絵」が描かれる例（図50の青谷上寺地遺跡例や、愛知県一色青《いっしきあお》海《かい》遺跡例）が地域を超えて確認できる。

上記の七器種について、それぞれの分布範囲の概略を地図に示したのが図51である。これは八日市地方遺跡から出土した『精製供膳具』を基準にしたものであるために、あたかも同遺跡を扇の要として東西に各器種が分布しているように見えるが、当然のことながら、別の遺跡（たとえば南方遺跡）を基準に作図すれば、また別の分布状況が見えてくるはずである。しかしながら、「脚付桶」「脚付箱」「ジョッキ形」などで八日市地方遺跡と山陰・瀬戸内の遺跡が非常に密接な関係を有していることは間違いないといってよいだろう。この三地域は、前章で示した『山陰型』直柄平鍬や『瀬戸内型』ナスビ形曲柄鍬においても同じ器形を「共有」していることを考えれば、きわめて強固なネットワークをすでに弥生時代中期段階で構築していたとみることもできる。

また、「水平口縁高杯」や「四脚桶」に関しては近畿地方や伊勢湾、さらに南関東との繋がりも有していたことがわかる。

『精製供膳具』がもつ意義

ここで重要なのは、前章でみてきた直柄平鍬や曲柄鍬とは異なり、これら多様な『精製供膳具』は、日本列島内のどの遺跡からも出土するものではないということである。少なくとも弥生時代中期に関しては、この

図51でドットを落としたようなごく限られた遺跡からしか出土していない。それは、この『精製供膳具』がどのような場面において、誰が用いたのかと密接に関連している。

図50には、判明している限りにおいて、使用された樹種を記載している。これをみれば、ケヤキとヤマグワが圧倒的に多いことがわかる。この両樹種は今でも高級な木製の食器に用いられているように、きわめて美しい木目と質感を有している。がしかし、材質は堅く、加工には大変手間がかかる。しかも、どの器形も複雑で、蓋がつくなど精巧な細工がほどこされている。

つまり、これらは弥生時代の集落に居住する一般成員が日常的に使用するようなものではなく、きわめて限られた階層＝首長と呼ばれる人々が用いた食膳具であった可能性が高い。なかでも「高杯」は、古代中国においては「豆《とう》」と呼ばれ、白川静によると、「儀礼の際に塩物や飲み物を入れる器」であったとされる（白川二〇〇七）。すなわち、この吟味された素材を用い、高度な技術で作られた一群の『精製供膳具』は、首長層が集落の一般成員らの前で、儀礼や祭祀を執行する際に供物などを盛りつけるのに用いたものであったと考えられる。それゆえに、人口が多く、しかも居住者の身分がある程度階層化された複雑な社会を束ねる首長が居住するような大型集落からしか出土しないのである。

図50の器種のうち、特に「水平口縁高杯」や口縁部を斜めに切り落とした「筒形」は、土器に写されることによって広く一般化することについてはすでに述べたとおりである。これは、本来は限られた階層の人々が用いていたモノや流行が素材などを換えて模倣することによって、「雫が下に向かって垂れていくのと同じように、上級階級から下級階級に文化が滴下することによって、社会行動が次第に大きな層に一般化していく」という、本来の意味での「トリクル・ダウン現象」（坂井一九九九）を示しているものと思われる。

弥生時代後期になると、こういった社会の階層化現象は、より一層明確なものとなっていく。

青谷上寺地遺跡からわかること

図52では、弥生時代後期における鳥取県青谷上寺地遺跡から出土した木製容器類を器種別に分け、「精製度」を基準に高いものから低いものまで序列化してみた（樋上二〇〇八b）。

最高位と考えられるものは、左頁上の脚付壺とその蓋で、外面には黒漆と赤彩で、花弁とスタンプ紋を全面にほどこしているのがわかる。ソロバン玉状の胴部は内側まで鉄製工具できわめて丁寧に刳り込まれている。その質感や器形から中国漢代などの漆器を模倣した可能性も考えられる。

次のランクは大型の赤彩高杯である。杯部の外面に花弁状の浮き彫りをほどこし、脚部には透かし彫りを入れており、広く一般に「花弁高杯」と呼ばれている。この「花弁高杯」は後述するように、弥生時代後期の山陰から北陸地方に広く分布しているが、未成品も含めて最もまとまった点数が出土しているのは、この青谷上寺地遺跡である（鳥取県埋蔵文化財センター二〇〇五・二〇〇八）。

なお、この遺跡から出土する高杯は、この「花弁高杯」以外にも、よりシンプルな形状のものも存在している。

椀・鉢・筒形には、把手付や赤彩をほどこしたもの、鹿の絵を線刻するものなども認められる。

図52の破線より下段にくるものは、おおむね貯蔵用の桶である。ただ、そのなかにも胴部を膨らませた器形や赤彩をほどこしたものなどもあり、かなり細かく階層化していることが窺える。その用途に関しては、炭化米が遺存していた例もあることから、米などの貯蔵容器であったことがわかる。山田昌久氏によると、冬場の降雪などで湿度の高い日本海側では土器の壺に種籾を貯蔵しておくと発芽してしまうことがあるため、蓋付きの木製桶

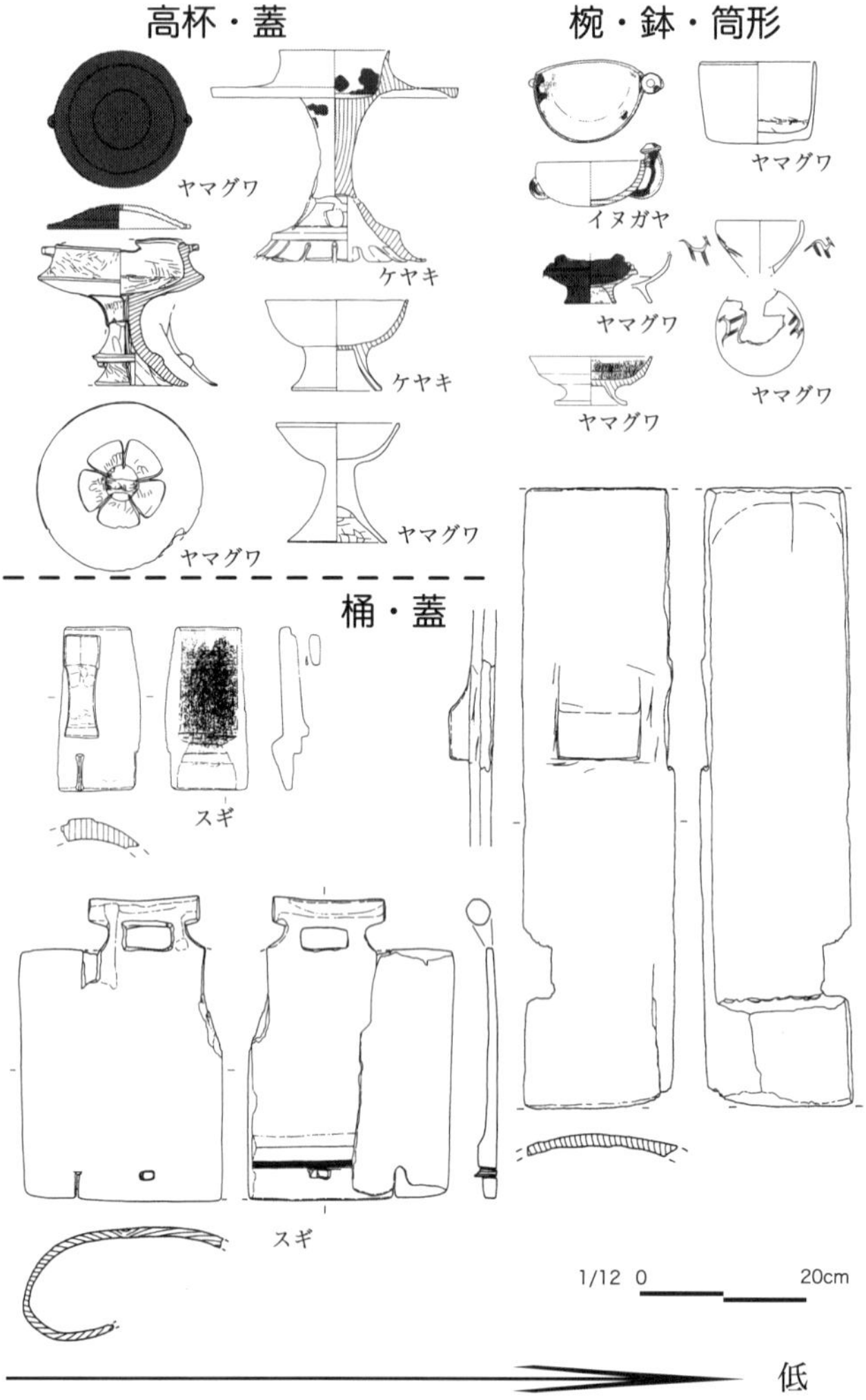

図52　精製容器と粗製容器（S＝1：12）

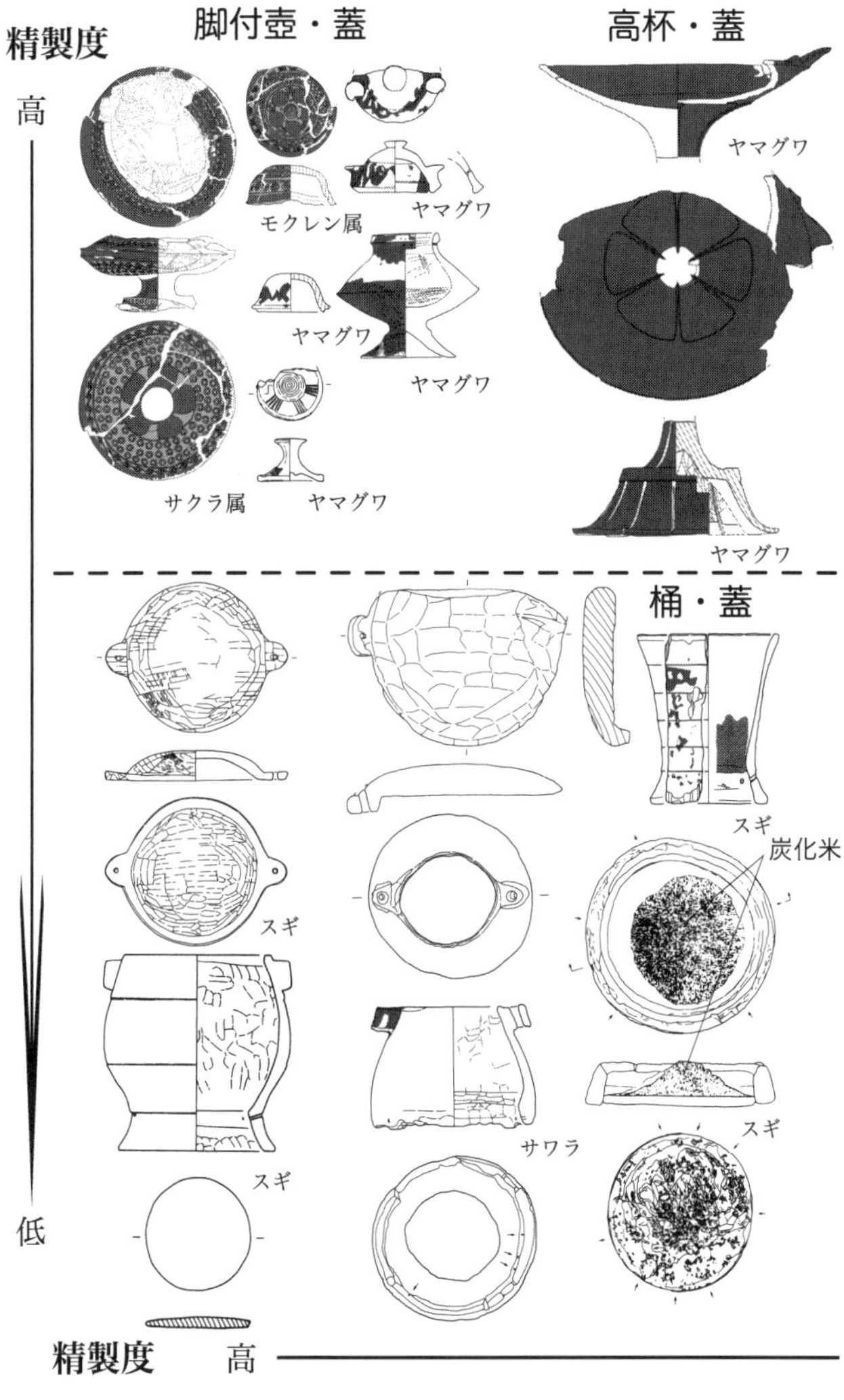
精製度
高
低
脚付壺・蓋
高杯・蓋
モクレン属
ヤマグワ
ヤマグワ
ヤマグワ
サクラ属
ヤマグワ
ヤマグワ
ヤマグワ
桶・蓋
スギ
炭化米
スギ
サワラ
スギ
スギ
精製度　高

に貯蔵して、建物の梁などから紐でぶら下げていた可能性が高いとのことである。

「脚付壺」と「花弁高杯」

この図52の上段の『精製供膳具』のうち、特にスタンプ紋などをほどこした「脚付壺」と、杯部外面に花弁紋様を陽刻した大型の「花弁高杯」に注目し、その用途の違いを探っていく。

この二種類の『精製供膳具』、いや、『超精製供膳具』には、大きな違いがいくつかある。そのうち最も大きな違いは、図53に示したように、「花弁高杯」は旧国名でいうところの出雲・但馬・加賀といった日本海側の広範な地域からも出土するのに対し、「脚付壺」はこの青谷上寺地遺跡からしか出土していないということである。

青谷上寺地遺跡の「花弁高杯」には、陽刻の花弁が四〜六花弁まであり、うち四花弁のものが島根県五反配《ごたんばい》遺跡と姫原西遺跡から出土している。いっぽう六花弁のものは、同じく島根県の西川津遺跡のほか、石川県の白江《しらえ》梯《かけはしがわ》川遺跡と白江念仏堂遺跡、そして西念《さいねん》・南《みなみしんぼ》新保遺跡から出土している（久田・石川二〇〇五）。

このうち、西念・南新保遺跡出土例は工楽善通氏によってCTスキャンにかけられた結果、全くの正円でしかも厚みが一定であることから、横軸のロクロによって成形された可能性が高いとされている（工楽一九八九）。しかし、それ以外のものは、おおむね刳物成形で作ったと考えられている（上原一九九四）。ただし青谷上寺地遺跡以外では作りかけの未成品は一切出土しておらず、しかも複数個体が出土しているのも、青谷上寺地遺跡のみである。以上の状況を鑑みれば、ロクロ成形の西念・南新保遺跡出土例を除く他地域出土のものも、現状においては青谷上寺地遺跡で作られたものが伝播していった可能性がきわめて高いといえる。

いっぽう、上段に配置したスタンプ紋と赤彩のみの「脚付壺」、そして五花弁の「花弁高杯」は、他地域からは一切出土していない。それとともに、これらは青谷上寺地遺跡内においても、一点ずつしか出土していないのである。しかも興味深いことに、これらについてはスタンプ紋という「モチーフ」や、胴の張る独特の「器形」が、土器に模倣されているのである。

稀少な木製容器を土器に模倣するといえば、弥生時代中期の水平口縁高杯などでみられた「トリクル・ダウン現象」が思い起こされる。つまり、一点モノの貴重品を素材を換えることによって集落内に広めるということが、この青谷上寺地遺跡のなかでおこなわれていたことになる。しかし、なぜか四ないし六花弁の「花弁高杯」については、他所へ行くだけで、この集落のなかでは土器に模倣して下位の階層にまでその流行が広まっていくと

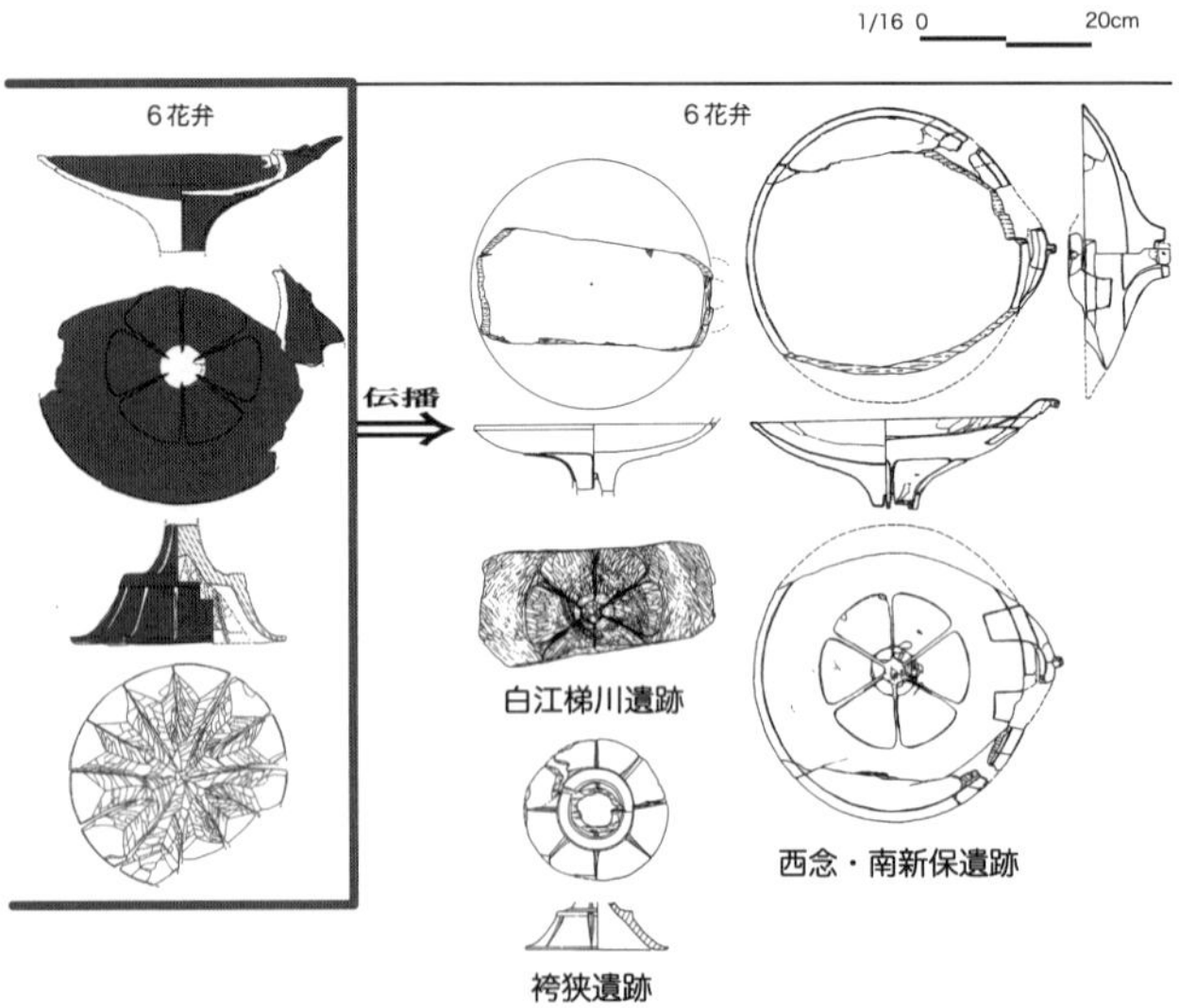

図53　精製容器にみる2つのタイプ（S＝1：16）

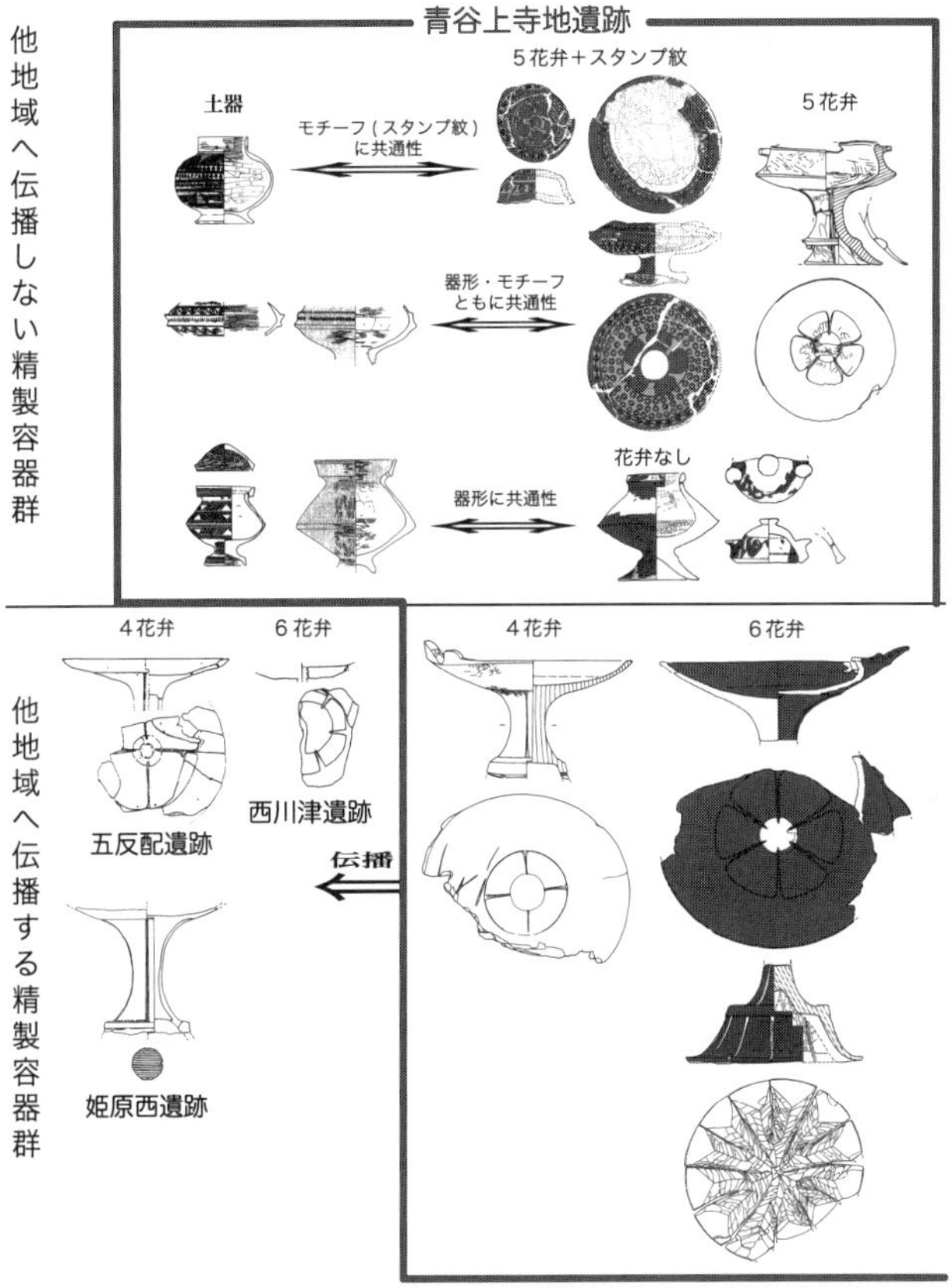
他地域へ伝播しない精製容器群
青谷上寺地遺跡
5花弁＋スタンプ紋
土器
モチーフ（スタンプ紋）に共通性
5花弁
器形・モチーフともに共通性
花弁なし
器形に共通性
他地域へ伝播する精製容器群
4花弁
6花弁
4花弁
6花弁
西川津遺跡
五反配遺跡
伝播
姫原西遺跡

いう現象が全く認められないのは、きわめて重要なことであると私は考えている。

この弥生時代後期における「花弁高杯」と同様に、他地域に広く伝播していく現象は、実は古墳時代初頭の「透かし彫り高杯」についても認められる（図54）。

『威信財』としての木製高杯

この「透かし彫り高杯」、一般には奈良県纏向《まきむく》遺跡出土のものがよく知られている。それゆえ、古墳時代初頭のいわゆる畿内中枢部で製作されたものと考えられがちだが、こういった杯部や脚部に透かし紋様を入れるのは、弥生時代終末期から古墳時代初頭にかけて、北陸地方の土製高杯などに広く認められる手法なのである。この「透かし彫り高杯」の分布域をよくみると、石川県域のほか、琵琶湖東岸部と奈良盆地にあることがわかる。つまり、土器の高杯に透かしを入れる風習を共有していた北陸地方、特に加賀平野の人々がそれを木製高杯に応用して「透かし彫り高杯」を産み出し、琵琶湖東岸部を経て奈良盆地へと伝えていったことが読み取れるのである（樋上二〇一五）。

では、弥生時代後期の「花弁高杯」と古墳時代初頭の「透かし彫り高杯」が、百数十キロという距離を乗り越えて伝播していく（図55）という背景には、どのような意図が隠されていたのであろうか。

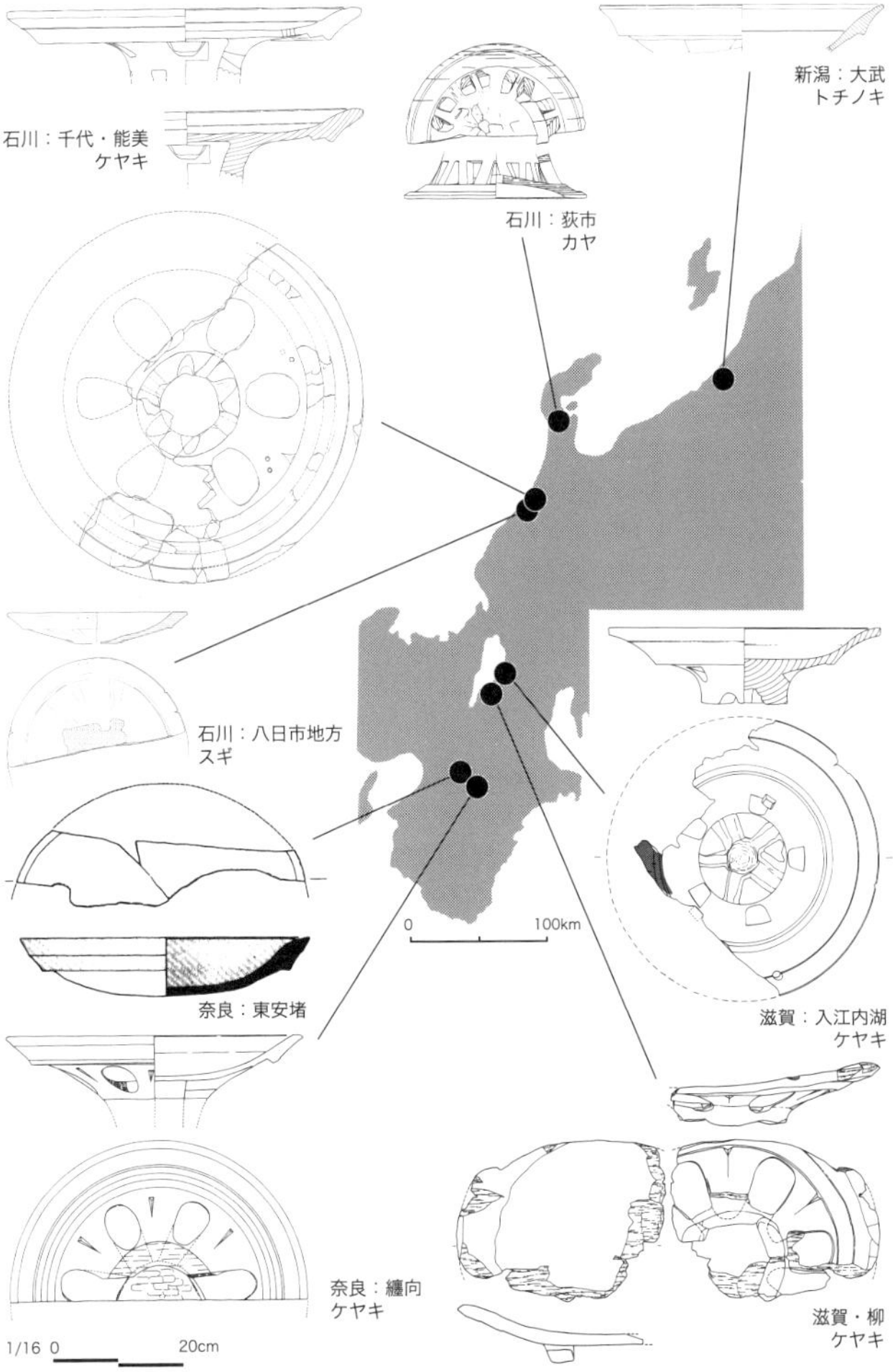

図54　「北陸型」透かし彫り高杯の分布（S＝1：16）

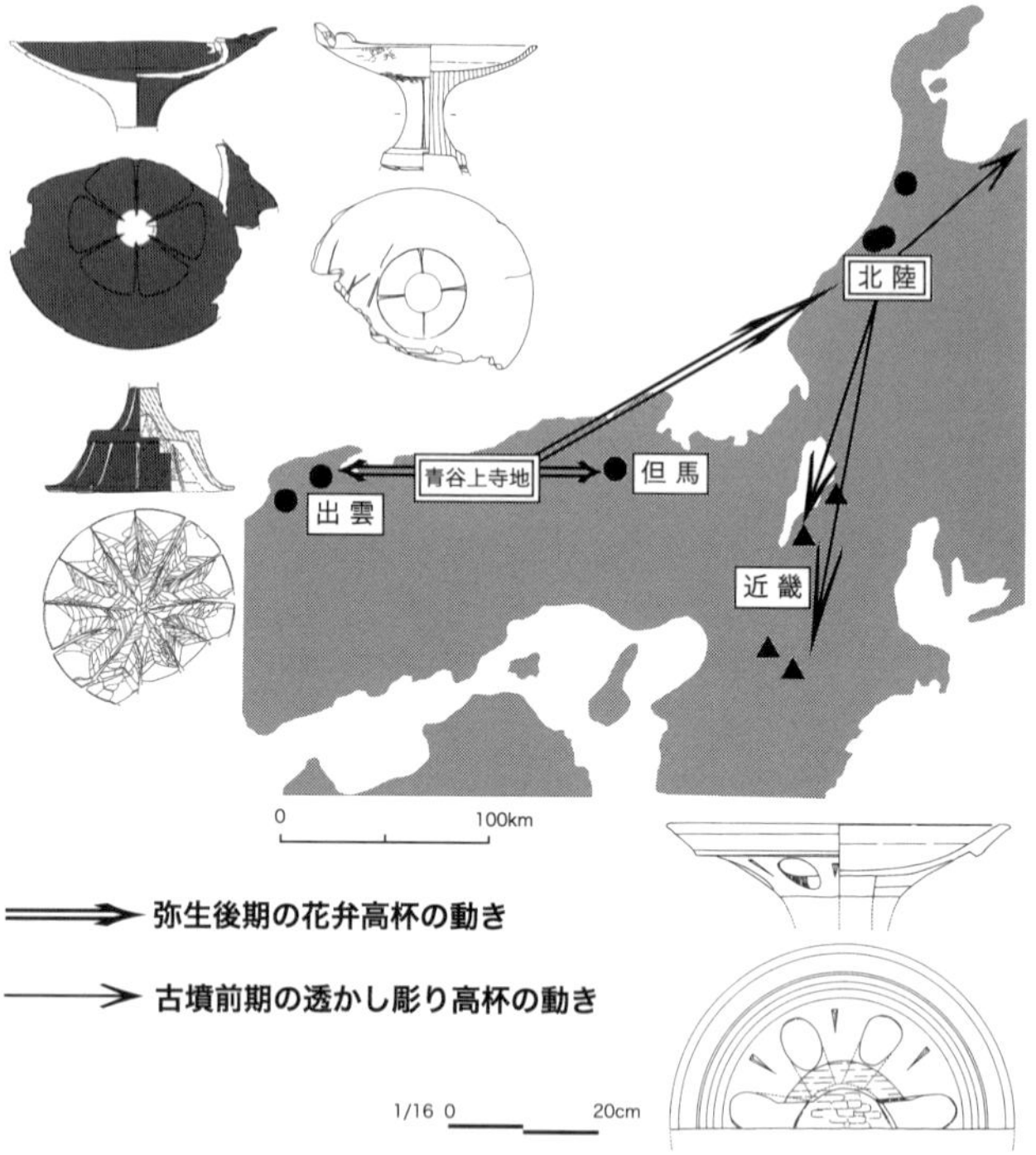

図55　装飾高杯の動き（S＝1：16）

それを読み解くキーワードが『威信財《いしんざい》』という文化人類学の用語である。『威信財』とは、(1)本来、実用的な意味をもたないが、一般の民衆に対して首長の権威を示すものであり、(2)その社会のなかでは生産されず、長距離交易で首長が外部の社会から入手するもので、(3)それを手に入れた首長は、さらに再分配することで自らの権威（威信）を得ることができる、というものである（石村二〇〇四・二〇〇八）。つまり、弥生時代後期においては、出雲や但馬、北陸の首長層が青谷上寺地遺跡で作られた「花弁高杯」を競って入手し、これをさらに周辺の首長に再分配することによって自らの権威を獲得するとともに、自らの集落での儀礼や祭祀に用いることで、集落内における自らの権威を一般成員に対して示していたと理解できる。

さらに、この『威信財』システムには、「ホームランド効果」というものも期待されていた（石村二〇〇五）。これは、『威信財』の発信元が、これを受け入れる（贈与される）人々（特に上位階層）にとっての出身地であり、この『威信財』を贈与し続けることによって、彼ら（贈与される側の首長）に「故郷」を強く意識させるというものである。

すでによく知られているように、弥生時代後期から古墳時代前期の北陸地方では、山陰地方を起源とする墓制の「四隅突出型墳丘墓」が数多く築かれている。墓制とは、本来きわめて伝統的なものである。しかも、この「四隅突出型墳丘墓」は、方形周溝墓以上に個人墓としての性格が強い。とすれば、この北陸地方の「四隅突出型墳丘墓」に葬られた首長たちは、山陰地方にその出自が求められる可能性がきわめて高いといえる。この山陰地方に自らのルーツをもつ首長層が、自分たちの故郷で儀礼や祭祀に用いられていた「花弁高杯」を特に珍重したことは想像に難くない。

その北陸地方の首長たちが、古墳時代前頭には初期ヤマト王権の中枢部と目される奈良県纏向遺跡へ「透かし彫り高杯」を贈与するという現象もきわめて興味深いものがある。

「みせびらかす器」としての装飾高杯

ここまでみてきたように、『精製供膳具』類、なかでも「花弁高杯」や「透かし彫り高杯」、さらにはスタンプ紋をほどこす「脚付壺」は、おのおのがきわめて稀少なものであり、しかもそれは首長層が一般成員を前にして執行する儀礼や祭祀の場で用いることによって、首長自身の権威を高めるというアイテムであることがおわかりいただけたかと思う。

これらに共通する要素は、人に「みせびらかす器」であるということである。それゆえ素材を吟味し、精緻な技巧を凝らし、大きくかつ華やかな器とする必要があった。

ただ重要なのは、この儀礼や祭祀が、一般成員とともにおこなわれていたということである。それは、一般成員に対して首長の権威を高めるとともに、逆に首長と一般成員は常に一体であるとの「幻想」を抱かせることによって、共同体としての紐帯を再確認する場でもあったことを忘れてはならない。このことは、次章で触れる弥生時代の集落の内部構造において、首長層の居住スペースが一般成員のそれから完全に独立していないことからもわかる。そしてこれこそが、いまだ初期国家段階にいたらない、いわゆる「首長制社会」としての弥生時代の最大の特徴ともいえるのである。

新しい社会構造への胎動

しかしそのいっぽうで、中国や朝鮮半島の影響を受けて初期国家段階へと動き出しつつあることを示す『精製容器』群が、弥生時代後期には存在していたことも事実である。次に、「木製合子」と「蓋付き箱」を通して、その動きについてみていくこととする（樋上二〇〇九ａ）。

弥生時代後期の愛知県朝日遺跡は、谷Ａと呼ばれる旧河道をはさんで、環濠に囲まれた居住域が北と南（あるいはもうひとつ南にも）に存在する。ここでは弥生時代を通じて木製品の生産をおこなっているが、特に弥生時代後期段階には、北居住域の環濠と、谷Ａの東側に原材や未成品がまとまってみられ、さらには朝鮮半島産の袋状鉄斧が北居住域の環濠内から出土している（図56）。

この北居住域の環濠が谷Ａと接する付近の調査区において、合子を主体とした『精製容器』類がみつかった（図57）。

内容は円形の合子の蓋（図57－1）、隅丸方形の合子の蓋（図57－2）、円形の合子底部（図57－3）、そして中途に段をもつ円柱状の木製品（図57－4・5）であった。

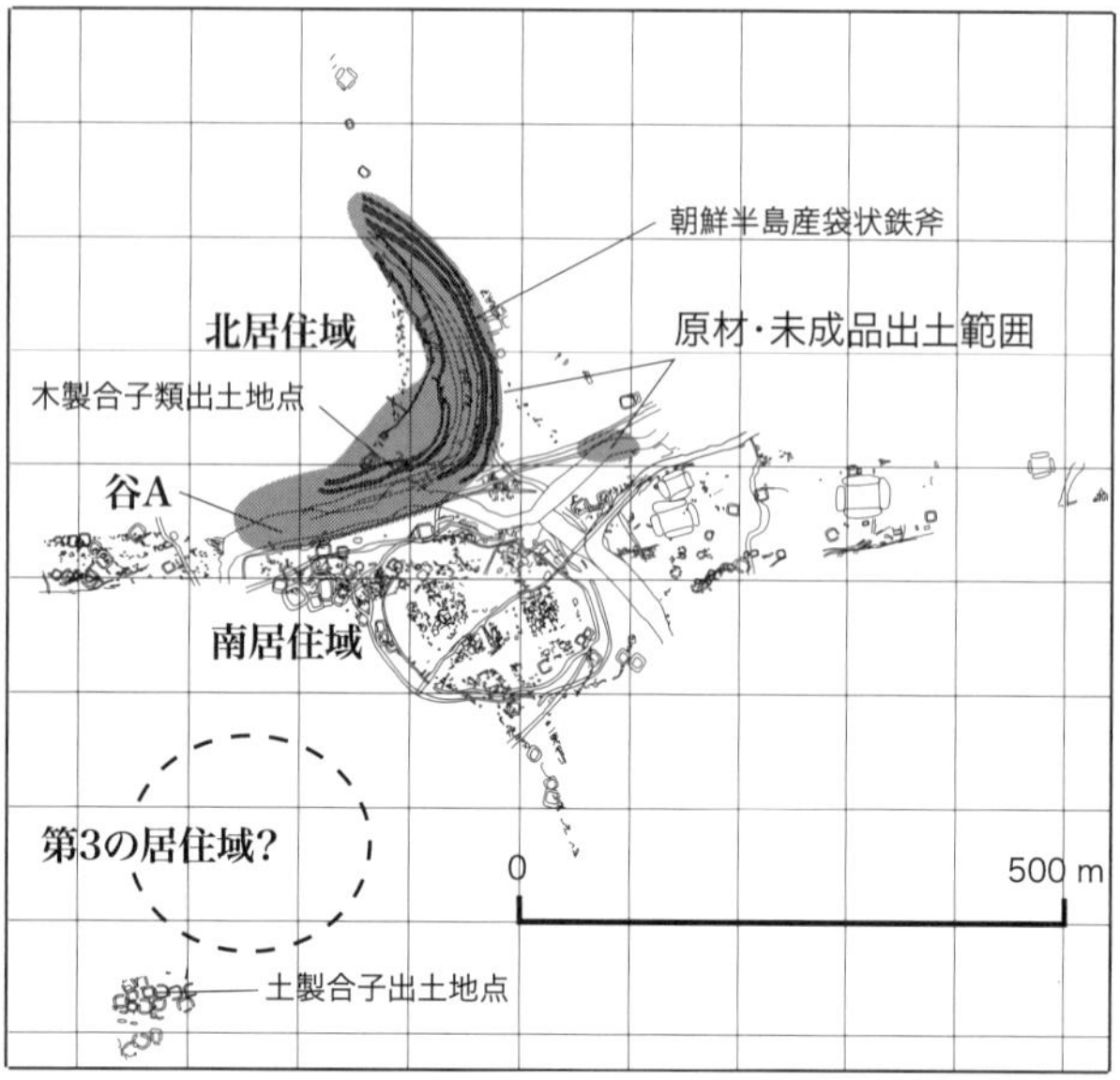

図56　愛知県 朝日遺構全体図（S＝1：12,500）

このうち、4と5は、その類例から、これまた別作りの合子の脚であることがすぐにわかった（図58）。この円柱状の合子の脚は、三ないし四点セットで曲物の側板に目釘で固定して取り付けたと考えられるが、注目すべきはその類例の出土遺跡である。本章において頻繁に登場する鳥取県青谷上寺地遺跡のほか、島根県姫原西遺跡、岡山県上東《じょうとう》遺跡、石川県白江梯川遺跡、三重県六大A遺跡など、いずれ劣らぬ大規模集落ないしは古墳時代前期の首長居館と目される遺跡からしか出土していない。

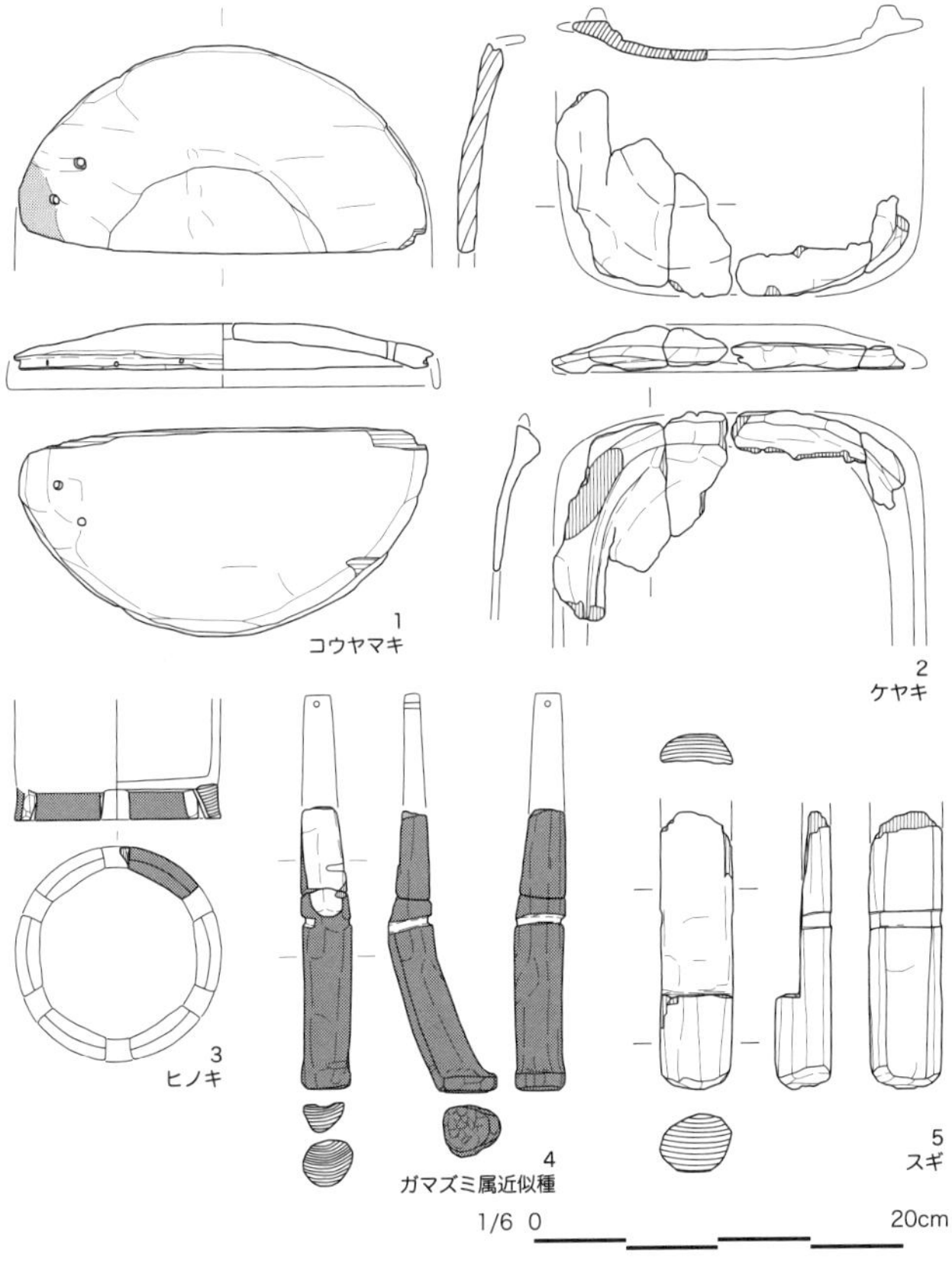

図57　愛知県 朝日遺跡04Ab 区出土精製容器（S＝1：6）

図58の右上に復元した姿は、古墳時代前期を代表する、ある古墳の副葬品を想起させる。それは、図59に示したとおり、石製合子である。赤塚次郎氏の分類案（赤塚一九九九）によるⅠa類の原型がこれにあたり、図57－1の蓋がこれとセットになる可能性が高い。同様に隅丸方形を呈する図57－2の蓋は楕円形・平底の石製合子Ⅱa・Ⅱb類の原型となる。これに関しては、大阪府田井中《たいなか》遺跡においても、長楕円形の一木で作り出した合子の身が完全なかたちでみつかっている。また、滋賀県雪野山《ゆきのやま》古墳からは、同じく楕円形タイプの木製合子の蓋が出土しており、これには石製合子Ⅱa類に繋がる鋸歯紋がほどこされていた。

木製合子と石製合子

前期古墳を代表する副葬品である石製合子は、その形状や紋様パターンから、木製合子を模倣したものであると昔から考えられてきていたが、原型である木製合子が、実はすべて弥生時代後期の古い段階に揃っていたことはきわめて重要である。

日本の考古学では、あらゆる出土遺物を時代ごとに区切って研究することが多い。この石製合子もまた、古墳時代研究者、いや、古墳の副葬品にのみ特化した「古墳」研究者による「独占市場」であった。しかし、その祖型が木製品であり、しかも弥生時代後期に出現していることを、私はすでに二〇〇九年の段階で論文として明らかにしているのだが、

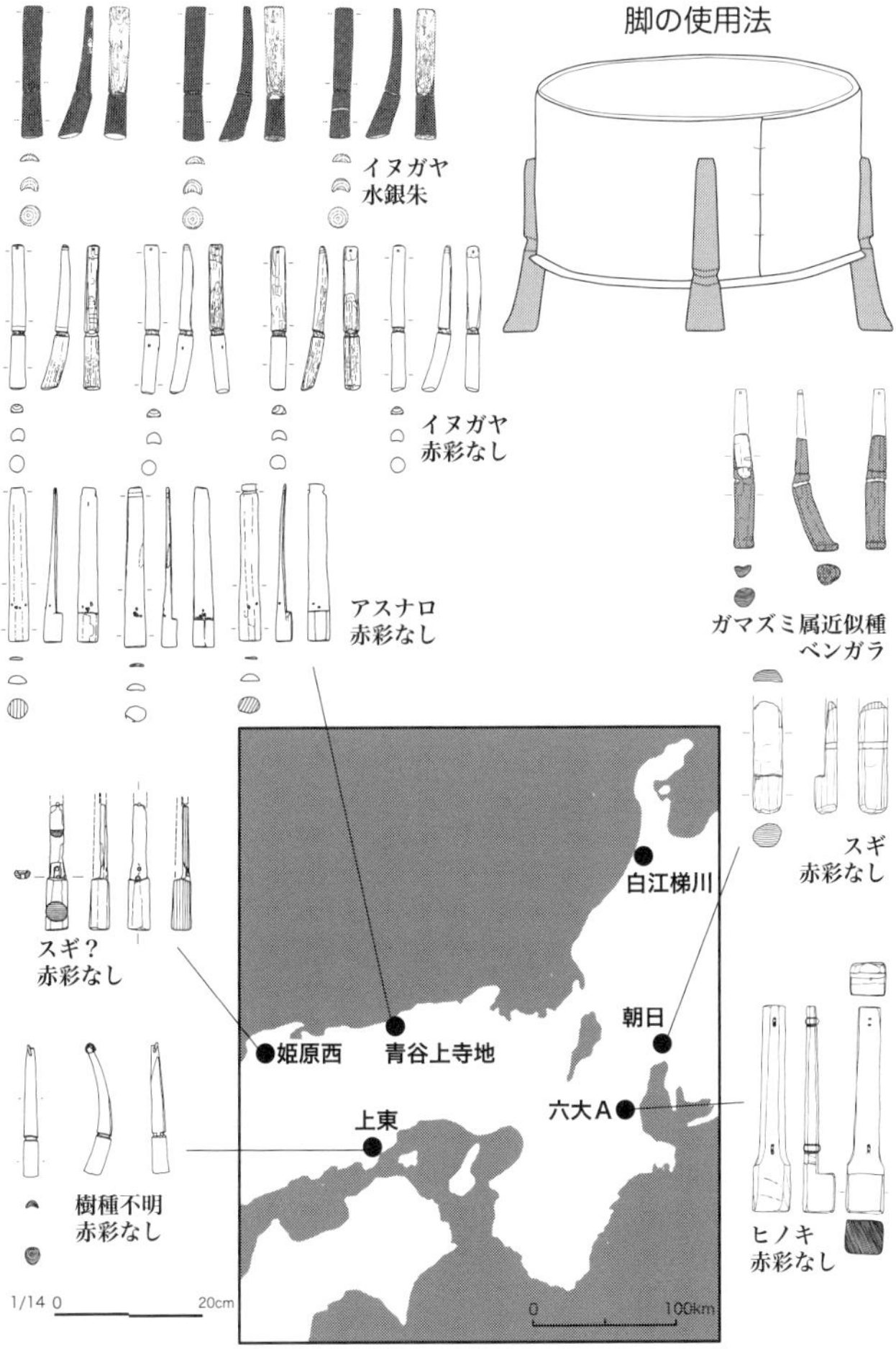

図58　合子脚の分布（S＝1：14）

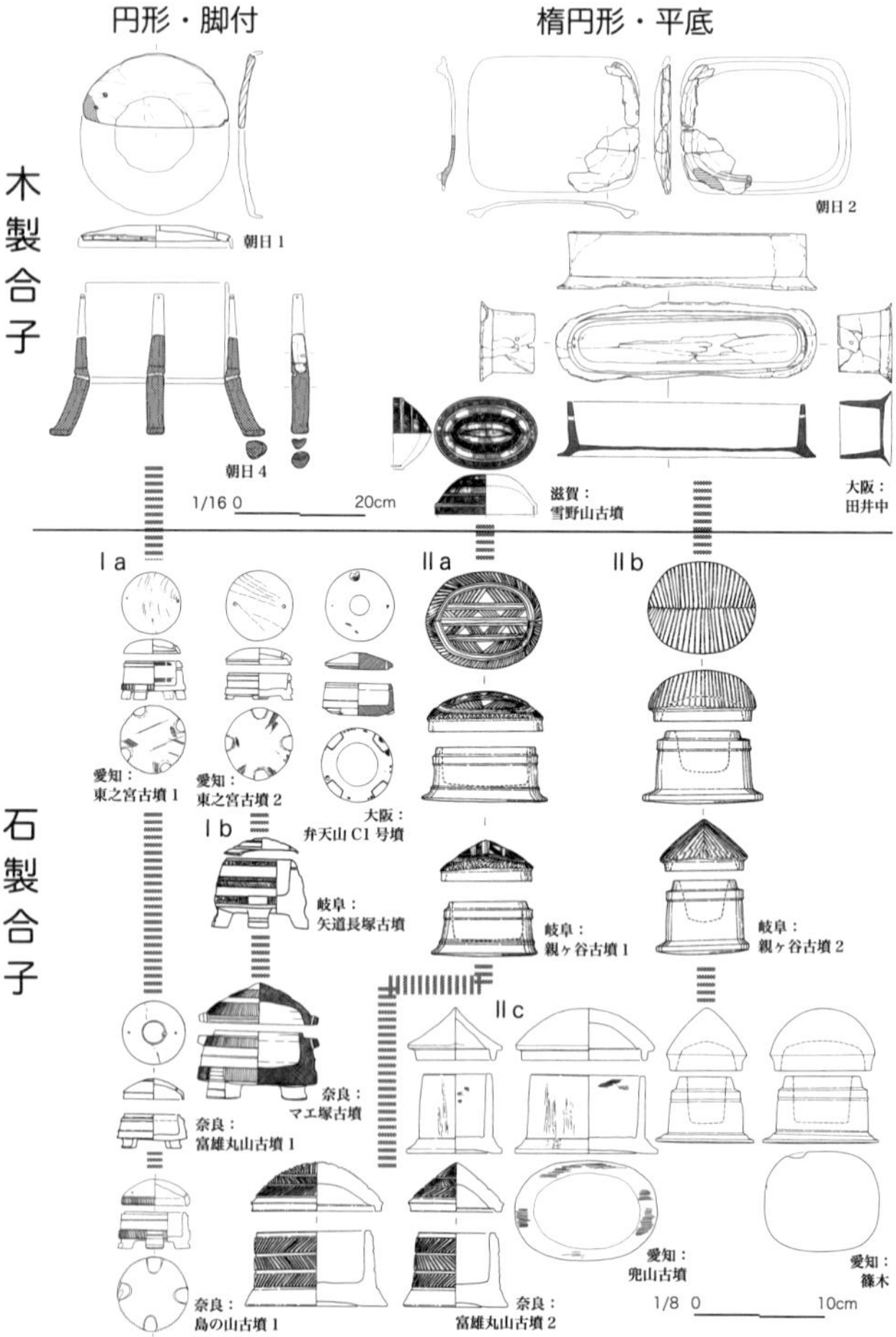

図59　木製合子から石製合子へ（S＝1：8・1：16）
（下段の石製合子編年表については赤塚1999をもとに作成）

そのことに対する「古墳」研究者の反応は、ほほ皆無といってよい。はたしてそれでよいのだろうか？

木製合子と土製合子

この朝日遺跡出土の木製合子からたどれるもうひとつの系譜に、土製合子がある（図60）。そのモデルは図57－3である。図57－1の蓋をちょうど二分の一に縮小すると、これの蓋にぴったりと合う。このサイズのものをそのまま土器に置き換えたのが、やはり朝日遺跡の南の墓域から出土しているのである（図56（一五〇頁）の土製合子出土地点）。さらに、これとほぼ同形同大の土製合子が愛知県川原遺跡の、これまた大型墳丘墓から出土しているのである。この朝日・川原両遺跡から出土した土製合子には、いずれも外面に赤彩をほどこしている。

また、楕円形・平底タイプの木製合子を原型とする土製合子が、岡山県金蔵山《かなくらやま》古墳と三重県からも出土している。そして、これをさらに埴輪に写し替えたものが、大阪府霊園古墳と岐阜県矢道長塚《やみちながつか》古墳に認められる。

合子の中身

ここまでみてきた弥生時代後期の土製合子、そして古墳時代前期の石製合子に共通するのが、いずれもお墓からの出土品、という点である。実は、これがきわめて重要なキーポイントなのだ。

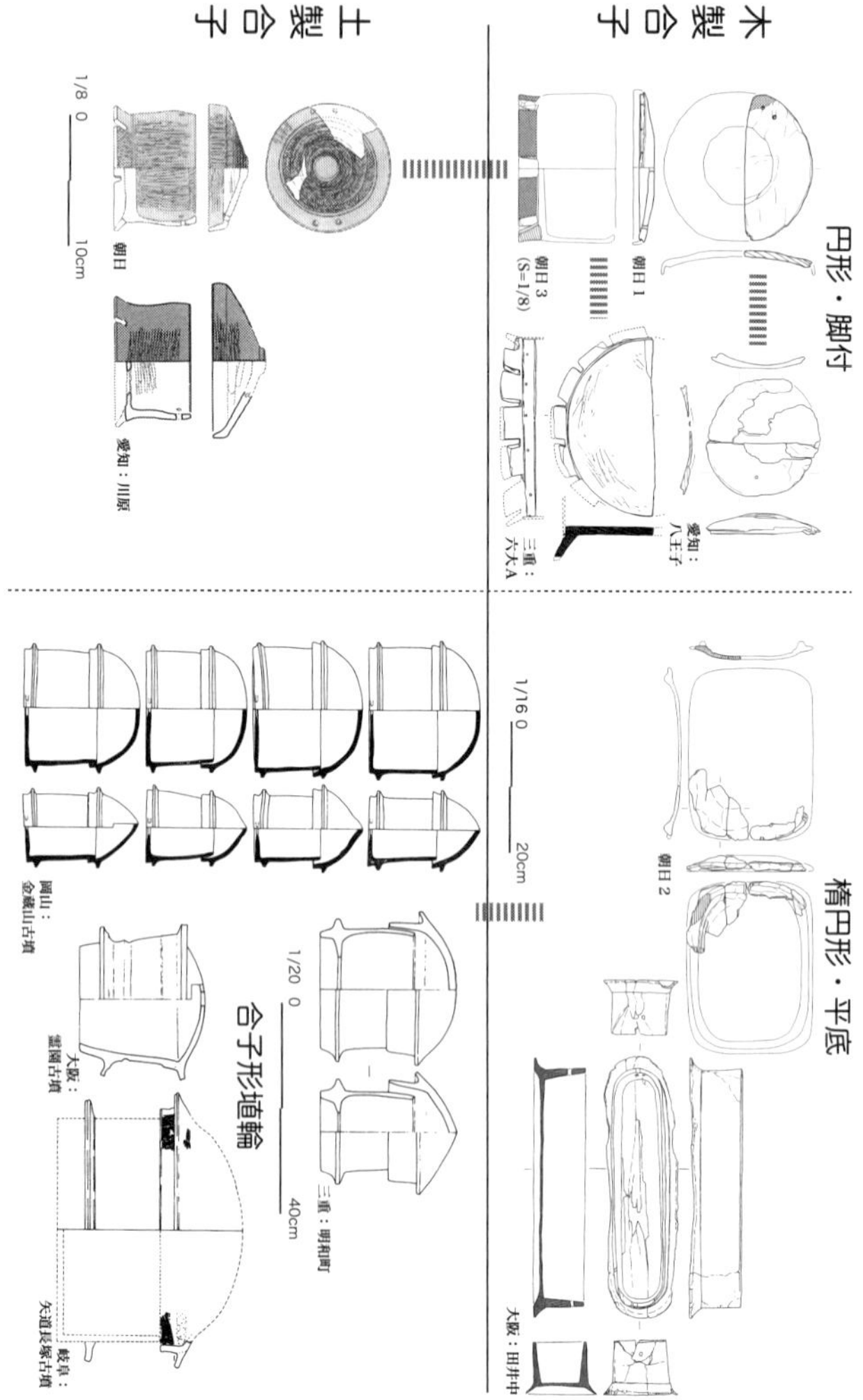

図60　木製合子から土製合子へ（S＝1：8・1：16）

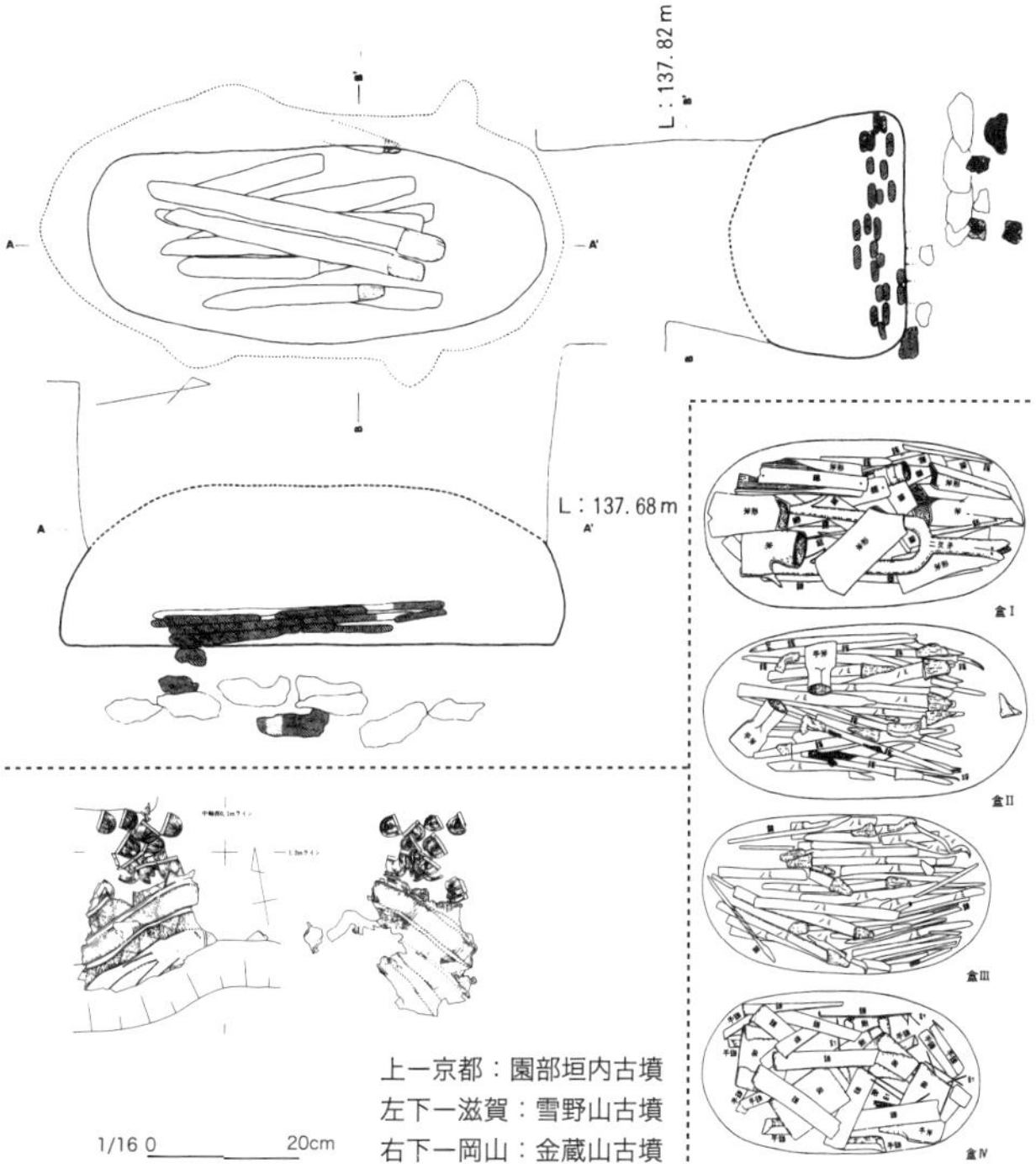

図61　木製合子の中身（S＝1：16）

そもそも、木製合子はそれ自体が重要であるというより、本来はそのなかに納められていたものが「お宝」だったのである。そのことを示すのが、図61に示した古墳出土の合子の中身である。

上段は京都府園部《そのべ》垣内《かいち》古墳の出土例である。棺外頭部に置かれた楕円形の木製合子そのものは腐って残っていなかったが、それによってできた空間のなかに短刀一〇本と短剣三一本が納められていた。

図61左下の雪野山古墳では、同じく棺外頭部に置かれていた楕円形の木製合子のなかから、漆塗りの竪櫛二六点が出土した。

さらに図61右下に示した金蔵山古墳の土製合子四点のなかから、大量の鉄製農具・工具・漁撈具・武器類がみつかっている。

現在わかっているのはわずかこの三例にすぎないが、木製・土製を問わず、本来の合子はこのように被葬者が生前大切にしていたものか、あるいは被葬者が日頃身につけていたものを納める「小物入れ」あるいは「宝石箱」のような存在であったといえる（上原一九九四）。弥生時代後期の朝日遺跡および川原遺跡の土製合子もまた墳丘墓から出土していることを考えれば、腐りやすい有機質の「お宝」がこのなかに納められていたであろうことは、想像に難くない。

すなわち、元来は被葬者、すなわち首長たちの「お宝」を納めておくのが木製合子の役割であり、それが土製合子へと引き継がれてそのままお墓のなかへと副葬されていくのである。そして、こういった「宝石箱」が、後にそれ自体を宝器として、石製に写したのが石製合子なのである（飯塚二〇〇三）。

「隠匿するため」の器

木製合子は、首長の在世時には彼らが大切にしていたものを納める箱であり、死ぬと、そのままお墓へと副葬されていった。つまり、これらは本来、首長とともに集落に居住する一般成員の目には全く触れられるものではなかったのである。この点において、本章の前半で詳述してきた、儀礼における「みせびらかしの器」である『精製供膳具』とは、同じ木製容器でありながら、一八〇度性格を違えるものであったといってよいだろう。

しかも、彼らが木製合子のなかに「隠匿」してきたものは、集落内に居住する一般成員から「収奪」した品々であり、これをそのまま墓にまで持って行くという行為は、「首長制社会」における首長本来の姿を逸脱したものといってよかろう。

私は、ここに「収奪する王」の初源的な姿をみるのである（樋上二〇〇九b）。

北部九州の「奴国《なこく》」や「伊都国《いとこく》」では、大量の副葬品を大型の甕棺に納めた「王墓」が、すでに弥生時代中期後葉段階には出現している。この波は、弥生時代後期には山陰や瀬戸内地方に到達し、島根県西谷《にしだに》墳墓群や岡山県楯築《たてつき》墳丘墓など特定個人のための巨大な墳丘をもつ「王墓」が築かれる。おそらくは朝日遺跡で認められる弥生時代後期の木製および土製合子類もまた、この大きな時代の流れと無縁ではないだろう。

伊都国の『超精製容器群』

二〇〇八年から翌年にかけて発掘調査された福岡市西区元岡《もとおか》・桑原《くわばら》遺跡群の木製品のなかにも、この首長から王への過渡期を示す非常に興味深い『超精製容器群』が認められる（福岡市教育委員会二〇一四、図62・63）。

脚付鉢（図62―3・4）・脚付盤（図62―5〜7）・漆塗りの長脚杯（図63―10）などといった「みせびらかしの器」に混じってみつかった蓋付きの箱（図63―12〜15）がそれである。

あたかもアメリカ映画の西部劇に出てくる幌馬車を思わせる、中央が緩やかに凹んだ形状の蓋（図63―12）に、四つの小さな脚を作り出す身がともなう。蓋と身の合わせは、蓋と身のそれぞれの口縁部に段を設けて、隙間なくピッタリと合うように細工された「印籠《いんろう》蓋」形式が採用されている。さらに、蓋・身ともに短辺側に薄い板状の突起が作り出されており、そこには縦方向に小孔が開けられている。内容物を入れて蓋をし、さらに不用意に開かないように細い栓か紐で綴じるためだ。

外面には漆こそ塗られていないものの、艶々した質感は、製作者が最上級の素材を吟味した証であろう。実は木製品においては、精巧な細工も重要なのだが、見た目や持った感

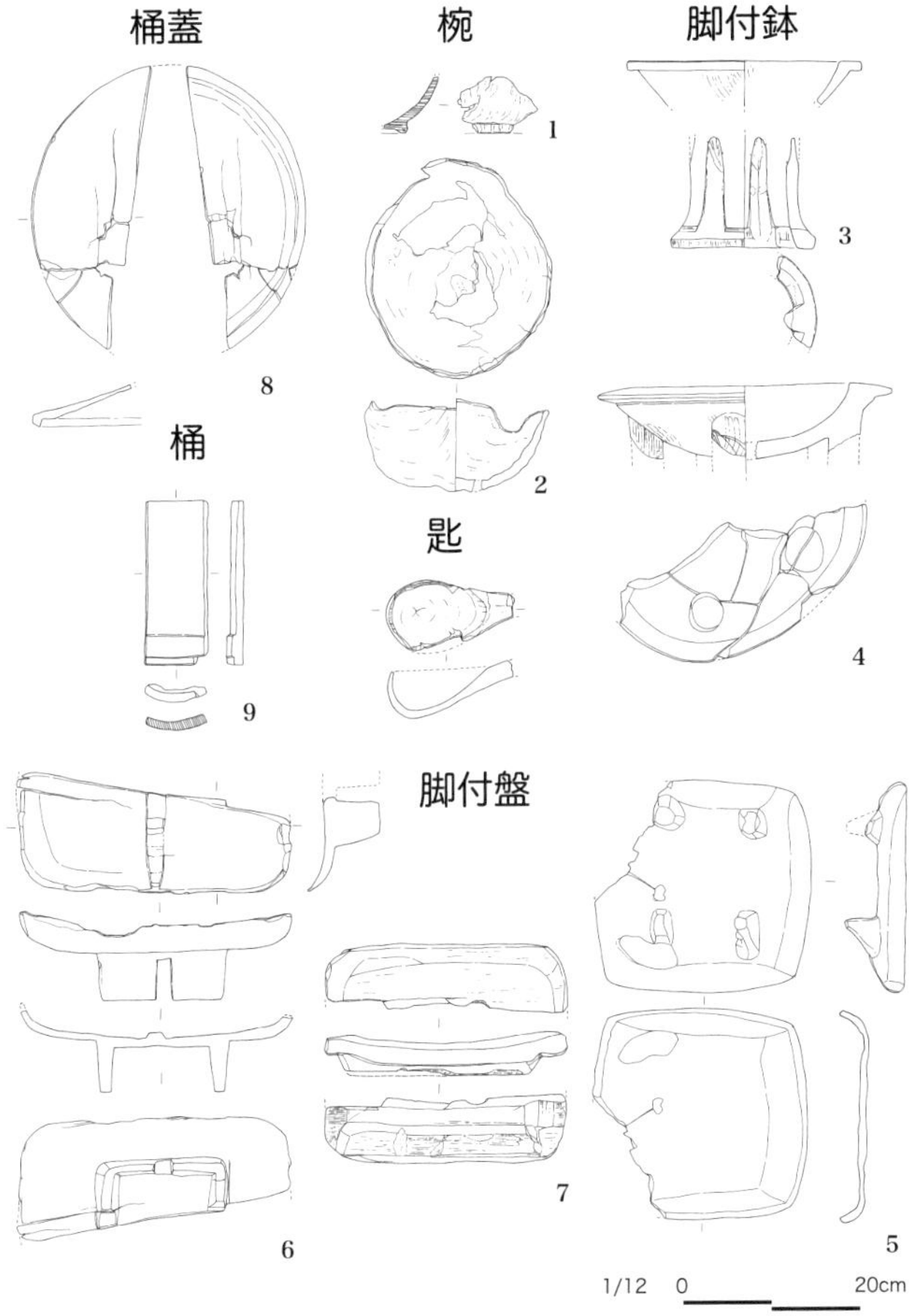

図62　福岡県 元岡・桑原遺跡出土精製容器（S＝1：12）

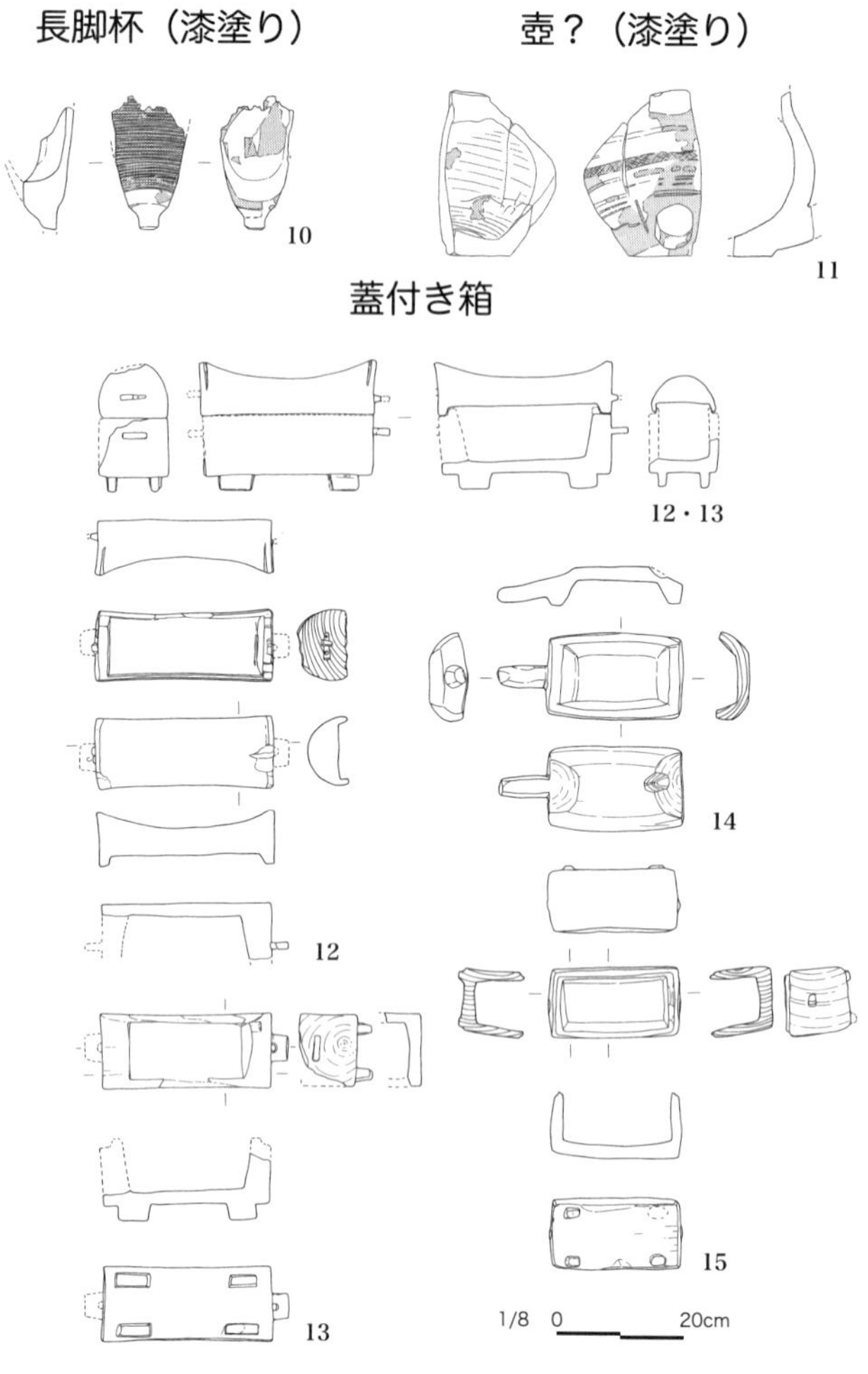

図63　福岡県 元岡・桑原遺跡出土精製容器（S＝1：8）

じのこの「質感」こそが重要なのだ。しかし困ったことには、実測図などでは、この「質感」を表現する手段が無い。写真でもなかなか伝わらないし、保存処理をしてしまうと、この本来の「質感」そのものが失われてしまうことが圧倒的に多い。それゆえ、出土した木製品は、保存処理をほどこす前の、「水漬け」の状態で実物を見なければ、その遺物の本当の善し悪しを知ることはできない。

話が逸れたが、この幌馬車を思わせる蓋付きの箱こそ、この元岡・桑原遺跡群出土の数多くの木製品のなかで、最上位の品であると、私は考えている。

では、ここには何が納められていたのだろうか？

一説によると、かの「漢奴倭国王」と同形の金印が、ちょうど二個入るサイズなのだそうだ。まあ冗談はさておき、古代中国の金石文には、こういう蓋付きの箱を示す漢字が存在する。白川静が明らかにした、「𠙵（さい）」がそれにあたる。白川によると、さまざまな漢字の部首に使われるこの字は、従来「口」と誤解されてきたのだが、実は「祝禱・盟誓を収める器の形」を示す、きわめて重要な文字であったとされている（白川二〇〇七）。あるいは金印もまた、この「祝禱・盟誓」に類するものなのかもしれない。

ともあれ、この「𠙵」こそが、こういったきわめて精巧なつくりの蓋付き箱なのだろうと私は考える。だとすれば、すでに弥生時代中期の八日市地方遺跡の木製品にも、この「D」が存在していることに改めて気がつく（図48左上（一二六頁））。

しかし弥生時代中期〜後期は、まだ首長と共同体の成員との一体感を演出するためのみせびらかしの器である「豆《とう》」の方が重要な社会の構造であった。その後、古墳時代前期以降の社会には、最も精巧に作られた木製容器が間違いなく蓋付きの箱となる。「豆」から合子を経て「D」へ。これが「首長」から「王」へ、「首長制社会」から「初期国家段階」へと移り変わる、日本列島の歴史上きわめて大きな変換点を象徴する『精製容器』であったと私は考えるのである。

木製容器と土製容器の関係性の変化

弥生時代中期までは、本章の前半で繰り返し述べたように、木製の高杯が土器に写されることによって広く一般成員へと普及するというように、素材の違いは「階層差」を示していた。このことは、青谷上寺地遺跡における弥生時代後期のスタンプ紋をもつ脚付壺についても同様であった。

しかしそれ以降、古墳時代を迎えるにあたって、「花弁高杯」や「透かし彫り入り高杯」を最後の華として、木製高杯は完全に姿を消す。

それとオーバーラップしつつも、移り変わるように出現するのが、木製合子と蓋付きの

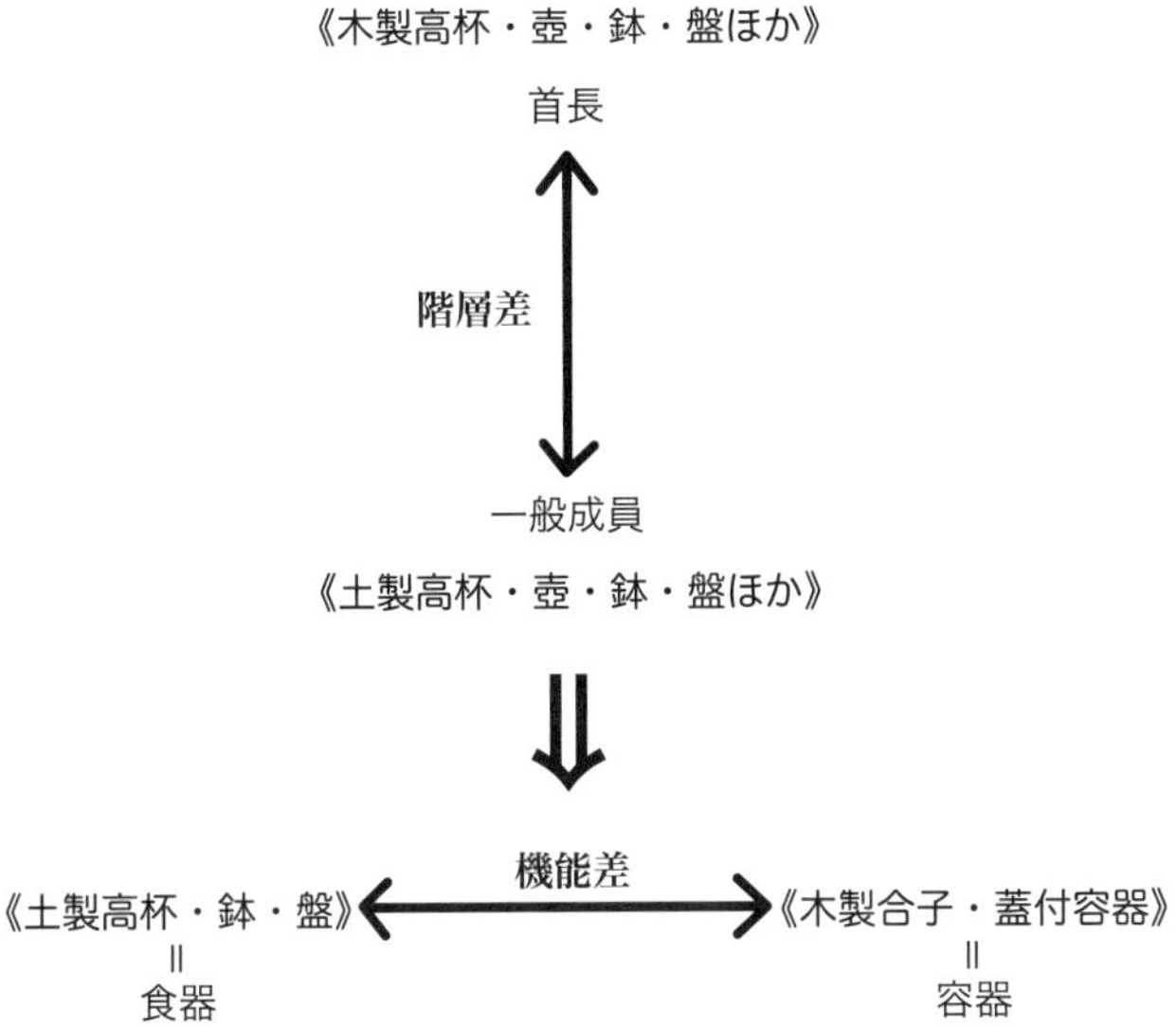

図64　木製／土製容器の相関関係

箱である。これらには食器としての機能はなく、あくまでも重要な品を納めるための「収納容器」であった。

いっぽう、土製高杯・鉢・盤などは、それ以降も食器としての機能を維持し続ける。ここにおいて、木製容器と土製容器は「階層差」ではなく、「機能差」を示すものとなっていった（図64）。

そして再び木製食膳具と土製食膳具の違いが「階層差」を示すのは、律令制下における官人たちの食器組成の出現を待たねばならなかった。

儀杖から武器へ

儀杖とは

次に「儀杖《ぎじょう》形木製品」（以下、特に他素材と比較しない場合は単に「儀杖」とする）についてみていく。この「儀杖」なる用語は辞書にも載っていないので、しばしば、にんべんの「儀仗」、すなわち儀礼のために用いられる武器・武具と混同されるが、ここでは「儀礼や祭祀において首長が直接手にすることによって、自らの権威を一般成員（民衆）に知らしめるための杖」と定義しておく（樋上二〇〇六・二〇〇八a）。

これからは、かなり細かな「型式学」的変遷のお話になるので、一般の読者の方々には取っつきにくいかもしれないが、考古学研究者はこういう思考方法をとるのか、と思いながら、しばらくの間お付き合いをいただきたい。

儀杖の分類

儀杖は弥生時代前期に出現し、古墳時代後期には姿を消す。その形状から、おおむねⅠ～Ⅹ類に分けることができると私は考えている（図65・66）。以下、その分類の基準を示す。

Ⅰ類は、棒軸状の上半部に細かな溝や突起をほどこすもの。弥生時代前期の北部九州にあり、古墳時代前期まで続く。類品が韓国光州広域市の新昌洞《シンチャンドン》遺跡にも認められることから、朝鮮半島南部から北部九州に伝播したものと考えられる。

Ⅱ類は、上端部に壺状の突起部を表現したもので、弥生時代前期末に出現する。

Ⅲ類は、縄紋時代以来の石棒を模したもので、弥生時代中期前葉に認められる。

Ⅳ類は、羽子板状の上端部をもち、透かしと面鋸歯紋、赤彩をほどこす。現状では岡山県南方遺跡例のみで、所属時期は弥生時代中期中葉～後葉。

Ⅴ類は、上端部の形状は欠損のため不明だが、赤彩をほどこし、棒軸部には縦に樋が入る。弥生時代中期後葉の仙台平野に分布域を有する。

Ⅵ－1類は、上端部に十字状の立ち飾りを有するもの。静岡県角江《かくえ》遺跡の例は、Ｖ字の中央に浅い溝があることから、ここに別材をはめ込んだとみられる。奈良県上之庄《かみのしょう》遺跡

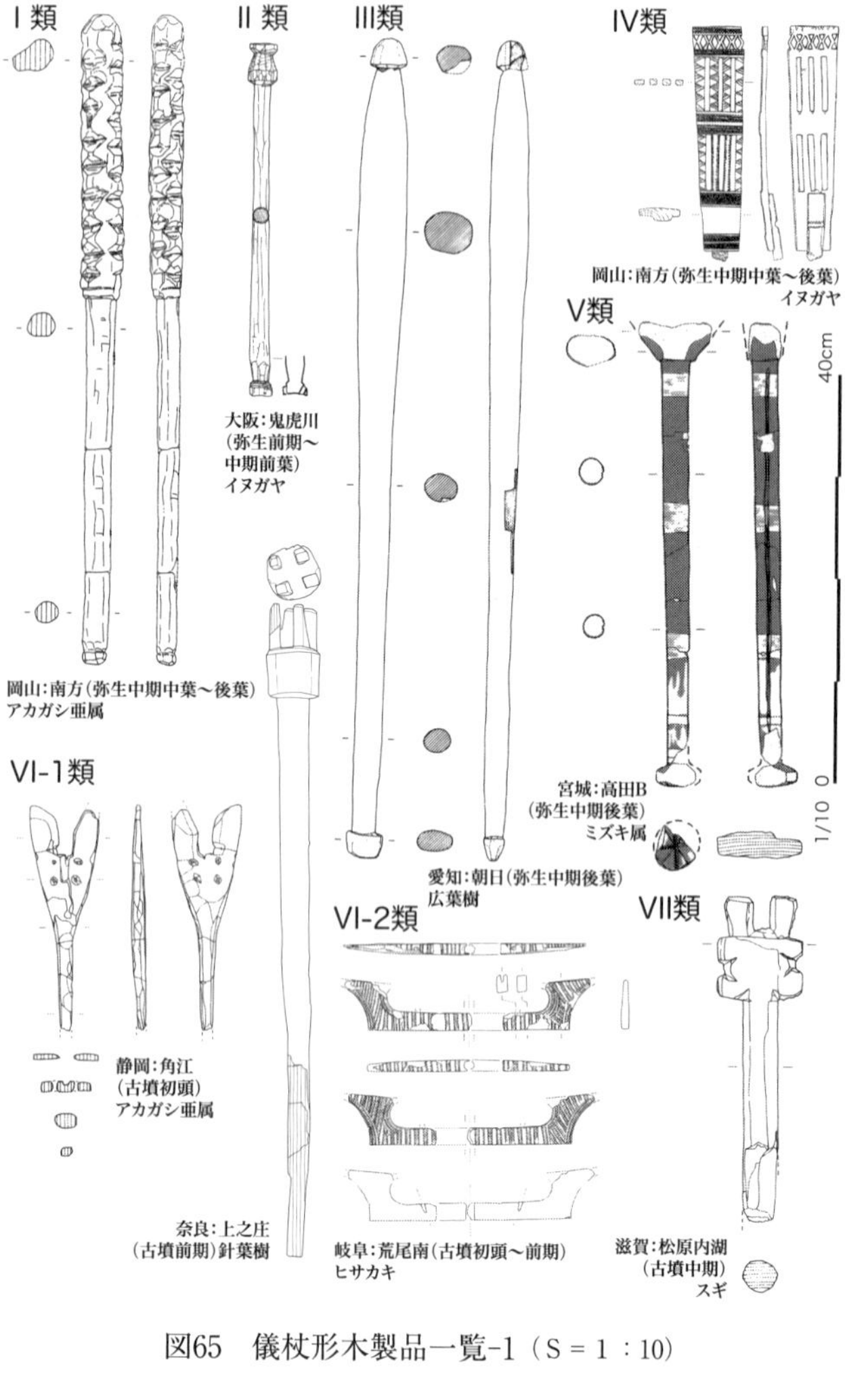

図65　儀杖形木製品一覧-1（S＝1：10）

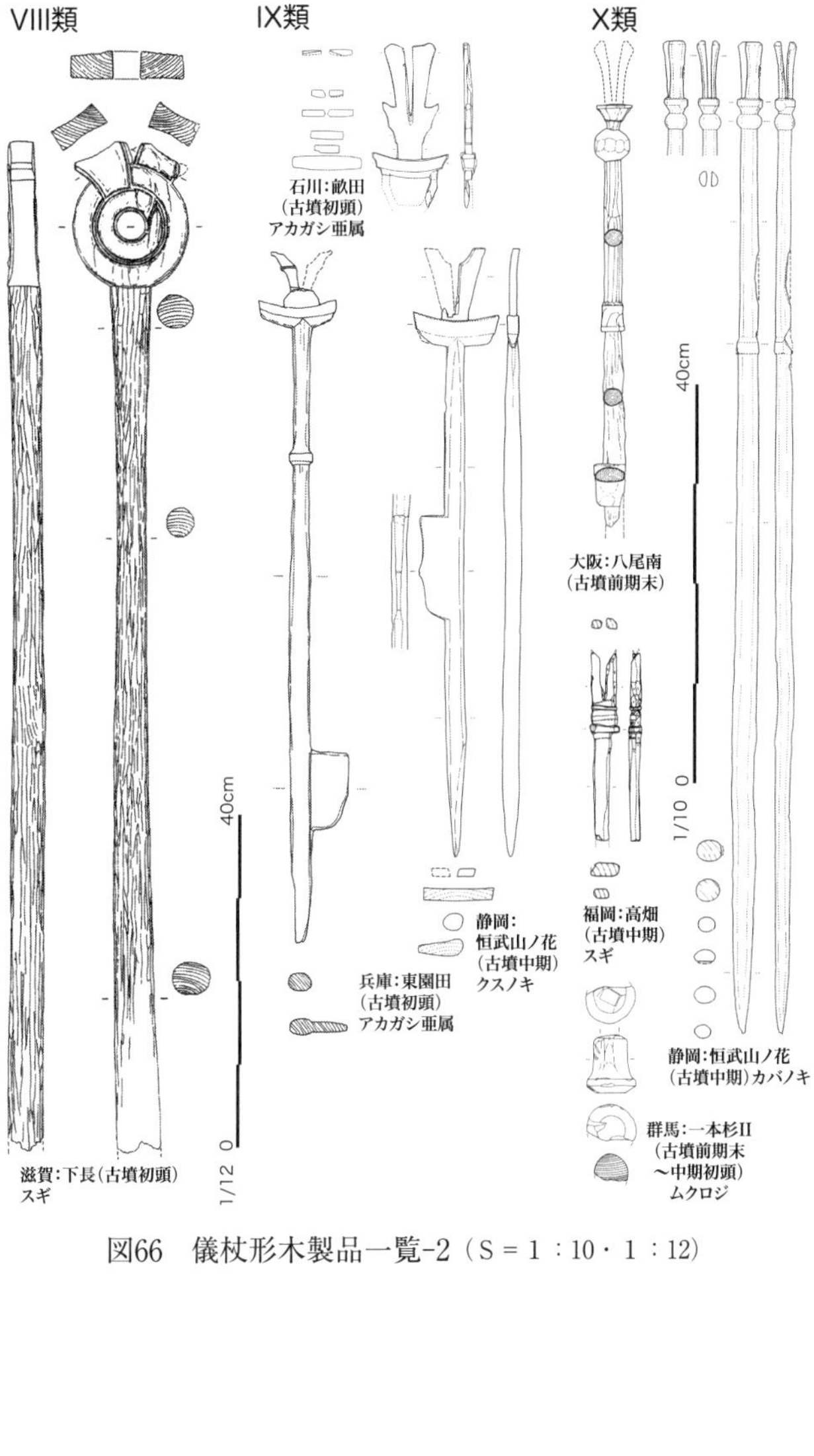

図66　儀杖形木製品一覧-2（S＝1：10・1：12）

例は上端部にほどこされた四つの突起の隙間に十字状の立ち飾りを挿入したと考えられる。時期は古墳時代初頭～前期。

Ⅵ－2類は、大きく横に開く鳥の翼状を呈する立ち飾り。全面に赤彩と細かな面鋸歯紋をほどこす。中央部に縦方向の穿孔《せんこう》があり、棒軸状の別材を挿入すると思われる。岐阜県荒尾南《あらおみなみ》遺跡からの出土で古墳時代初頭～前期。

Ⅶ類は、一見すると蟹を上からみたような頭部をもつ。滋賀県松原内湖《まつばらないこ》遺跡からの出土で古墳時代中期に属するとみられる。

Ⅷ類は、円環状の頭部にV字の立ち飾りがつく。この滋賀県下長《しもなが》遺跡出土例は、下端部を欠損するが、残っている部分だけで約一二〇㌢もあることから、手に持って使用した可能性は低い。ただし他の遺跡では、通常の手に持つサイズの出土例もある。

Ⅸ類は、V字状の立ち飾りと、その下に逆台形の基部を有する。また、棒軸部の中位より下にヒレ状の突出部を設ける。下端部が尖るのも特徴。石川県畝田《うねだ》遺跡出土例が現状で最も古く（古墳時代初頭）、兵庫県東園田《ひがしそのだ》遺跡のものがそれに次ぐ。古墳時代中期まで残ることがわかっている。

Ⅹ類は、Ⅱ類に似た壺を模した頭部にV字状の立ち飾りがつく。棒軸部の上半には段を有し、その下にはⅨ類と同様にヒレ状の突出部を設ける例（八尾南《やおみなみ》遺跡）もある。下端部もⅨ類と同じく尖らせており、ここに石突（一本杉Ⅱ遺跡例）をはめ込んだとみられる。大阪府八尾南遺跡出土例が古墳時代前期末頃で最も古く、古墳時代中期に多い。

他の素材との関連性

これまで「儀杖形木製品」と関連が深いとされてきた金属製品・鹿角製品・石製品・土製品について、おのおの紹介しつつ、本当に関連性を持つのか否かを検証してみたい（図67）。

まずは「金銅製蓋弓帽《がいきゆうぼう》」という、古代中国で貴人が用いた馬車につく傘の骨の先端金具である。日本列島では山口県の地蔵堂遺跡において出土しているのみだが、類品は韓国の飛山洞《ピサンドン》遺跡にみられる。所属時期はおおむね日本の弥生時代中期後葉である。町田章氏は、これと奈良県桜井茶臼山《ちやうすやま》古墳から出土した五輪塔形石製品（古墳時代前期前半）を、私の分類による儀杖形木製品Ⅱ類の原型であると指摘した（町田一九九三）。

しかし、図65でもわかるとおり、Ⅱ類で最も古い大阪府鬼虎川《きとらがわ》遺跡出土例は、弥生時代前期末～中期前葉のものであることから、前述の金銅製蓋弓帽や桜井茶臼山古墳の五輪塔形石製品よりも明らかに古いため、とうていⅡ類の原型とはなり得ない。

次に、「儀杖形鹿角製品」である。この種のV字状鹿角製品と琴柱《ことじ》形石製品、さらには儀杖形木製品Ⅸ・Ⅹ類との関連性にかんしては、中村五郎氏や北條芳隆氏ら先学諸賢によって、すでに指摘されている（中村一九八六・北條一九九六）。上端部のV字形や、側面形の反り具合、下端部の穿孔などの点において儀杖形鹿角製品と琴柱形石製品の類似点は非常に多いが、琴柱形石製品や儀杖形木製品Ⅸ・Ⅹ類が出現するのは古墳時代初頭からであり、大阪府亀井遺跡出土の儀杖形鹿角製品（弥生時代中期後葉）との間を埋めるような資料の出土が現状では無いのが弱点である。

静岡県明《みよう》ケ島《がじま》五号墳の下層遺構から出土した儀杖形土製品については、その形状と所属時期（古墳時代中期）から、儀杖形木製品Ⅹ類を模倣したことは間違いないだろう。

儀杖形鉄製品との関連性

ここからは、いよいよ込み入った話となってくる。

儀杖形鉄製品については、日本列島内では滋賀県安土《あづち》瓢箪山《ひようたんやま》古墳・愛知県東之宮《ひがしのみや》古墳・奈良県黒塚《くろづか》古墳からの出土例が知られている（図67）。安土瓢箪山古墳出土のものを例にとると、上端にV字状の立ち飾りがあり、その下に長方形の透かしが開く。両側縁には各二ヶ所、棘状の小突起を作り出し、下端部は何か別材に挿入するように細い柄状になっている。これの原型とみられるのが韓国金海良洞里《キメヤンドンニ》二六〇号墳から出土した「鑿頭《のみ》形鉄器」と呼ばれるものである（図68）。頭部と下端部の形状

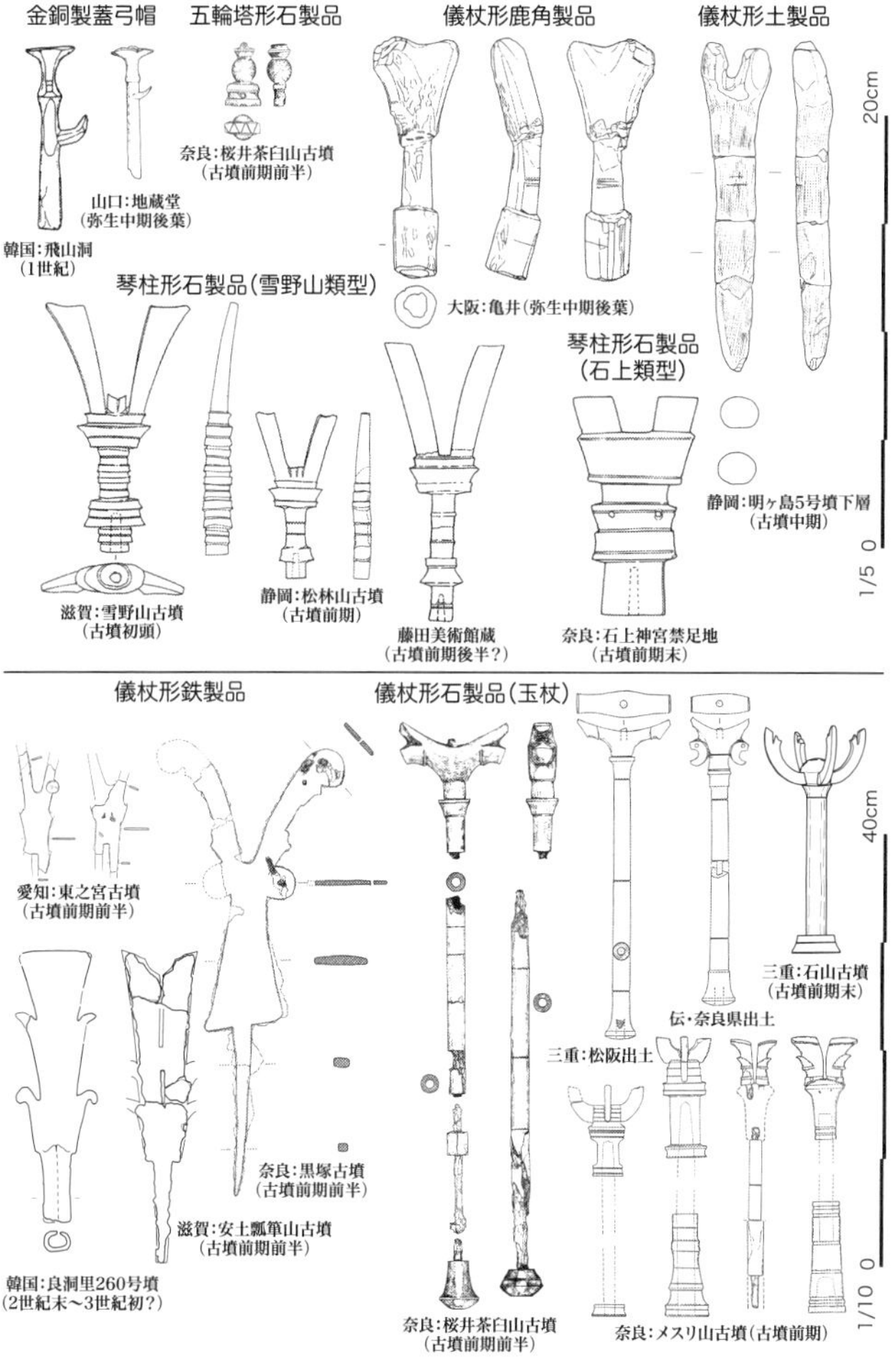

図67　琴柱形石製品・儀杖形鉄製品ほか（S＝1：10）

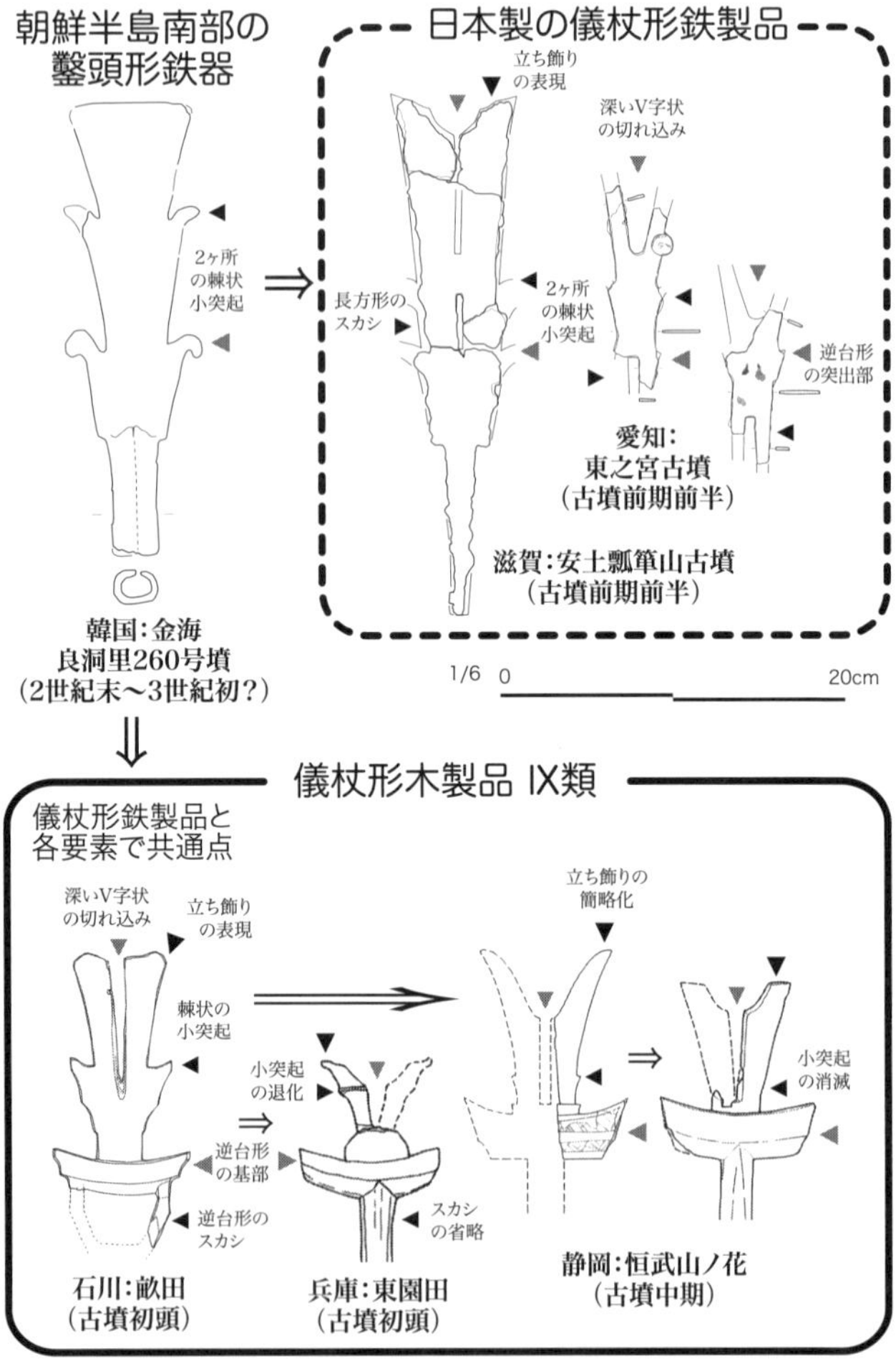

図68　儀杖形鉄製品と儀杖形木製品Ⅸ類の関連性（S＝1：6）

こそ異なるものの、全体のサイズや両側縁の二ヶ所の棘状小突起などからみて、まず間違いないであろう。安土瓢箪山古墳出土例にみられるV字状の立ち飾りは、東之宮古墳および黒塚古墳出土例ではさらに強調されるいっぽう、両側縁の棘状小突起は退化しつつも逆台形の突出部へと変化する（図68上段）。

これとよく似た変遷をたどるのが儀杖形木製品Ⅸ類である。その出現期にあたる石川県畝田遺跡出土例では、深いV字状の切れ込みと立ち飾りの表現、棘状の小突起、さらには逆台形の基部などが安土瓢箪山古墳の儀杖形鉄製品と共通する（図68下段）。また、安土瓢箪山古墳出土例にみられる長方形の透かしが、畝田遺跡例では逆台形の透かしとなっている。この透かしは兵庫県東園田遺跡例では省略され、棘状の小突起も徐々に退化する。さらに静岡県恒武山ノ花《つねたけやまのはな》遺跡出土例では立ち飾りの表現が簡略化されるとともに、棘状小突起も消滅にむかう。

琴柱形石製品および玉杖との関連性

琴柱形石製品とは、逆さまに置くと琴の弦を支える「琴柱」に似ていることからその名がつけられた前期古墳の代表的な副葬品であるが、実際にはV字状の立ち飾りをもつ儀杖を小型化した石製品と考えられている。その琴柱形石製品のうち、儀杖形木製品Ⅸ・Ⅹ類との関連性を見いだせるのは、北條芳隆氏の分類による「雪野山類型」の一群である。お互いの前後関係は証明しがたいが、琴柱形石製品にみられる諸特徴のうち、大きく開くV字状の立ち飾り、逆台形の基部、その下にある台形の突起は、東園田遺跡出土の儀杖形木製品と共通している。このうち台形の突起については、儀杖形木製品を片手で捧げ持つ際に、この下を握ることによって手から抜け落ちないようにするためのストッパーであると私は考えている（図69）。

琴柱形石製品には無い儀杖形木製品Ⅸ類の特徴としては、棒軸部の下半につくヒレ状の突出部があげられる。これについて藤田和尊氏と木許守氏は、古代中国の古墳壁画にみられる鐘先につける「比礼」の表現ではないかと指摘している（藤田・木許二〇一一）が、この儀杖形木製品Ⅸ類を細かく検討する限りにおいて、時期的に古いものほどヒレ表現が棒軸部のなかでもより下の方につくことから、「比礼」を狙った表現ではないだろう。

また、儀杖形木製品Ⅸ類に似た形状をもつ「タタリ」と呼ばれる絹糸を紡ぐ道具にも、このヒレ表現が認められる（図70）。このタタリと儀杖形木製品Ⅸ類との関連性については、実のところよくわからないのだが、下端部の形状は明らかに異なり、また時期的には儀杖形木製品の方が古いのは間違いない。いずれにせよ、儀杖形木製品Ⅸ類とタタリにつくヒレ状の突出部が、藤田氏らが言うような古代中国の鐘先につく「比礼」とは全く無関

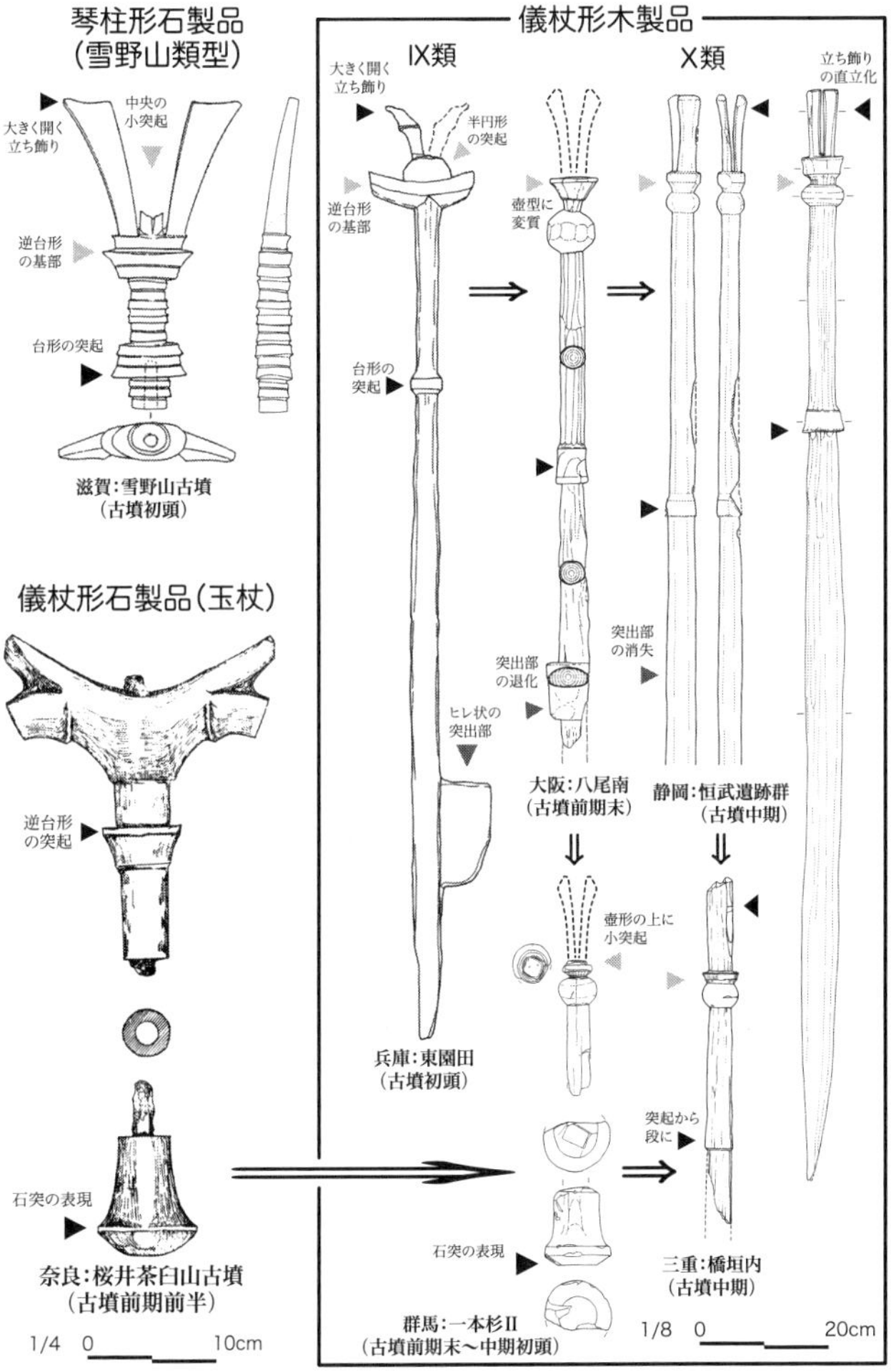

図69　琴柱形石製品と儀杖形木製品Ⅸ・Ⅹ類の変遷
（S＝1：4・1：8）

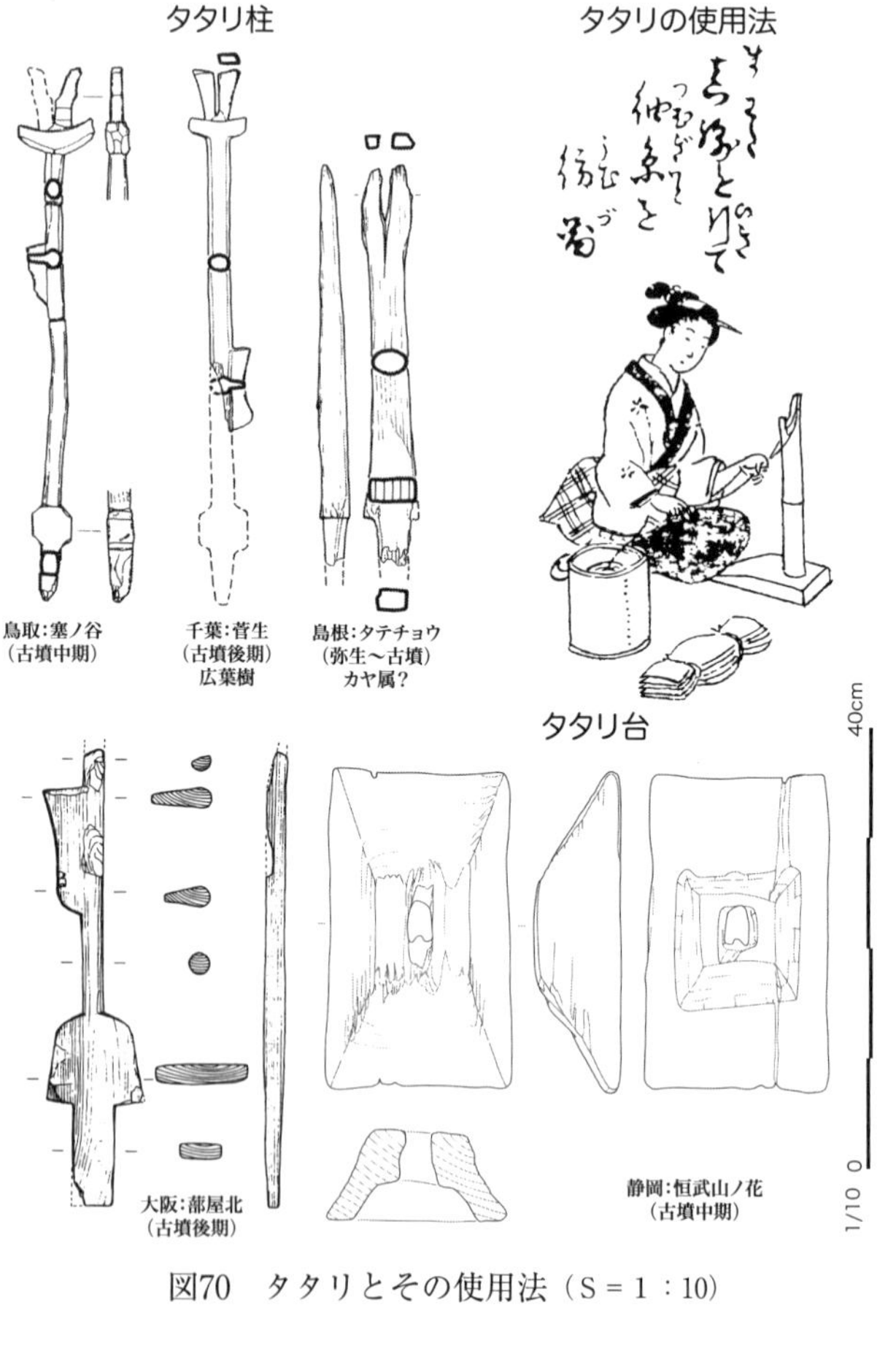

図70　タタリとその使用法（S＝1：10）

係であることは確かであろう。

話を戻すが、儀杖形木製品Ⅸ類に次いで出てくるX類も、最古段階のもの（大阪府八尾南遺跡出土例）にはヒレ状の突出部や棒軸部上半の台形突起が認められる（図69）。この八尾南遺跡例には、上端部に壺の表現がある。これについても町田氏は金銅製蓋弓帽や五輪塔形石製品との関連性を指摘していた。なぜなら、本来あるべきV字状の立ち飾りが欠損していたからである。しかし、むしろ諸要素をみる限りでは儀杖形木製品X類により近いことに気づいた私は、八尾市歴史民俗資料館において実物を詳細に観察した結果、前述のように立ち飾りを削り取った痕跡を確認した。かくして、この八尾南遺跡例は儀杖形木製品X類の最古段階にめでたく仲間入りすることとなった。

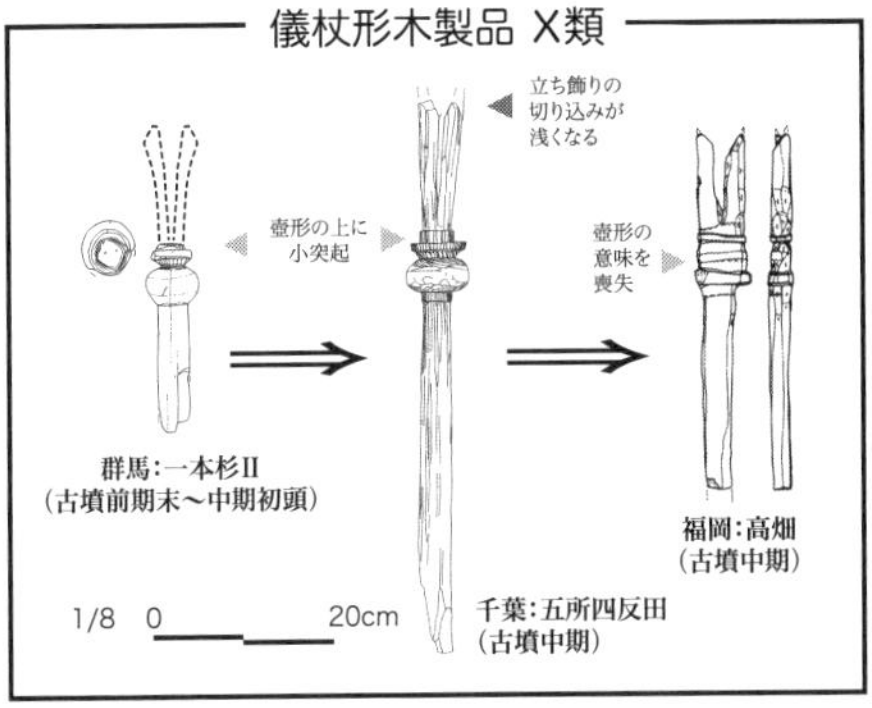

図71　儀杖形木製品X類の変遷（S＝1：8）

儀杖形木製品X類はその後、ヒレ状の突出部が消滅し（静岡県恒武遺跡群出土例）、台形の突起も単なる段へと省略される（三重県橋垣内《はしがいと》遺跡出土例）。また、V

字状の立ち飾りは直立して、切れ込みそのものも浅くなる（図71の千葉県五所四反田《ごしょしたんだ》遺跡出土例）。そして、立ち飾りと壺表現の間に小さな突起を設ける系譜も出てくる（群馬県一本杉Ⅱ遺跡および五所四反田遺跡例）。そして最後には、壺だか何だかわからない形状（福岡県高畑遺跡例）へと退化していく。

もうひとつ、儀杖形木製品Ⅸ・Ⅹ類と深い関連性を有するのは、儀杖形石製品（玉《ぎょく》杖《じょう》）である。玉杖は、図67（一七三頁）にあるように奈良県から三重県にかけての前期古墳から出土しており、なかでも奈良県の桜井茶臼山古墳とメスリ山古墳からの出土例は有名である。

このうち桜井茶臼山古墳には、手に持つ際のストッパーとしての突起部も設けられており、下端部には「鐓《とん》」と呼ばれる石突《いしづき》が表現されている。この石突と同じものが、一本杉Ⅱ遺跡から「木製品」として出土している。この「木製」石突にかんしては、このまま上端部の立ち飾りまで一木で作り出されていた可能性が高いが、通常の儀杖形木製品Ⅹ類（Ⅸ類も）は下端部が尖っており、ここに石製の「鐓」をはめ込んでいた可能性が高いと私は考えている。

結界としての儀杖形木製品

ただ、静岡県恒武遺跡群（山ノ花遺跡および西浦遺跡）からは、この儀杖形木製品Ⅸ・Ⅹ類が未成品も含めて一〇点以上も出土しており、首長（あるいは王）が用いた杖としては、点数がいささか多すぎるのも確かである。鈴木一有氏は、この尖った下端部を地面に突き刺して祭祀の場における結界としたとの見解を示している（鈴木一有二〇一二）。同遺跡群の儀杖形木製品Ⅸ・Ⅹ類には、黒漆と赤彩をほどこし直弧紋を描いたものと、素木のままのものがあり、前者はごく少数しか出土していない。とすれば、前者こそが「王の杖」で、後者は鈴木氏の見解どおり祭祀場の四隅に立てて結界を示す「標柱」であった可能性もじゅうぶんに考えられる。

同じく「標柱」と考えられるのが滋賀県下長遺跡出土の儀杖形木製品Ⅷ類である。これについては、辰巳和弘氏が「門に立つ杖」として、奈良県極楽寺ヒビキ遺跡でみつかった首長の祭儀施設の入口にある大型柱穴（二四四頁図96の大型三連柱穴遺構のこと）に、下長遺跡出土例と同様の大型「儀杖」が立てられていた可能性を指摘している（辰巳二〇一〇）。大いに傾聴すべき説であると思う。

玉杖および琴柱形石製品との関連性

私の分類による儀杖形木製品Ⅵ－２類と桜井茶臼山古墳およびメスリ山古墳の玉杖にも、形態的な共通性が見いだせる（図72）。岐阜県荒尾南遺跡出土の儀杖形木製品Ⅵ－２類は大きく左右に開く立ち飾りが特徴である。おそらくこのカタチを模し、さらに下端部（灰色の矢印）を下に突出させたのが桜井茶臼山古墳の玉杖であろう。そして、その「下方突起」を簡略化させたのがメスリ山古墳の玉杖である。さらに、このメスリ山古墳の玉杖を形骸化させたのが石上類型の琴柱形石製品だと私は考えている。石上類型の琴柱形石製品では、「下方突起」が横一本の逆台形に簡略化されるが、下の方の逆台形突起と、そこに開けられた穿孔はそのまま残っている。

また、メスリ山古墳の玉杖で採用された「下端部の穿孔」表現もそのまま石上類型の琴柱形石製品へと引き継がれている。

この石上類型の琴柱形石製品の形状が儀杖形木製品Ⅶ類の原型であることは、もはや言うまでもないだろう。

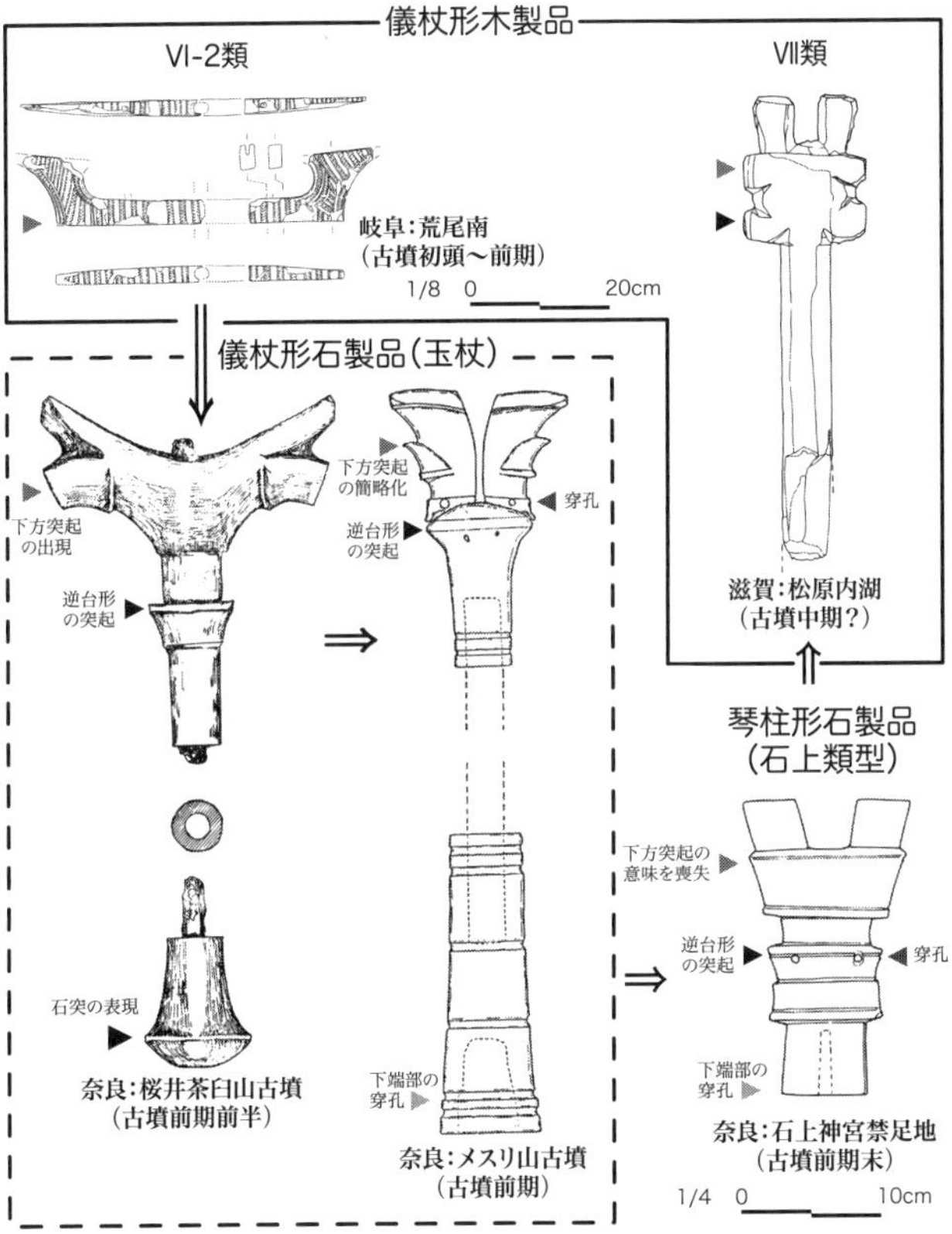

図72　玉杖と儀杖形木製品Ⅵ-2・Ⅶ類の関連性
（S＝1：4・1：8）

ここで、これまで分析的にみてきた各儀杖関連遺物について、その分布域の変遷を確認しておく（図73）。

儀杖関連遺物の分布域の変遷

弥生時代前期から中期中葉には、儀杖形木製品Ⅰ〜Ⅳ類が認められる。このうち、Ⅰ類は北部九州（さらには朝鮮半島南部）から瀬戸内〜近畿地方を経て北陸地方へと広く分布している。Ⅱ類もまた近畿と北陸に分布するが、Ⅲ類は濃尾平野（朝日遺跡）、Ⅳ類は岡山平野（南方遺跡）と現状では局所的である。

弥生時代中期後葉から後期には、本書では特に触れなかった類型化されない儀杖形木製品が西日本に広く分布するいっぽうで、南関東にはⅡ類、濃尾平野にはⅢ類、仙台平野にはⅤ類が局所的に出土する。また、儀杖形木製品Ⅱ類とは無関係であることがわかった金銅製蓋弓帽が山口県で出土している。ここまでは西日本にやや偏在するものの、特にどこか特定地域にのみ儀杖形木製品が集中するという傾向は認められない。

ところが、古墳時代初頭から前期になると、近畿地方と濃尾平野、そして北陸地方に儀杖関連遺物が集中するようになる。近畿地方（旧国の摂津・河内・大和）では儀杖形木製品Ⅵ－1・Ⅸ・Ⅹ類と儀杖形鉄製品・玉杖が、濃尾平野では儀杖形木製品Ⅵ－2類・儀杖形鉄製品・琴柱形石製品（雪野山類型）が西濃地域から尾張北部に集中する。この傾向は

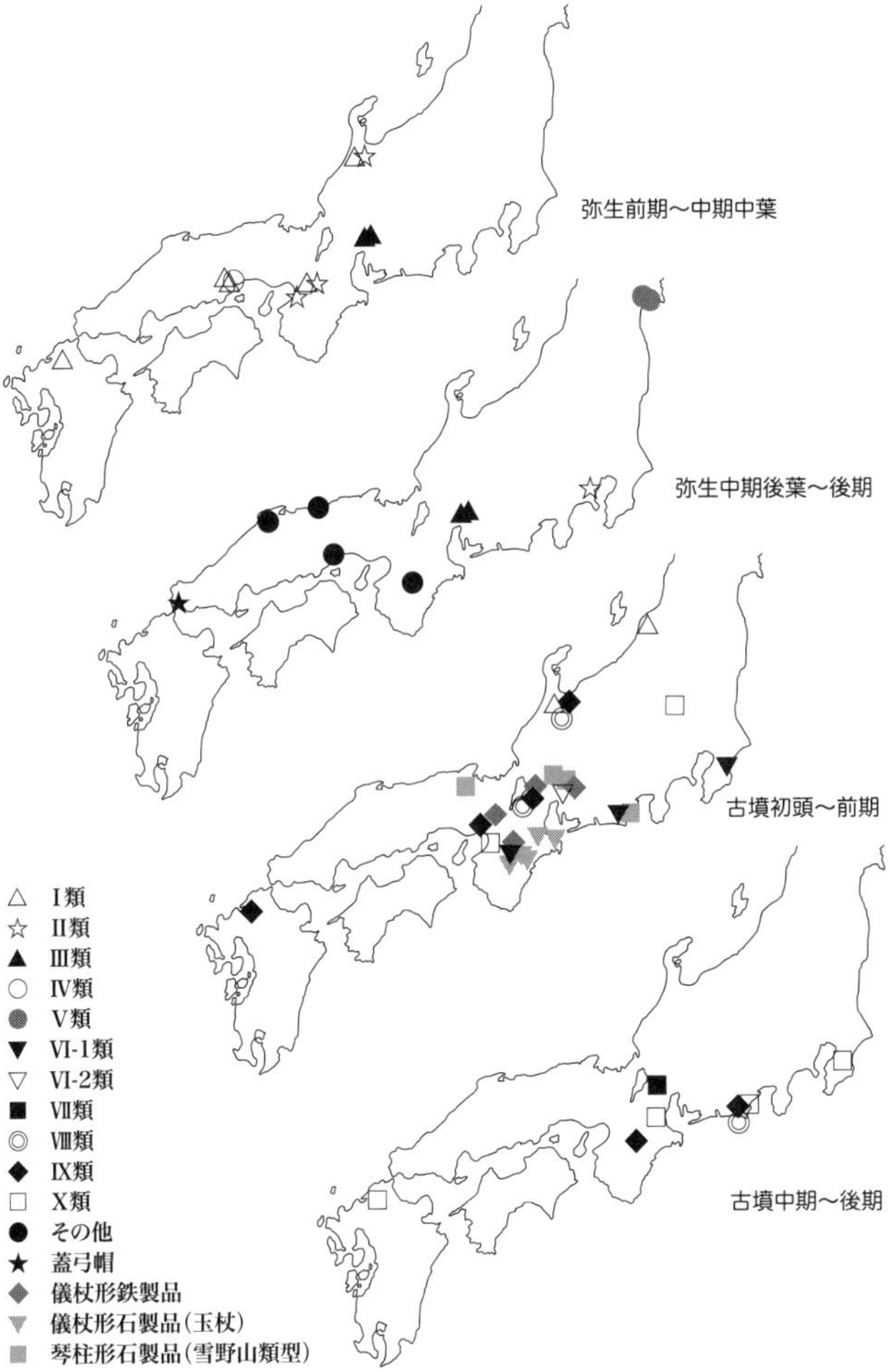
弥生前期〜中期中葉
弥生中期後葉〜後期
古墳初頭〜前期
古墳中期〜後期
△ Ⅰ類
☆ Ⅱ類
▲ Ⅲ類
○ Ⅳ類
● Ⅴ類
▼ Ⅵ-1類
▽ Ⅵ-2類
■ Ⅶ類
◎ Ⅷ類
◆ Ⅸ類
□ Ⅹ類
● その他
★ 蓋弓帽
◆ 儀杖形鉄製品
▼ 儀杖形石製品(玉杖)
■ 琴柱形石製品(雪野山類型)

図73　儀杖の分布変遷

本章の前半でみてきた木製合子・石製合子の分布域の変遷とほぼ重なっている。

この近畿と濃尾平野の中間地点にあたる琵琶湖東岸部では儀杖形木製品Ⅷ・Ⅸ類と琴柱形石製品（雪野山類型）が、三重県伊賀〜中勢地域では玉杖が集中するのは興味深い。

北陸地方（加賀平野）では、儀杖形木製品Ⅰ類がこの時期まで残って新潟県域にまで分布圏を伸ばすいっぽう、古墳時代に新たに出現する儀杖形木製品Ⅸ類（しかも最古段階）とⅧ類が認められるのは、前述の「透かし彫り高杯」の発信地であることと相まって、古墳時代初頭から前期におけるこの地域の重要性を示している。

また、儀杖形木製品Ⅵ－1類が静岡県駿河地方を経て南関東へ、Ⅹ類が北関東から出土しているのは、「鍬は語る」の章でみた伊勢湾型曲柄鍬やナスビ形曲柄鍬の伝播経路とも重なっているようにみえる。今後さらに出土例が増加すれば、この時期の儀杖形木製品の型式と分布域、そして伝播経路の違いがより一層はっきりとしてくるだろう。

古墳時代中期から後期になると、儀杖形木製品じたいの出土量が著しく減少する。それとともに、分布域も近畿地方よりも東に偏る傾向が認められる。特にⅨ・Ⅹ類が静岡県浜松市の恒武遺跡群に集中するのは、この遺跡の性格を考えるうえでも非常に重要である。

儀杖形木製品のうち、弥生時代に用いられたⅠ〜Ⅴ類と、古墳時代に属するⅥ〜Ⅹ類とでは、Ｖ字状立ち飾りの有無以外にも、重心の位置や重さの違いがある。改めてⅠ～Ｖ類の儀杖をみると、上半部が太く、かつ下端部はバットのグリップエンドのように仕上げられている。おそらくは下端部付近を持って、グルグルと振り回すような所作があったのだろう。いっぽうⅥ～Ｘ類は、全形が残るⅨ・Ｘ類をみればわかるように、棒軸部の中央やや上を握り、身体の前で真っ直ぐ立てて持つように作られている。このように、同じ「儀杖」と分類される儀礼用の杖でも、弥生時代と古墳時代では使用の際の所作が全く異なっていた可能性が高いのである。

ここまで詳述してきた儀杖関連遺物には、木製品・鉄製品・石製品・土製品がある。このうち墓に納められるのは鉄製品と石製品であり、土製品はミニチュアとしての祭祀遺物であった。おそらく首長や王が実際の祭祀や儀礼の場で手にしていたのは木製品であり、彼らの死に際して、その権威の永続性を願って墓には鉄や石に置き換えた儀杖が納められたのであろう。このように使用される場の違いなどによって、同じ形のものが素材で使い分けられるのは合子類とよく似ている。

古墳時代の成立を境にしてV字状立ち飾りをもつ儀杖関連遺物が出現することは木製品に限らず、鉄製品・玉杖・琴柱形石製品も同様である。その起源にかんしては、弥生時代中期の儀杖形鹿角製品が今もって有力だが、時期的な間隙を埋める資料が無いことについては、すでに述べてきた。

V字状立ち飾り出現の謎を探る

最近、このV字状立ち飾りについてきわめて興味深い見解が示されている。板靖氏による「王板《おういた》」説である（板二〇〇八）。ここまで詳述してきた儀杖関連遺物のほか、石見《いわみ》型埴輪・石見型木製品・船形埴輪の立ち飾りなどに共通するV字状立ち飾りそのものが、実は「王を示す表象」であったとしている。また、前述の辰巳和弘氏による「門に立つ杖」では、下長遺跡出土の巨大な儀杖形木製品Ⅷ類が首長（王）の祭儀空間の門に立てる「大《だい》聖表《せいひょう》」であったとする（辰巳二〇一〇）。これら両氏の見解を引き継ぎ、さらに発展させたうえで私の説を述べると、石見型や船形埴輪の立ち飾りも含めた「広義の」儀杖関連遺物は「王を示す表象」であるとともに、それらはさらに「神の依《よ》り代《しろ》」でもあったと考えたい。

民俗学者として高名な柳田國男は、その著書『神樹篇』のなかで、伊勢神宮の最高巫女（斎王《さいおう》）を「御杖代《みつえしろ》」と呼ぶ例を紹介し、斎王が手に取る杖は「神人仲介者の権力を表示する適切なる記章であった」としている（柳田一九九九）。さらに山下紘一郎氏は「神木の『枝』は『杖』とも呼ばれ」、「これを執るものは神のヨリマシとして、人にして神、神にして人という役割を果たす」とした（山下二〇〇九）。つまり、「王を示す表象」がついた特別な杖（儀杖）には神が宿り、これを持つ者（王）は神であると考えられていた。

では、なぜ「王を示す表象」にV字状の立ち飾りが用いられたのだろうか。私は中国において、河姆渡第四層文化期（紀元前五〇〇〇年）から現代にいたるまで脈々と続く「扶桑樹（生命の樹）信仰」（図74）との関連性に注目している。

「扶桑樹信仰」は東アジアに広く分布しており、内蒙古北朝代の鮮卑族では鹿角と融合した金製品も用いられていた。日本列島でも奈良県藤ノ木古墳の金銅製冠や福岡県珍敷《めずらし》塚《づか》古墳壁画などにその影響が認められる。

図74　漢代画像石の扶桑樹（靳1998より引用）

この「扶桑樹信仰」が中国魏晋期に日本列島へと伝来し、儀杖など「王を示す表象」に用いられた可能性を考えたい。たとえば十字状の立ち飾りをもつ「玉杖」（図67（一七三頁）のメスリ山古墳や三重県石山古墳出土例）や「儀杖形木製品Ⅵ－１類」なども、この「扶桑樹」を写したものとしてふさわしい。

「威儀具」のなかの儀杖形木製品

儀杖形木製品は、実はさらに大きなカテゴリーである「威儀具《いぎぐ》」に含まれるアイテムのひとつである。「威儀具」とは、わかりやすく言えば、首長や王といった人たちが、一般の民衆に対して自分を偉く見せるための道具立てである。

前述のように、弥生時代の首長は儀礼や祭祀の場において、神に捧げる供物を載せたであろう花弁高杯など、「みせびらかす器」にその役割を求めたが、古墳時代の王や首長は、中国から新たに伝来した「威儀具」にその機能をゆだねた。

木製「威儀具」には、ここまで述べてきた儀杖のほか、団扇《うちわ》形・蓋《きぬがさ》（衣笠）・環形《かんけい》付木製品・翳《さしば》などがある（図75）。団扇形（図75－２・10）や翳（図75－３）は上半部が二枚の薄い板になっており、ここに鳥の羽根を挟んでいた。団扇形は、古代中国では「麈尾《しゅび》」と呼ばれ、饗宴や謁見《えっけん》の場において中心人物が持つ権威の象徴であった（鈴木裕明二〇〇二）。翳は貴人の顔を隠すために侍者が携行した。蓋（衣笠）もまた侍者が持つ貴人のための日よけの傘で、傘骨（図75－１・４）と立ち飾り（図75－11）からなっている。環形付

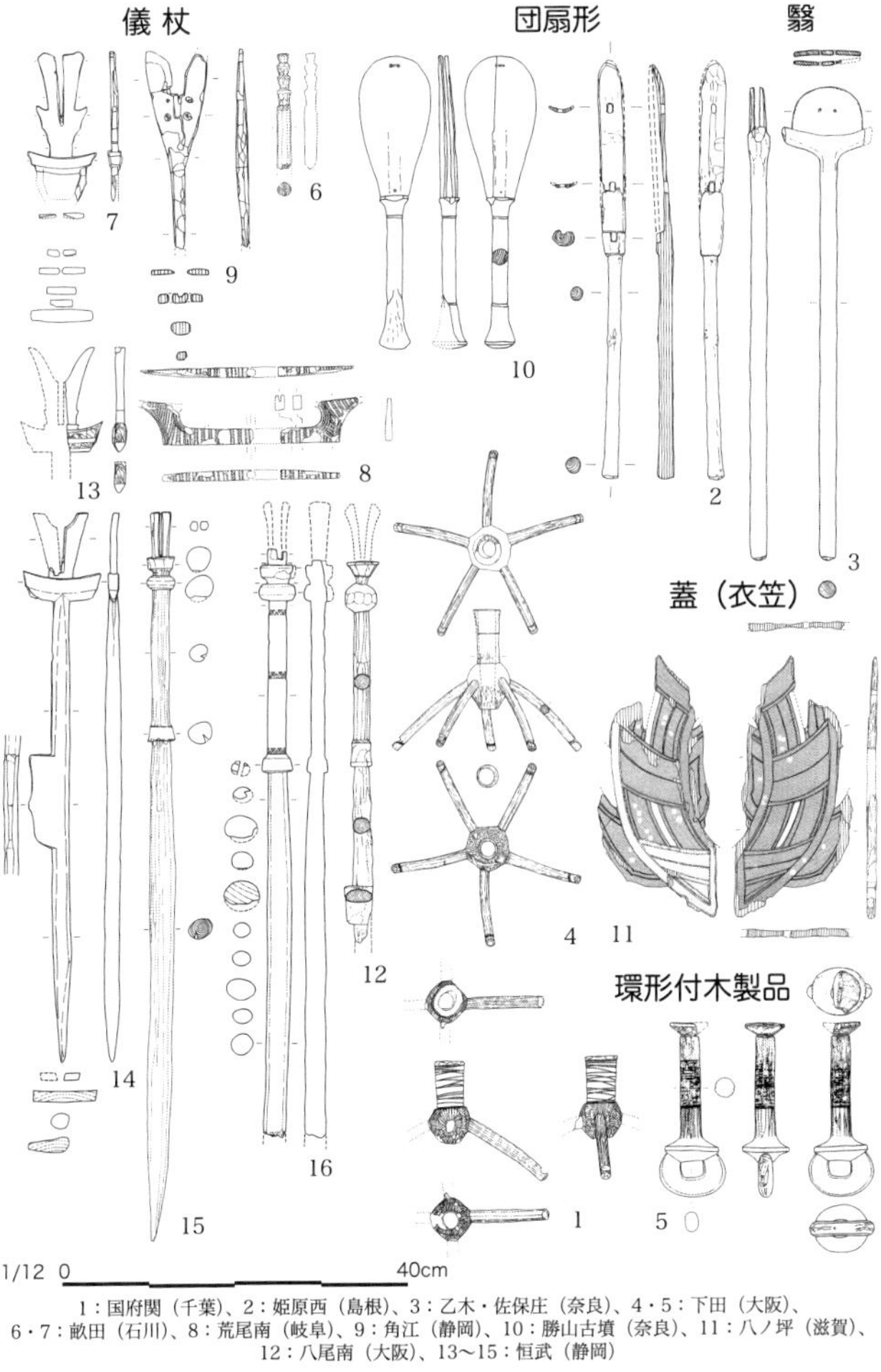

1：国府関（千葉）、2：姫原西（島根）、3：乙木・佐保庄（奈良）、4・5：下田（大阪）、
6・7：畝田（石川）、8：荒尾南（岐阜）、9：角江（静岡）、10：勝山古墳（奈良）、11：八ノ坪（滋賀）、
12：八尾南（大阪）、13〜15：恒武（静岡）

図75　弥生末〜古墳中期の威儀具（S＝1：12）

木製品（図75－5）については、用途がよくわかっていないが、全面に黒漆で仕上げられていることから、儀礼の場における重要な道具であったことは間違いない。

鈴木裕明氏がすでに述べているように、これら一連の「威儀具」はその出自が魏晋期の古代中国に求められることが重要である。奈良県勝山古墳出土の団扇形木製品（図75－10）は、同形同大のものが奈良盆地東南部の纒向遺跡を中心として全国各地から出土しており、鈴木氏は纒向遺跡周辺で製作されたものが初期ヤマト王権によって他地域へ配られたと考えている（鈴木裕明二〇〇三）。おそらくは、魏晋朝の儀礼をいち早く取り入れた初期ヤマト王権が、これを日本列島各地の首長に配布することによって、自らの王権が中国の王朝を背景とした正当性をもつものであることを、強くアピールするのに用いたと考えられる。

儀杖形木製品のうち、特にⅨ類（とX類の一部）は、きれいに型式学的な変遷が追えることと、大王墓のひとつと考えられる桜井茶臼山古墳の玉杖や古いタイプの琴柱形石製品と強い関連性を有することから、初期ヤマト王権の儀礼用のアイテムのひとつとして創出された可能性がきわめて高い。このことは、図73で示した分布図からも明らかであろう。

しかし、儀杖形木製品を含む一連の「威儀具」は古墳時代中期を境に、急激に減少していくこともまた、図73から読み取ることができる。

武器の変遷

威儀具に替わって古墳時代中期以降における木製品の中心的な位置を占めるのは、精製の武器類である。ただ、武器類はいきなり古墳時代中期に出現する訳ではなく、弥生時代中期段階から連綿と存在し続けている。ここでは狩猟具との区別がつきにくい弓と、比較的どの遺跡からも出土する楯（五一頁の図20を参照）を除いた木製の武器類についてみていくこととする。

図76の1〜7が弥生時代中期、8〜11が弥生時代後期、12〜14が古墳時代前期の代表的な木製武器類である。

弥生時代中期は戈の柄・甲・剣の把頭《つかがしら》が日本列島各地の大型集落から出土している。戈の柄の先には銅戈《どうか》か石戈《せっか》がつくが、大型集落（五七頁の表8・五八頁の図23における集落A）においても、一点かせいぜい二点程度しか出土しないことから、弓ほど一般的な戦闘道具ではなかったものと思われる。それは甲や剣の把頭も同様である。

この時期の甲（図76－2・4）は小札《こざね》状の板を紐で綴じて連ねたもので、黒漆が塗布されている。

剣の把頭には石剣（図76－5・6）と鉄ないしは銅剣（図76－3・7）のものがある。

弥生時代後期になると、甲は左右の前胴と後胴の大径材から刳り抜いた三つの部材で構成されるように変わる（図76－8・9）。この弥生時代後期の甲は、図にあげた静岡県伊場《いば》遺跡出土例以外にも、彫刻や赤・黒漆で複雑かつ華麗な紋様をほどこす例が多いのが特徴である（神谷二〇一〇）。おそらくは集落の一般成員用のものではなく、戦闘を指揮する首長層が着用したもので、紋様には呪的な意味が込められていたのであろう。

剣はこの時期からすべて鉄剣に変わる（図76－10・11）。

甲と鉄剣、さらには鉄刀という武器の組合せは古墳時代前期も基本的には変わらない。ただし、甲からは弥生時代後期のような装飾性がなくなり、より実用性の高いものへと変化する（図76－12）。

いっぽう、古墳時代前期末～中期になると、甲は鉄製が一般化して木製甲は姿を消す。鉄刀のバラエティーが豊かになり（図77－1～11）、黒漆を塗布した直弧紋を描いたもの（図77－1・4・7～9）と素木《しらき》のままのもの（図77－2・3・5・10・11）というように、使用者による階層性をも反映してくる。

また、乗馬の風習が朝鮮半島から伝わるとともに、日本列島内でも鞍が製作されるようになる。この鞍もまた、大型古墳の副葬品として出土するような金銅製の華麗なものから

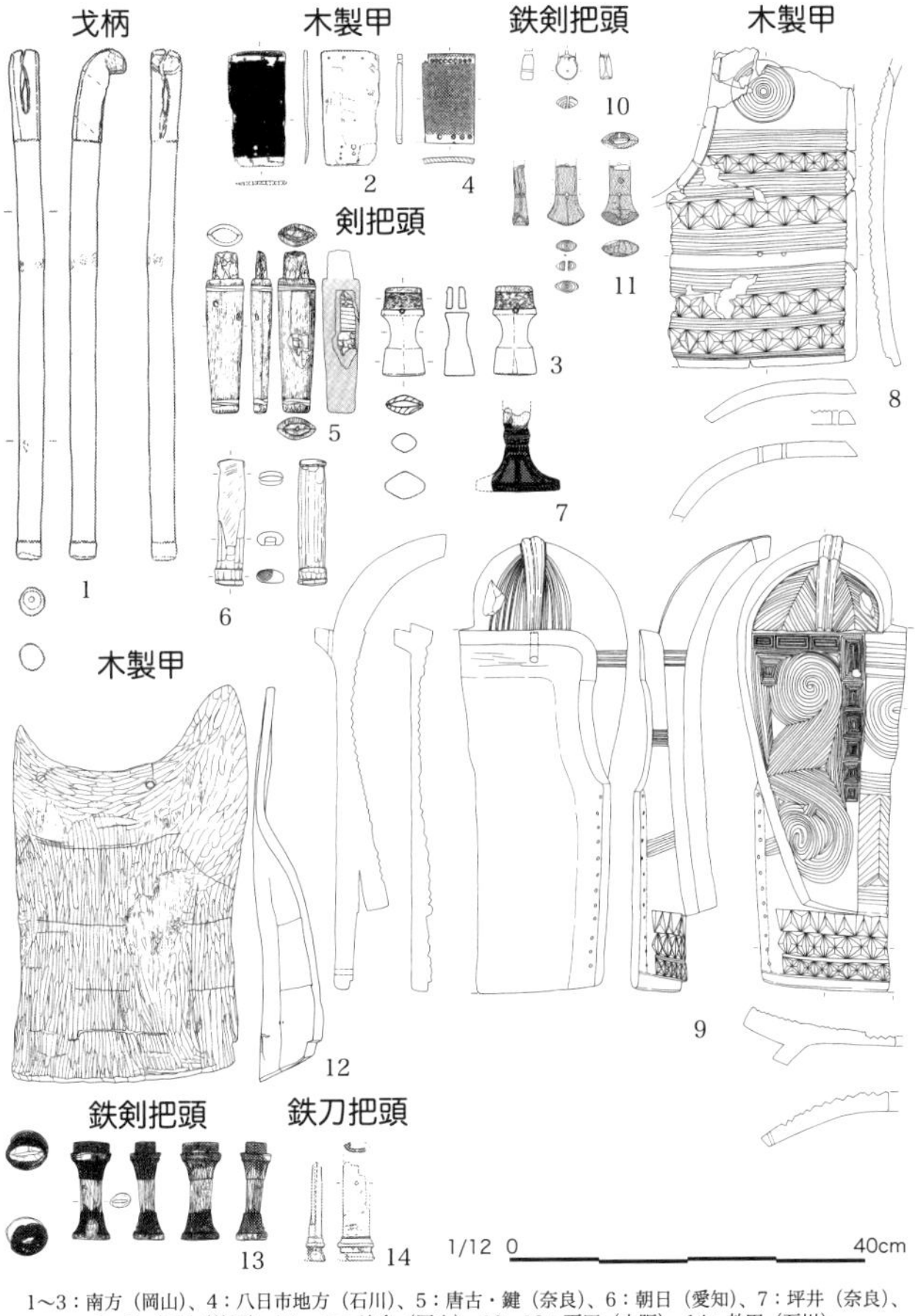

1～3：南方（岡山）、4：八日市地方（石川）、5：唐古・鍵（奈良）、6：朝日（愛知）、7：坪井（奈良）、8・9：伊場（静岡）、10・11：津島（岡山）、12・13：下田（大阪）、14：畝田（石川）

図76　弥生中期～古墳前期の武器（S＝1：12）

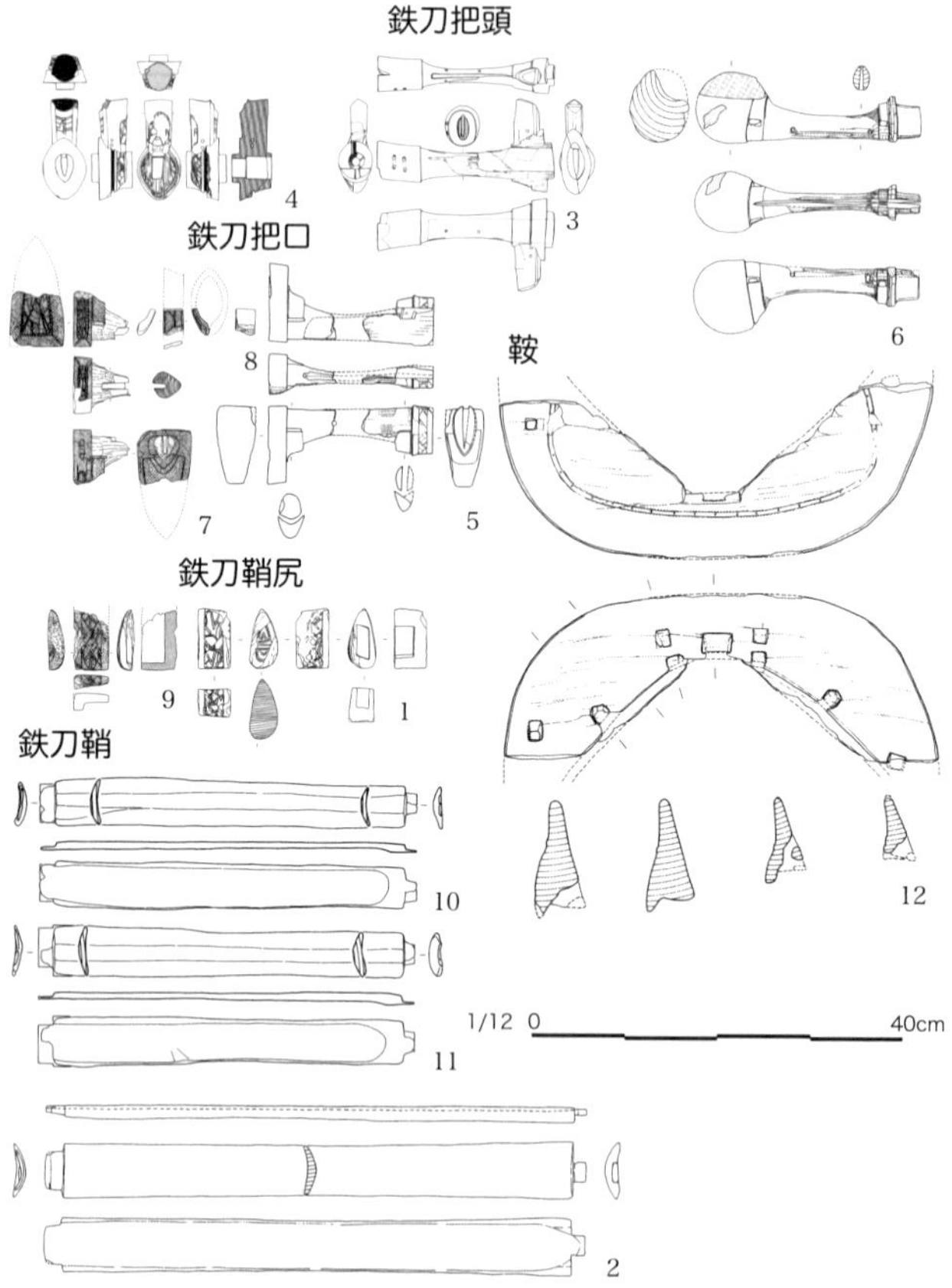

1・2：南郷大東（奈良）3・4：布留（奈良）、5：恒武（静岡）、6：前田（島根）、
7〜9：六大A（三重）、10・11：薬王寺・十六面（奈良）、12：谷（奈良）

図77　古墳前期末〜中期の武器（S＝1：12）

図77－12のような素木のものまで複雑に階層化していくこととなる。

さらに、古墳時代後期になると頭椎大刀《かぶつちたち》（図77－6）のような倭装大刀も出現する。

このように、木製の武器類については古墳時代中期頃に大きな画期が見いだせる。

うつりゆく木製品

精製木製品の変遷

前章において、特に「精製容器」と「儀杖《ぎじょう》形木製品」について、変遷とその意義をみてきた。では、ここで改めて弥生時代前期から古墳時代後期までの精製木製品全体の組成の変化を確認しておきたい。

弥生時代前期の精製木製品

弥生時代前期には、容器・食事具・服飾具・儀杖・琴状木製品・紋様板がある（図78）。土製の高杯《たかつき》はおおむね弥生時代中期から出現するが、木製高杯（図78－1・2・8・11・12）は弥生時代前期から存在する。この時期には図78－1や11のように赤黒の漆をほどこしたものが多いのだが、これは縄紋時代晩期以来の系譜によるものである。図78－12のシャンパングラスのような細身の装飾高杯脚部は北部九州の大規模集落にのみ分布している。

弥生時代中期に盛行する脚付桶（一三〇―一頁の図50を参照）の原型（図78―25）や、筒形の容器（図78―23）は、すでにこの時期から認められる。匙《さじ》（図78―6・9・17・20）は掬《すく》い部の把手側に段がつくのが特徴で、これもまた縄紋時代の杓子と共通している。

儀杖（図78―15）は前章でも述べたように、朝鮮半島南部にその系譜がたどれるⅠ類がこの時期から認められる。

服飾具の竪櫛（図78―18）・カンザシ（図78―10）・腕輪（図78―7・21）にも、縄紋系譜の赤黒漆がほどこされている。沓《くつ》（図78―22）の出土は、この時期には珍しい。図78―19は「琴？」としたが、筑状《ちくじょう》弦楽器（二一五頁の図83―38）の原型となるような弦楽器は縄文時代の遺跡からも、しばしば出土する。

儀礼や祭祀に用いたとみられる、さまざまな紋様を刻んだ板（図78―27）もまた、この時期から弥生時代を通じて出土するようになる。

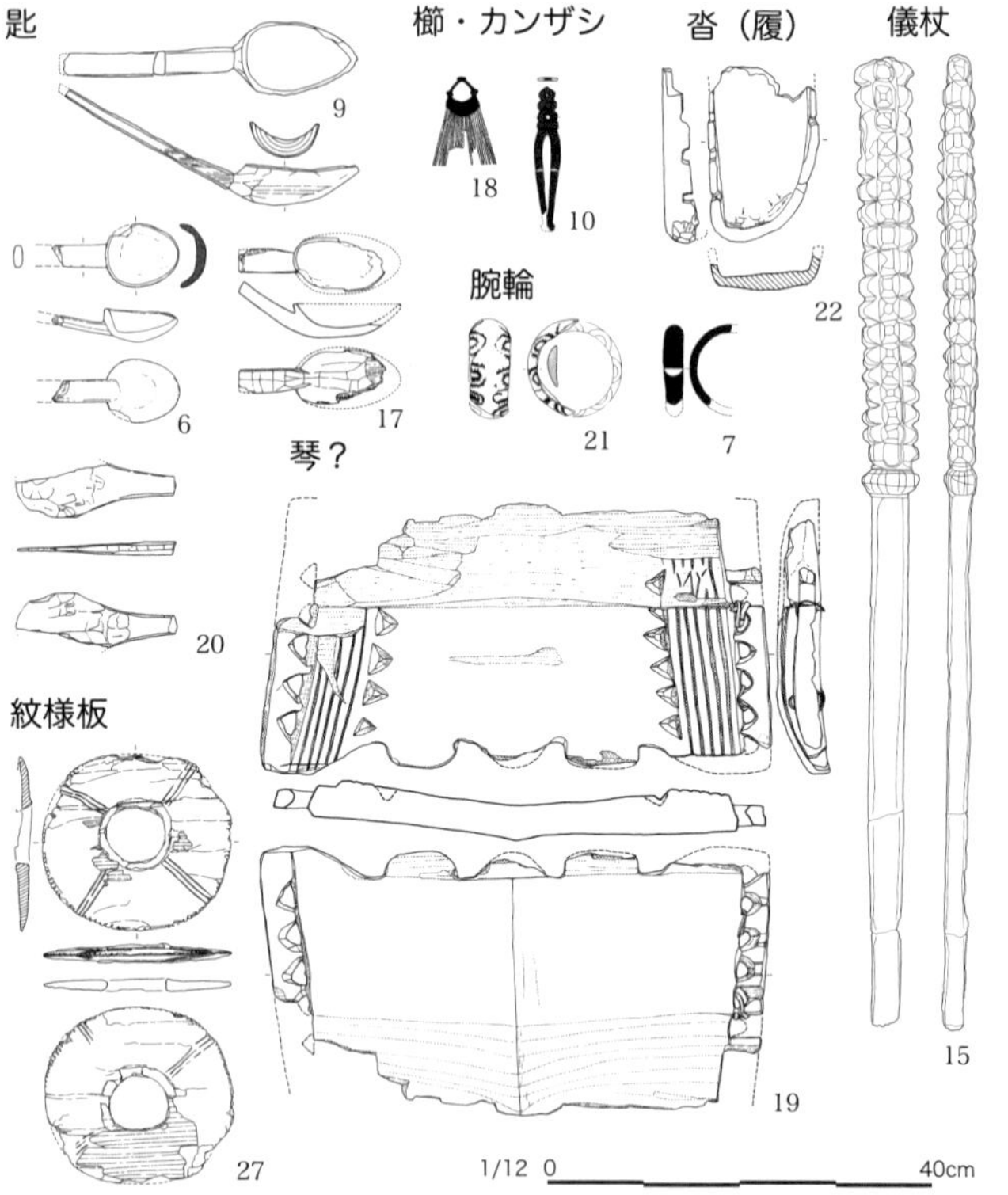

1〜7：唐古・鍵（奈良）、8〜10：安満（大阪）、11：池島・福万寺（大阪）、
12〜15：比恵（福岡）、16〜19：納所（三重）、20〜22：拾六町ツイジ（福岡）、
23・24：西川津（島根）、25：菜畑（佐賀）、26：下稗田（福岡）、27：鴨部・川田（香川）

図78　弥生前期の精製品（S＝1：12）

精製容器

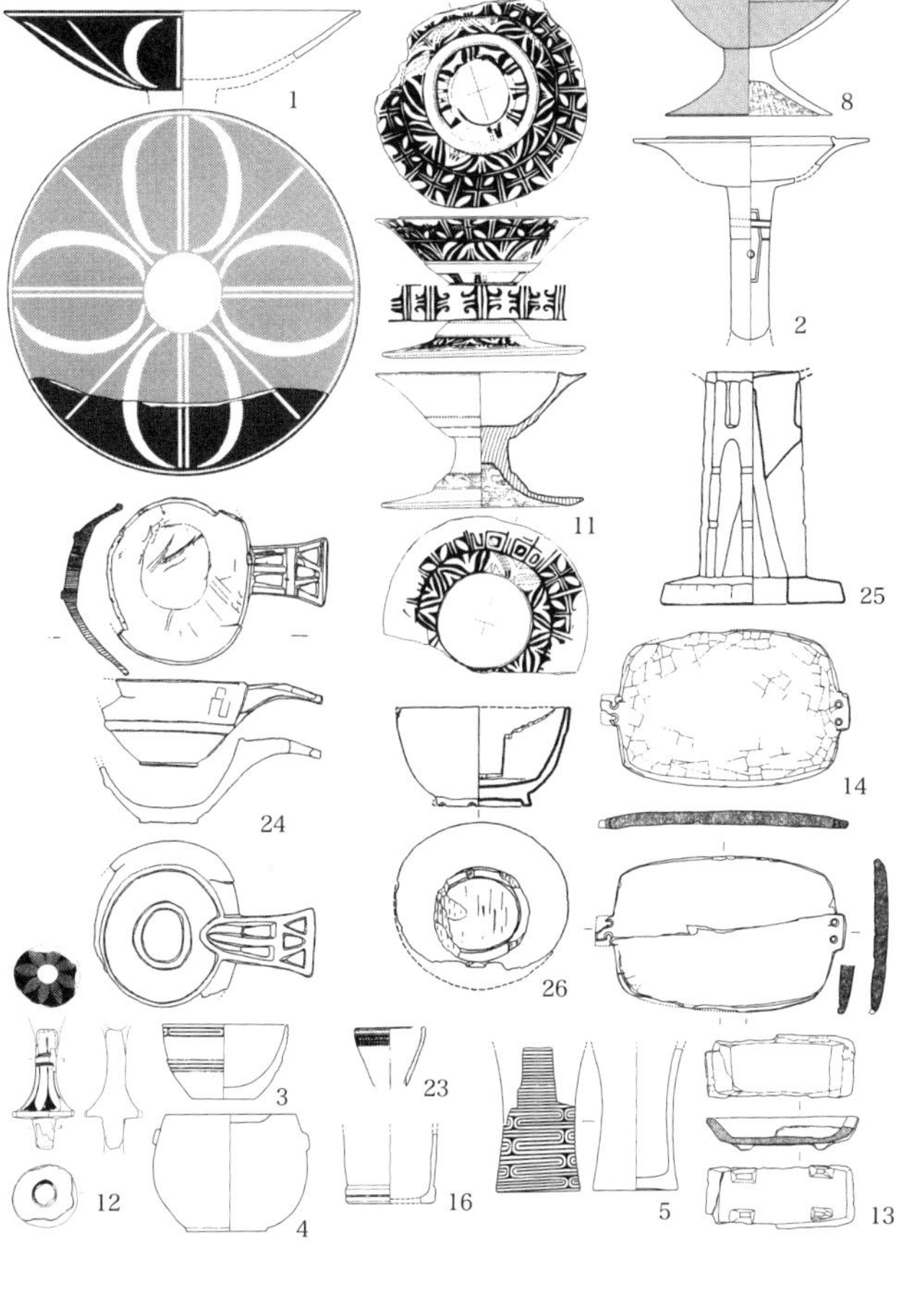

弥生時代中期には、精製木製品のなかでも容器のバラエティーが増えるのは、前章でみてきたとおりである（図79・80）。そのなかで、縄紋系譜の赤黒漆をほどこした高杯（図79－1）が弥生時代中期中葉まで残る。

弥生時代中期の精製木製品

いっぽう、弥生時代後期の『花弁高杯』（一三八―九頁の図52、一四二―三頁の図53を参照）に連なる系譜の脚部（図79－17）が弥生時代中期後葉から青谷上寺地《あおやかみじち》遺跡で出土している。

また、蓋付きの箱（図79－5・39）も、弥生時代中期中葉〜後葉より登場する。匙は弥生時代前期よりも繊細なつくりとなり、八日市《ようかいち》地方遺跡では把手の先端に様々な装飾をほどこす（図79－34）。また、まれにフォーク（図79－6）も出土する。

弥生時代前期にはみられなかった武器類（図80－9〜11・30・36・49）がこの時期より出現するのは前章の最後で述べたとおり。ただ、剣の把頭には石剣（図80－30）と鉄剣あるいは銅剣のもの（図80－10・49）がある。甲は小札状の板を紐で結わえるタイプ（図80－11・36）で、黒漆を塗布する。

儀杖は私の分類によるⅠ〜Ⅴ類が出揃う（図80－12・37・44・50）。

服飾具（図80－8・27・35・43）は、基本的には弥生時代前期と変わらない。

琴は、板作りのもののほか、組合せの共鳴箱つきのもの（図80－28）が出現し、「日」

「月」や鹿などの動物が線刻されることが多い。これらの絵は、おそらく琴が用いられる祭祀や儀礼にかかわるモチーフと考えられる。

弥生時代後期の精製木製品

弥生時代後期には容器の精製化が極限に達する（図81）。特に鳥取県青谷上寺地遺跡においては、スタンプ紋を赤黒の漆で表現した脚付壺（図81−13・14）のほか、杯部下面に四～六花弁を陽刻した『花弁高杯』（図81−6・7）が盛行し、青谷上寺地遺跡を起点として山陰から北陸までの日本海側に広く伝播する。

そのいっぽうで、蓋付き箱（図81−31）もまた、最高度に洗練された姿となる。匙（図81−26）はかろうじてこの時期まで残るが、古墳時代前期以降は姿をみかけなくなる。

服飾具（図81−19・20）の竪櫛・カンザシ・沓という組合せは、弥生時代中期からこの時期まで基本的に変わらない。

儀杖は、Ⅰ類のみ古墳時代前期まで残るが、Ⅱ～Ⅴ類はこの時期から出土しなくなる。また、現状では類型化できないタイプ（図81−21・29）が西日本の各地で出土する。

甲は小札《こざね》タイプから、前胴と後胴を大径材から刳り抜いて作るものに変わる。この時期

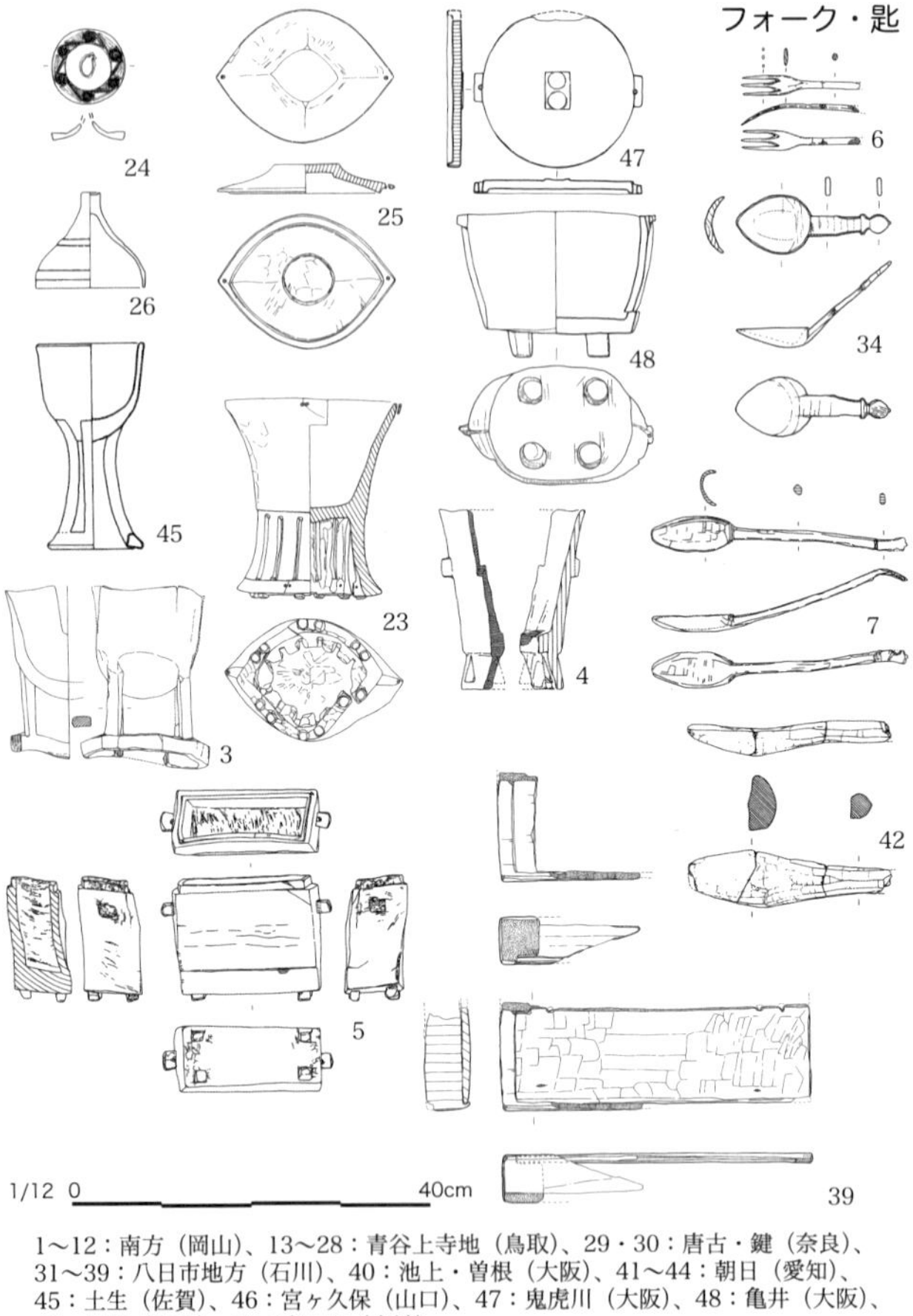

1〜12：南方（岡山)、13〜28：青谷上寺地（鳥取)、29・30：唐古・鍵（奈良)、
31〜39：八日市地方（石川)、40：池上・曽根（大阪)、41〜44：朝日（愛知)、
45：土生（佐賀)、46：宮ヶ久保（山口)、47：鬼虎川（大阪)、48：亀井（大阪)、
49：坪井（奈良)、50：高田Ｂ（宮城）

図79　弥生中期の精製品-1（S＝1：12）

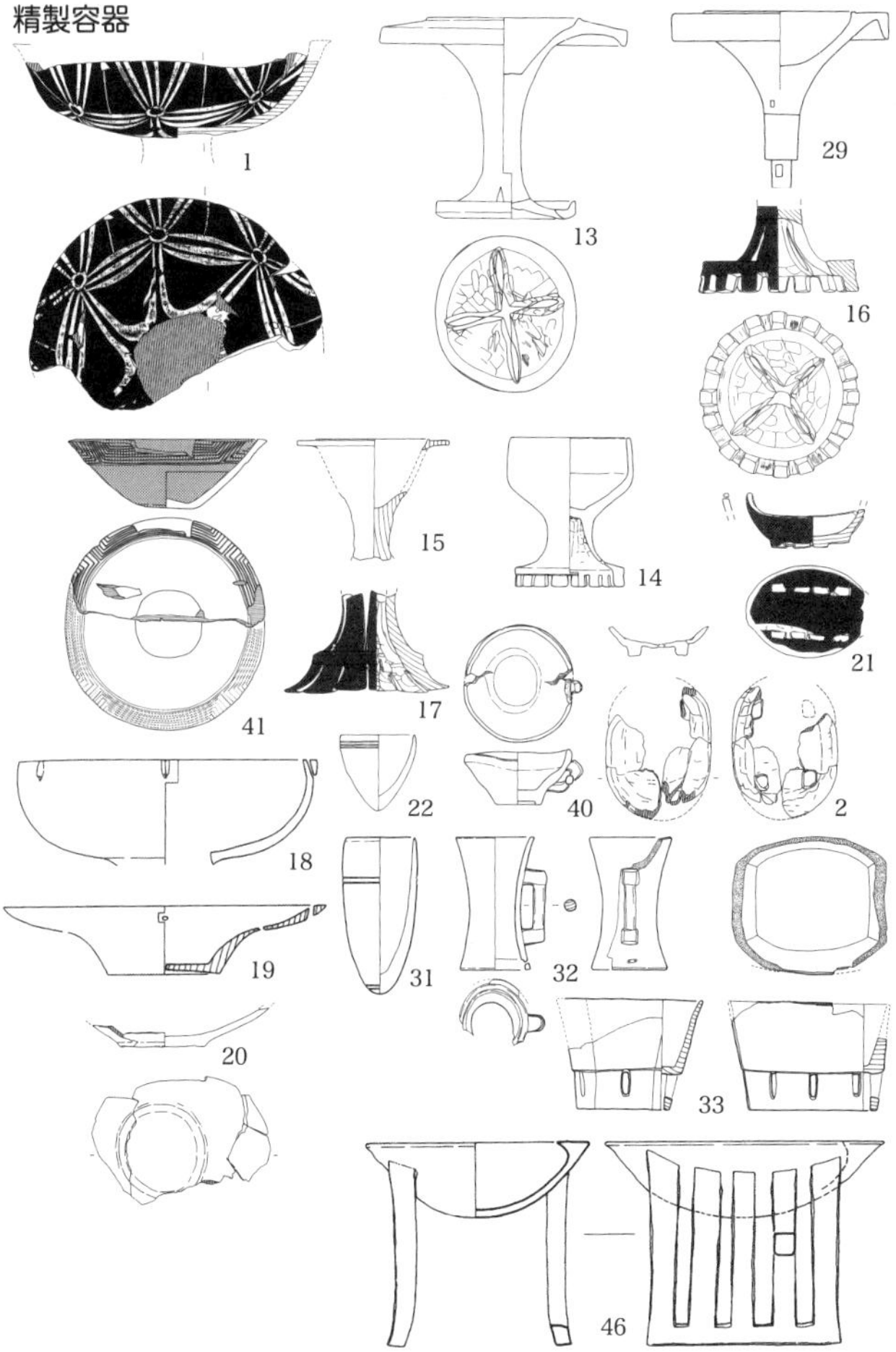
精製容器
1
13
29
16
15
14
21
41
17
22
40
2
18
19
31
32
20
33
46

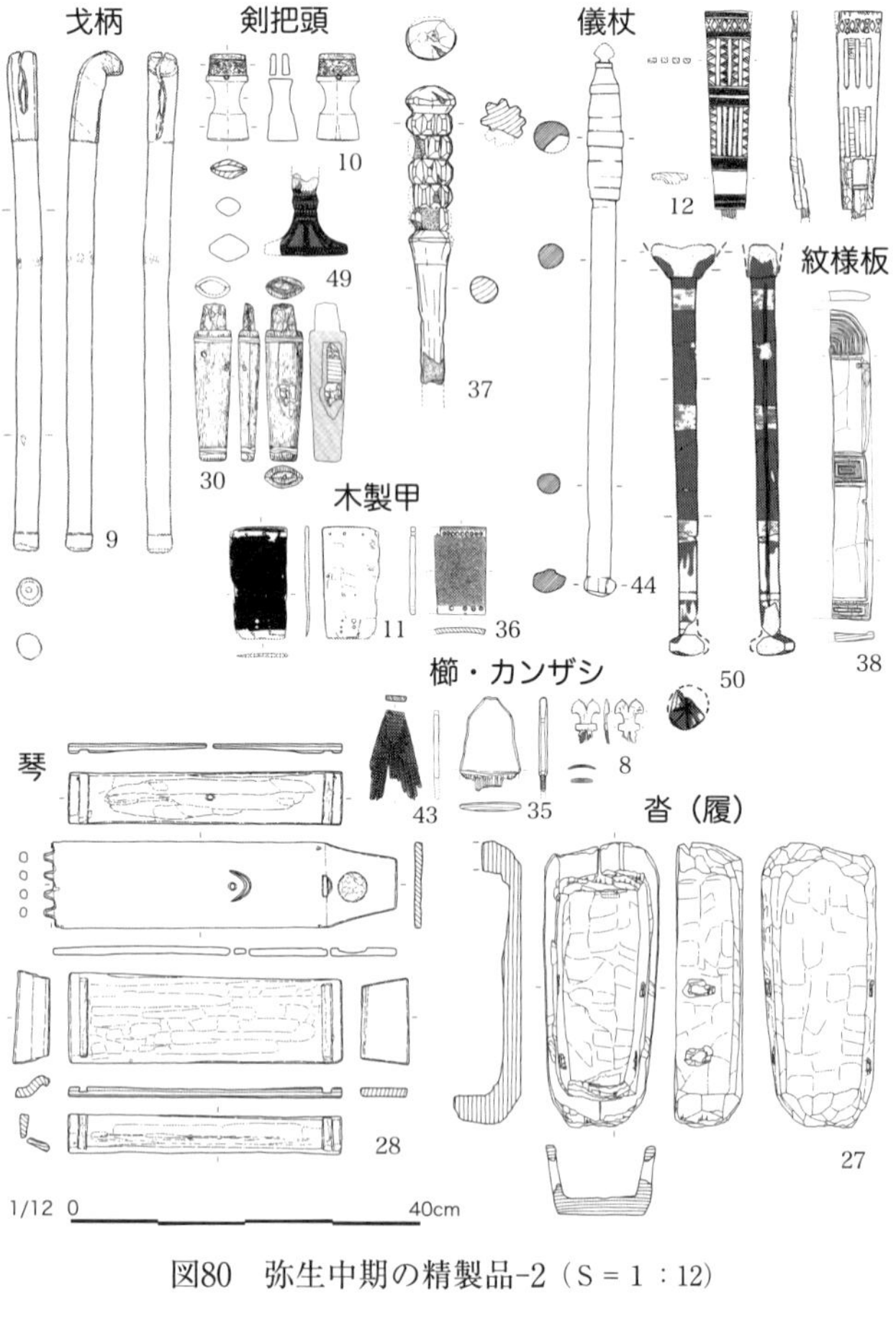

図80　弥生中期の精製品-2（S＝1：12）

の特徴は、全面に彫刻による紋様をほどこし、赤彩や黒漆を塗布する点にある（図81―32・33）。剣の把頭《つかがしら》（図81―27・28）はすべて鉄剣用となる。

紋様板（図81―22・23）は、なにか具体的な用途を示すさまざまな形態のものが存在し、瀬戸内では大型墳丘墓に立てられる特殊器台などと共通する直弧紋が描かれるものもある。

弥生時代終末期～古墳時代前期の精製木製品

『花弁高杯』とその類品（図82―1・5・14）はこの時期まで残るいっぽう、北陸地方を起源とする『透かし彫り高杯』（図82―19・20）が新たに出現して琵琶湖東岸部～近畿地方へと伝播し、「みせびらかしの器」の分布域がいわゆる畿内中枢部（奈良盆地周辺）に移る。

また、「隠匿するための器」の代表である合子《ごうす》（図82―8・9・22・24）がこの時期に急増し、それが石製品や土製品に写されて古墳に副葬されることは前章ですでに述べた。図82―16のような脚付盤も石製品に模造されている。

古墳時代前期には、図82―11のような上下が抜けた筒形の木製品が各地で出土する。なかには直弧紋を陽刻したり、赤彩をほどこす例もある。いずれも底板が付いた痕跡が無いことから、私は壺などを載せる「器台」ではないかと考えている（樋上二〇〇九）。

槽（図82―21）にも脚部に装飾性をもつものが、この時期から増えてくる。

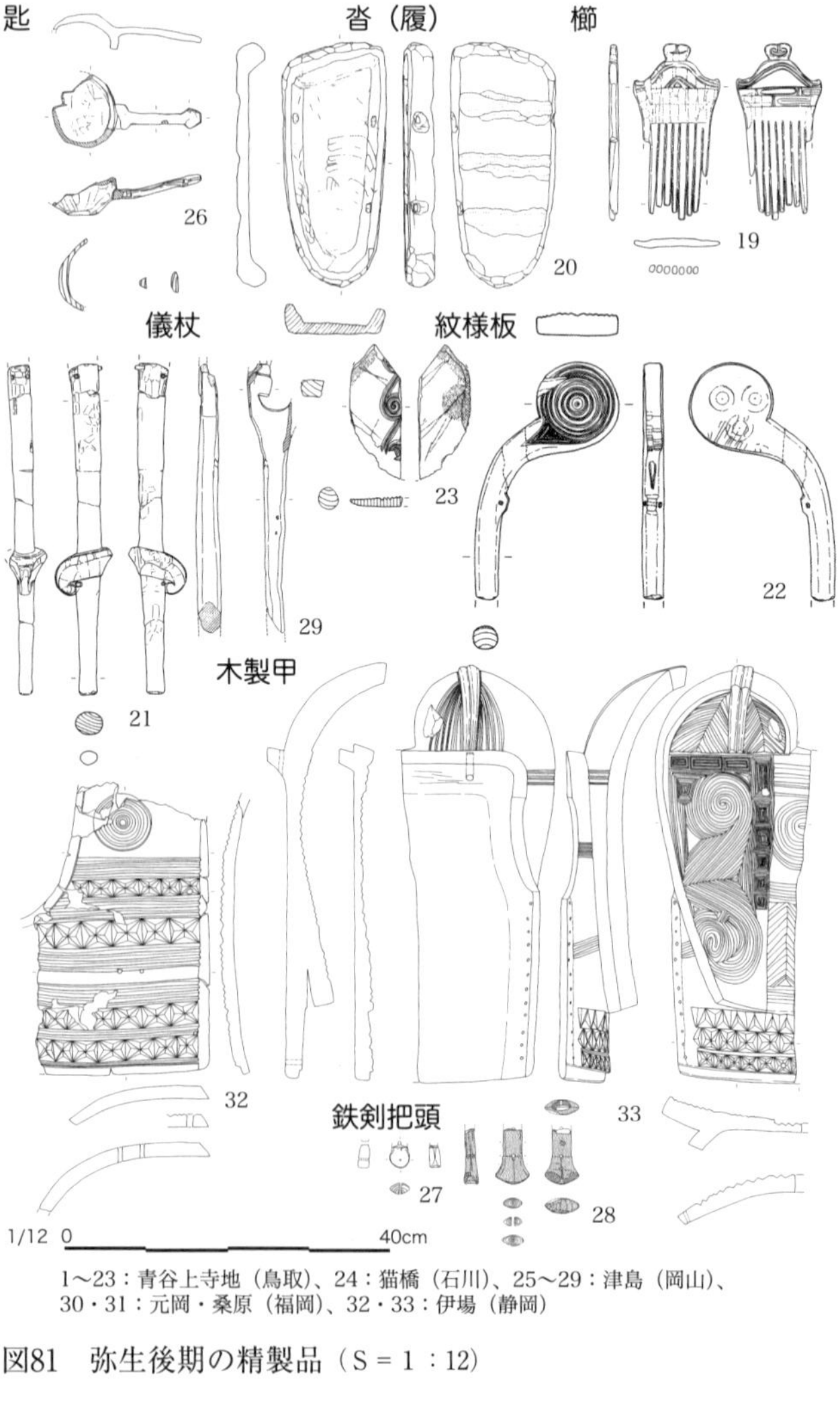

1～23：青谷上寺地（鳥取）、24：猫橋（石川）、25～29：津島（岡山）、
30・31：元岡・桑原（福岡）、32・33：伊場（静岡）

図81　弥生後期の精製品（S＝1：12）

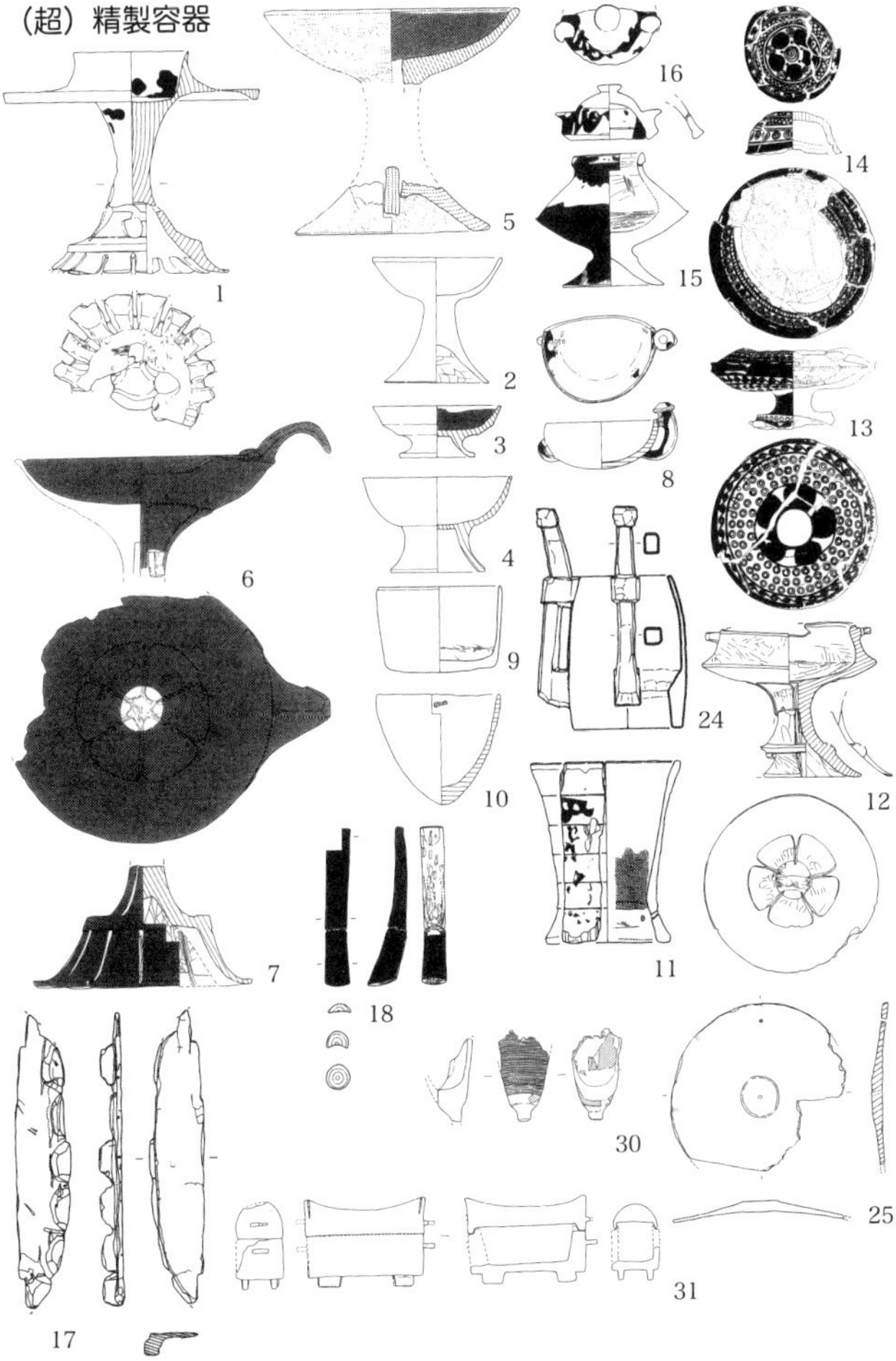
(超) 精製容器
1
2
3
4
5
6
7
8
9
10
11
12
13
14
15
16
17
18
24
25
30
31

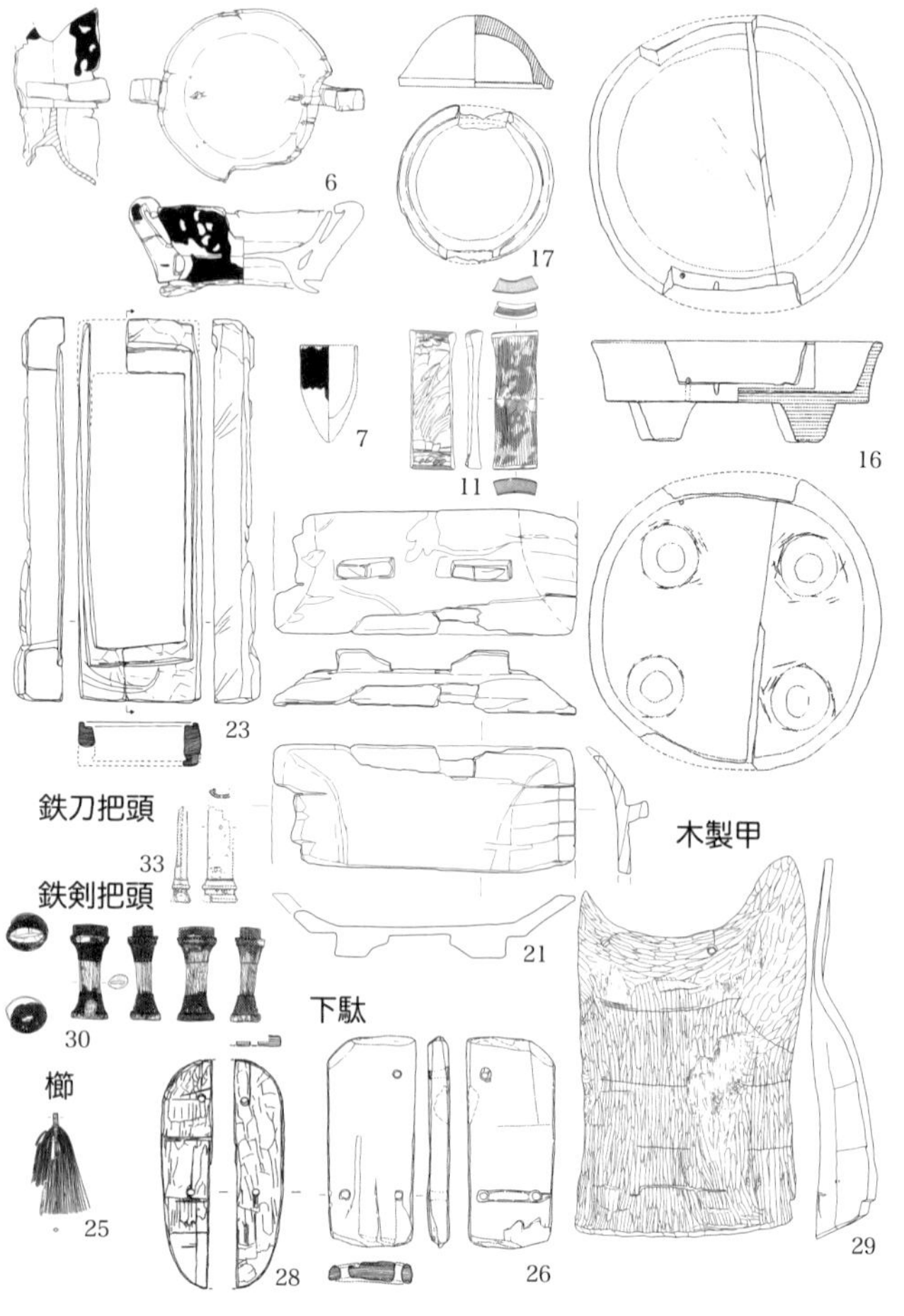

図82　弥生末～古墳前期の精製品-1（S＝1：12）

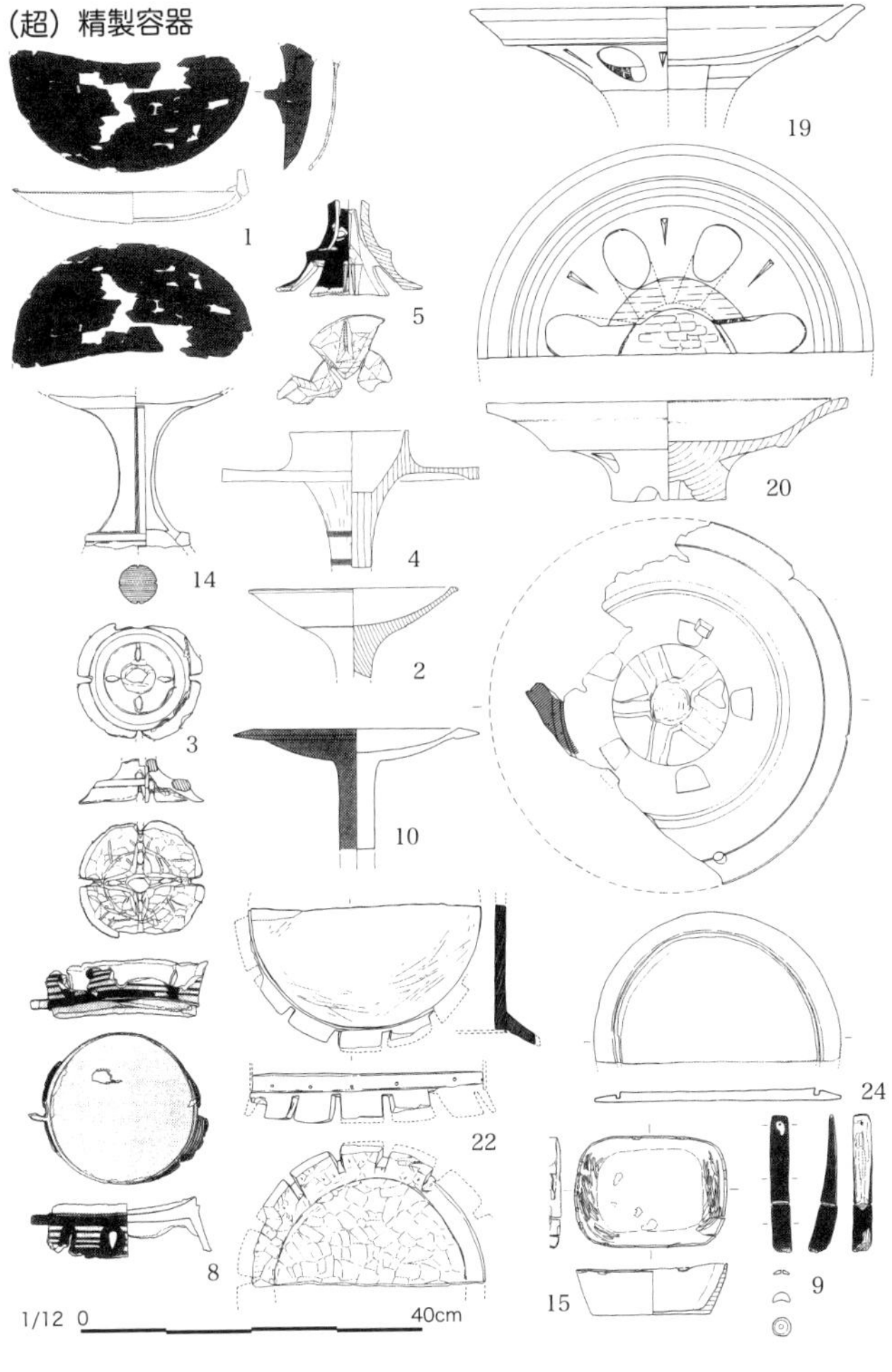
(超) 精製容器
1
5
14
4
2
3
10
8
22
19
20
24
15
9
1/12 0
40cm

蓋付き箱（図82–23）は弥生時代後期の印籠蓋タイプではなく、板状の蓋を横からスライドしてはめ込む例が一般的となる。

服飾具で新たに出現するのは下駄（図82–26・28）だが、この時期の下駄はまだ足が低い。これ以降、徐々に沓と入れ替わっていく。

甲（図82–29）は装飾性がなくなるとともに、出土例も決して多くない。鉄剣把頭（図82–30）に引き続いて鉄刀把頭（図82–33）も出土するようになる。

儀杖（図83–34〜36）は弥生時代前期以来のⅠ類（図83–34）がこの時期までで、Ｖ字状立ち飾りを有するⅧ・Ⅸ類と十字状立ち飾りのⅥ–1類（図83–35〜37）がこれ以降の主流を占める。

また、中国魏晋期の儀礼形態が初期ヤマト王権によって古墳時代初頭に移入され、それにともなって、団扇形・翳《さしば》・蓋（衣笠）・環形付などからなる「威儀具《いぎぐ》」セット（図83–12・18・27・31・32・39〜41）が完成する。

琴は、共鳴箱が付く（図83–13）タイプに加えて、古代中国の「筑」に似ていることから音楽考古学者の笠原潔氏が命名した「筑状弦楽器」（図83–38）もこの時期に多く出土する（笠原二〇〇四）。この「筑状弦楽器」は、琴のように膝の上に置いてつま弾くのでは

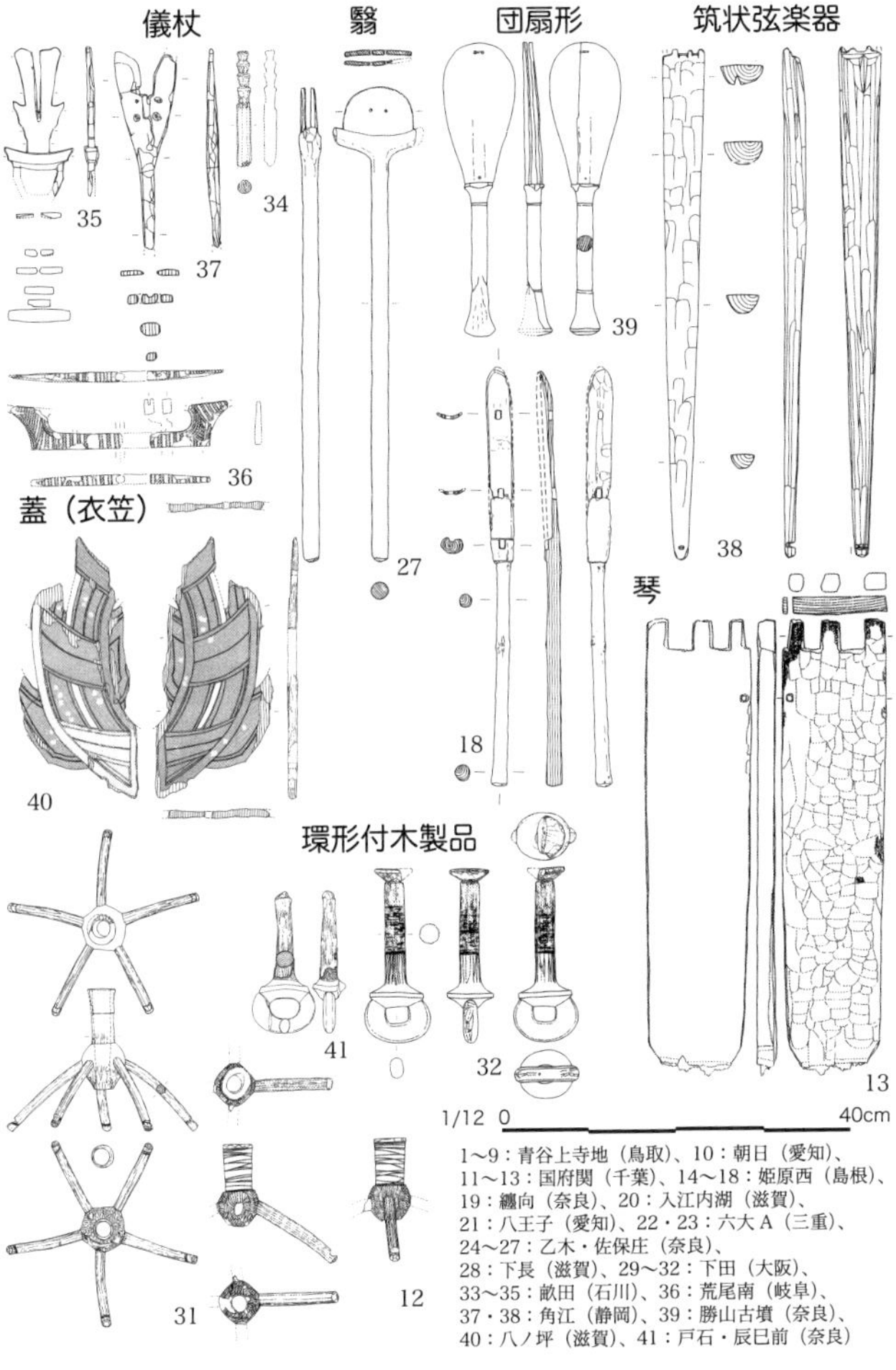

1～9：青谷上寺地（鳥取）、10：朝日（愛知）、
11～13：国府関（千葉）、14～18：姫原西（島根）、
19：纒向（奈良）、20：入江内湖（滋賀）、
21：八王子（愛知）、22・23：六大A（三重）、
24～27：乙木・佐保庄（奈良）、
28：下長（滋賀）、29～32：下田（大阪）、
33～35：畝田（石川）、36：荒尾南（岐阜）、
37・38：角江（静岡）、39：勝山古墳（奈良）、
40：八ノ坪（滋賀）、41：戸石・辰巳前（奈良）

図83　弥生末～古墳前期の精製品-2（S＝1：12）

なく、ヴァイオリンのように左手で持って演奏した可能性が高いとされている。

古墳時代前期末～古墳時代後期の精製木製品

この時期になると、「みせびらかす器」としての精製容器は完全に姿を消して、箱（図84－1）と槽（図84－9）だけが残るようになる。服飾具では、従来の竪櫛（図84－2・10）、カンザシ（図84－16）、下駄（図84－26）に加えて、四世紀後半より現在の櫛と同じカタチの横櫛（図84－15）が出現して、竪櫛に取って代わる。

威儀具では、儀杖がⅨ類（図84－20・21）からⅩ類（図84－22・23・37）へと変遷するが、それ以外は蓋（図84－24）や団扇形（図84－7）がわずかに残るのみである。このうち団扇形は、古墳時代初頭のもの（図83－39）とは形態が大きく異なる。

古墳時代中期以降、精製木製品の主流を占めるのは武器と馬具で、武器は特に王や首長が腰に帯びる鉄刀の把頭（図84－3・11・12・14・18・27・31・35）、把口（図84－13・17・28・29）、鞘尻《さやじり》（図84－4・19・30）、鞘（図84－5・6・32・33・36）が圧倒的に多数を占める。このうち把頭・把口・鞘尻には、黒漆をほどこし直弧紋を描くもの（図84－4・12・13・17・19・28・29）と、それ以外というように細かく階層化する。また、古墳時代後期には椎頭大刀（図84－14・18・27・35）も出現してくる。

馬具では、鞍（図85－34）のほか、鐙《あぶみ》も各地で出土する。馬具についても金銅装のものから黒漆塗り、素木《しらき》と階層化が著しい。

琴や筑状弦楽器は前段階のとおり（図85－8・25）だが、大小さまざまなサイズがあり、単独でつま弾くのみでなく、合奏などもおこなわれた可能性がある。

精製木製品の変遷からみた首長の性格

弥生時代前期から古墳時代後期にいたる精製木製品の変遷をみてきたが、これをまとめると、おおむね図86のようになる。

特に重要なのは、「精製容器＋食事具」→「儀杖をふくむ威儀具」→「刀剣装具＋馬具」という変遷である。これらはいずれも首長層が直接手にするか身に帯びたものであり、集落の一般成員に対して首長の権威をみせつけるための道具立てとして機能した。

これらのアイテムは、首長が一般成員に対して自分がどのような存在として認識されたいのかを示しているとも解釈できる。それが「みせびらかしの器」から「威儀具」、そして「武器」へと変化したということは、前二者が儀礼や祭祀を司る、いわゆる「シャーマン」的な性格であったのに対し、最後には「武人」へと変化していったことをあらわしている。

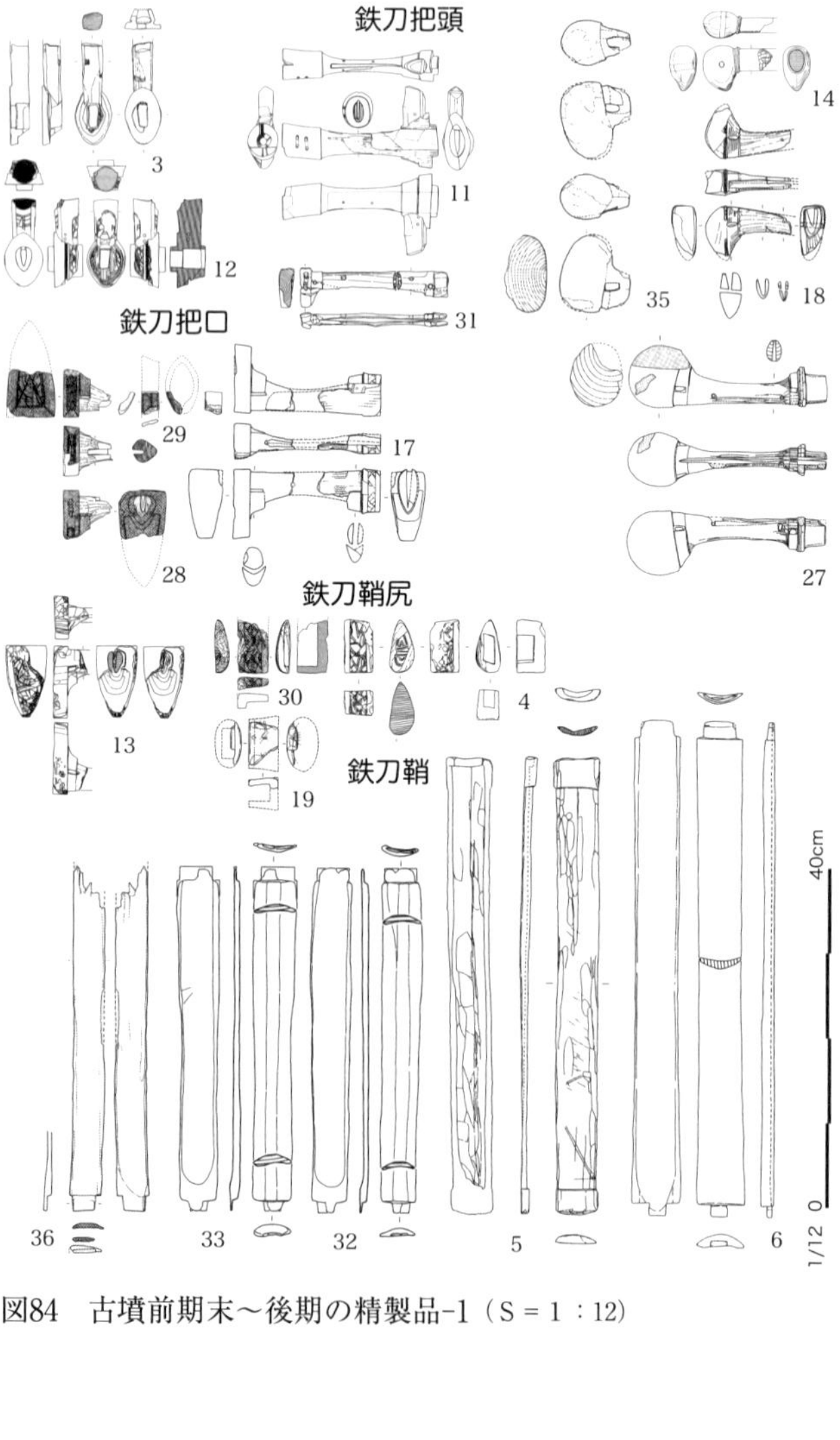

図84　古墳前期末～後期の精製品-1（S＝1：12）

219 精製木製品の変遷

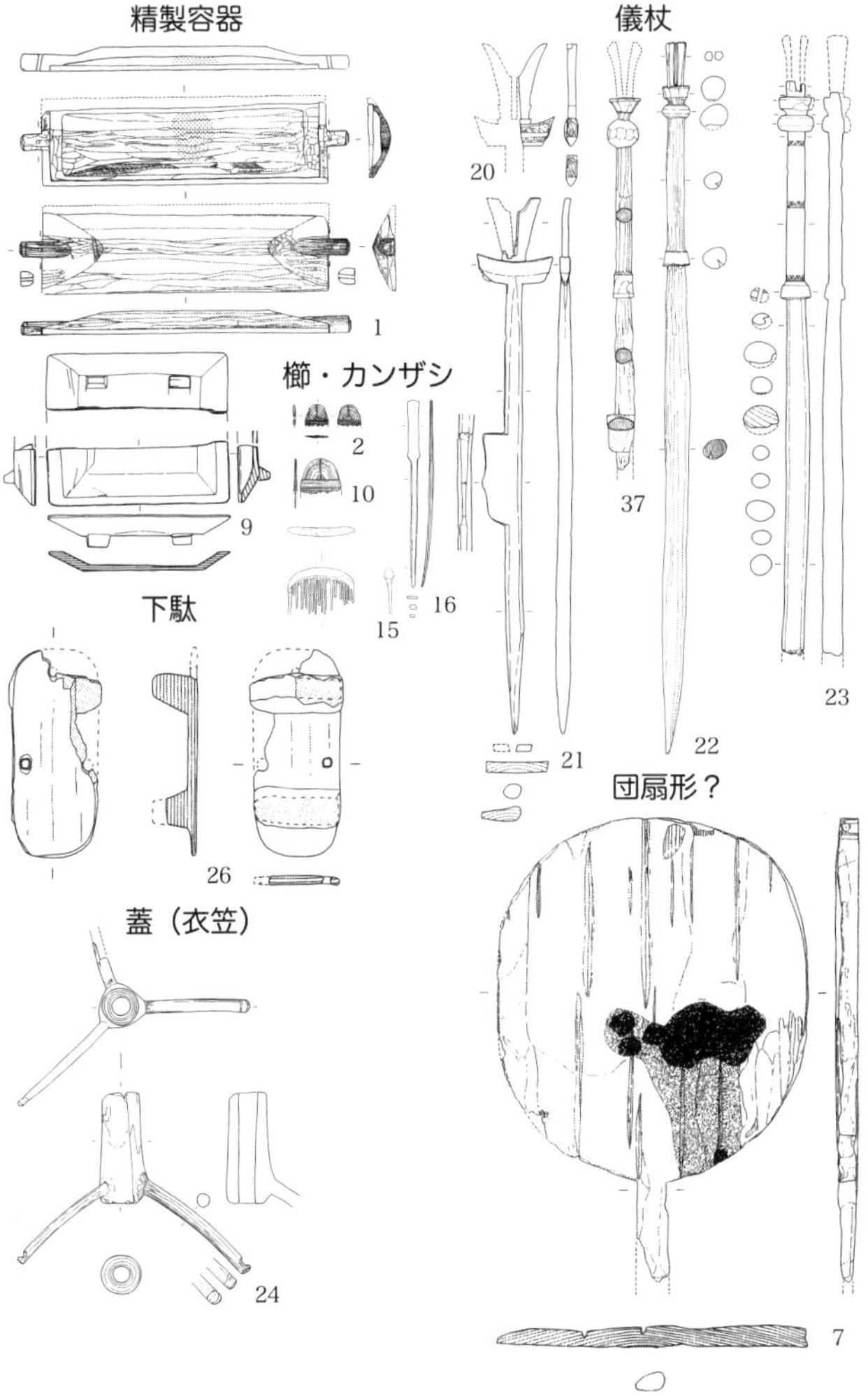

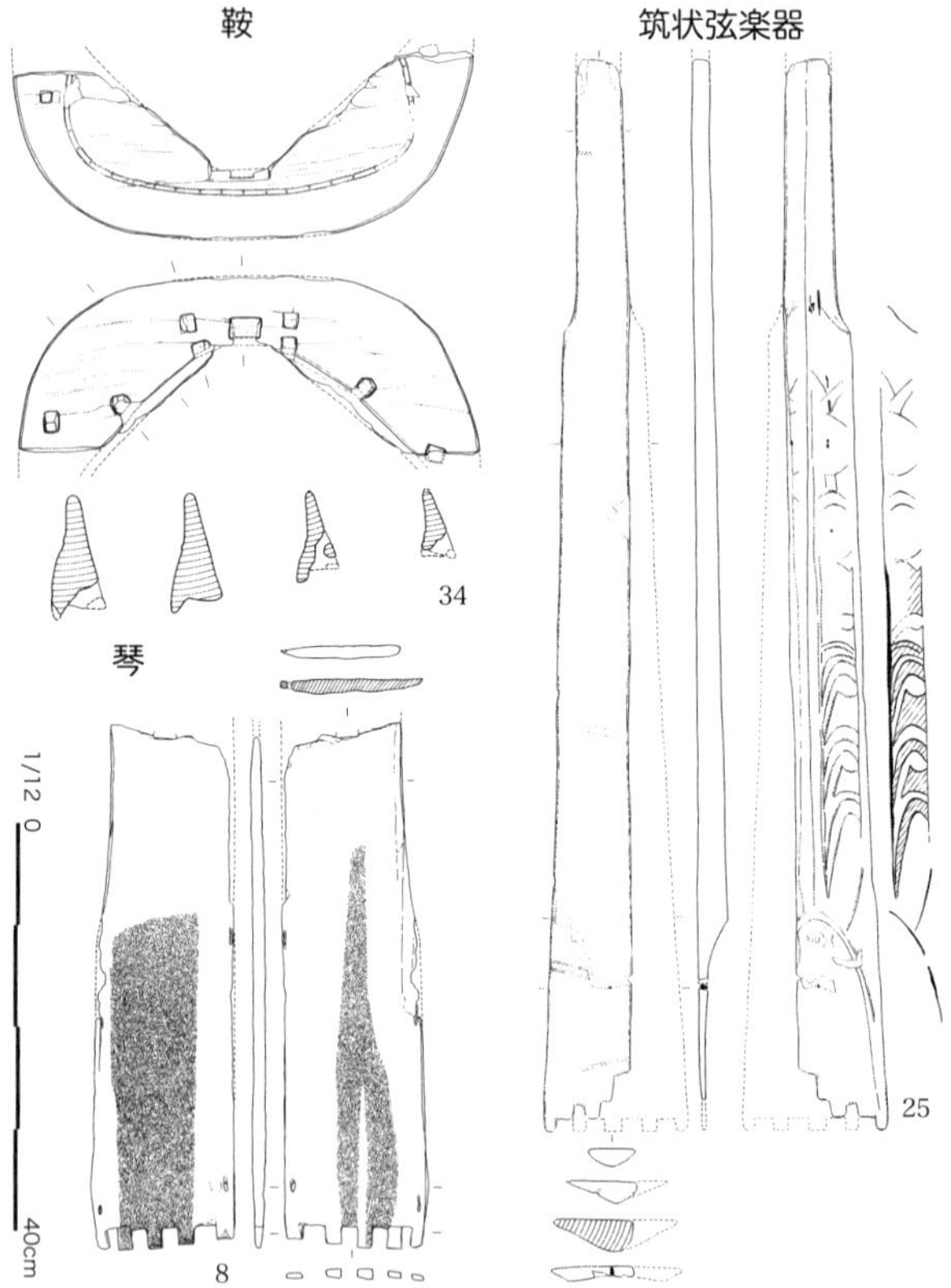

1～8：南郷大東（奈良）、9～14：布留（奈良）、15：彼岸田（愛知）、
16～25：恒武（静岡）、26・27：前田（島根）、28～30：六大Ａ（三重）、
31～33：薬王寺・十六面（奈良）、34：谷（奈良）、35・36：河田宮ノ北（三重）、
36：八尾南（大阪）

図85　古墳前期末～後期の精製品-2（S＝1：12）

さらに前二者についても、共同体を維持することを目的とした「神人共食の儀礼に用いられる器」から、中国の王朝における「王権の象徴」へと古墳時代初頭を境に移り変わることは、いわゆる『首長制社会』から『初期国家』への大きな飛躍を示していると私は考える。すなわち、古墳時代初頭の段階から「威儀具」を手にする人物は、もはや共同体のリーダーたる「首長」ではなく、「神聖なる

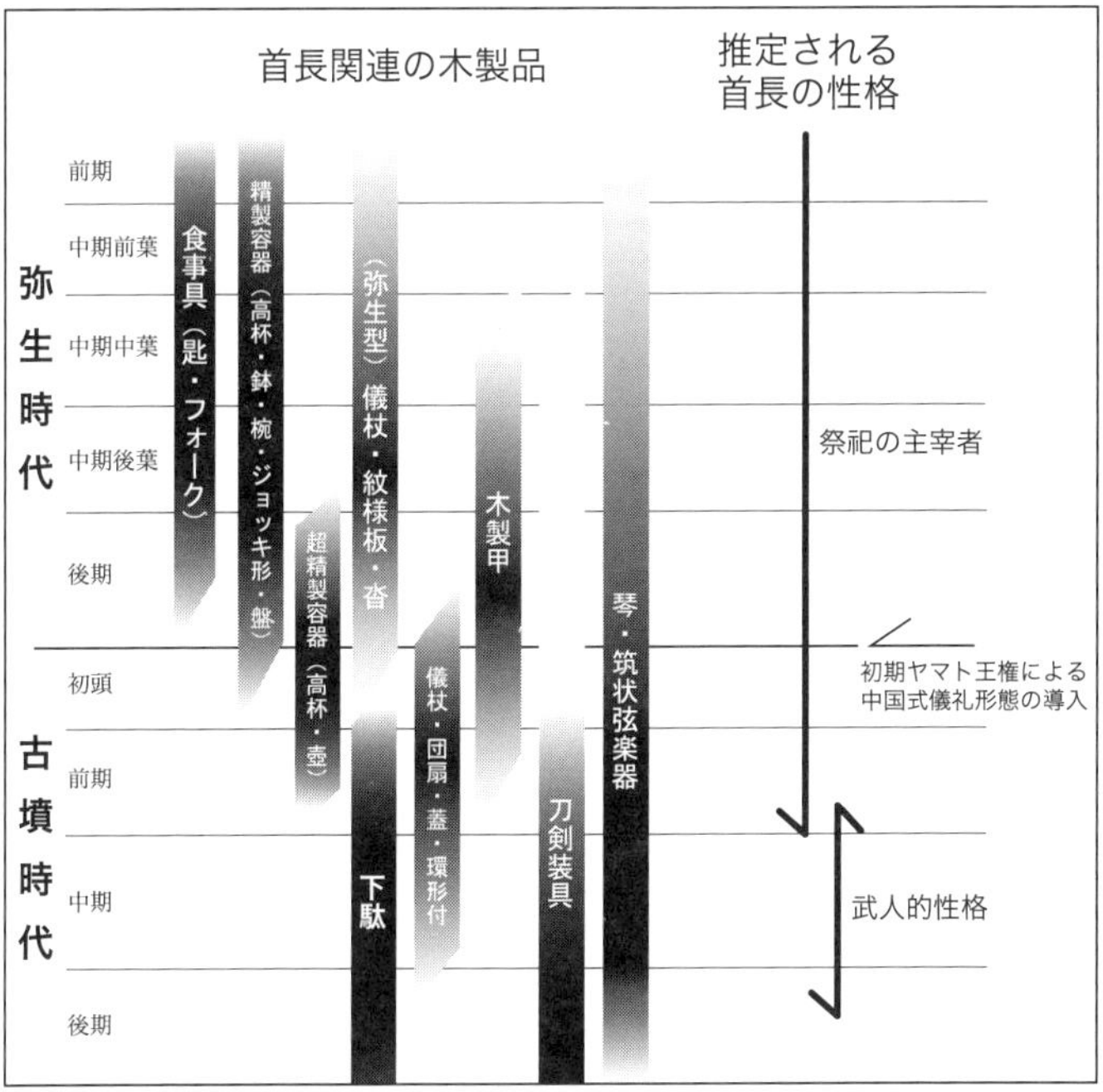

図86　精製品からみた首長の性格

王」と呼んで差し支えない存在となったと解釈できる（今村仁司・今村真介二〇〇七）。このことは、『魏志倭人伝』に描かれた卑弥呼の人物像とほぼ一致する。

しかし、古墳時代初頭からしばらくの間は、あくまでも中国式の儀礼によって国家を治める『神聖国家』段階であり、初期ヤマト王権の大王と各地域の王とは共通の儀礼行為によって結びつくような関係にあったといえる。

古墳時代前期末以降は、武力を前面に押し出すことによって、ようやくヤマト王権と地方とが「支配―被支配」の関係を有する段階へと移行したとみることができる。

専業工人の出現と展開

工具鉄器化の実態

禰宜田佳男氏によると、立木を伐採し、製材、加工、製品化にいたる工具は、弥生時代前期末以降、北部九州より徐々に石器から鉄器へと変化していったと説明されている。ただ、まとまった量の鉄製工具が出土するのは北部九州と山陰・北陸など主に日本海側の地域であり、瀬戸内〜近畿〜伊勢湾〜関東という太平洋側の地域では、古墳時代にいたってようやく鉄製工具が出土するようになる。

しかし、太平洋側、特に古墳時代の中心地たる近畿地方においても、弥生時代後期には石製工具が著しく減少することから、鉄製工具がある程度普及していたことは間違いない。この状況は、一般に「見えざる鉄器論」と呼ばれている（禰宜田一九九八）。

工具鉄器化について、これまでは鉄製工具の有無のみが議論の対象とされており、なぜか鉄製工具が取り付けられる木製の柄が俎上にのぼることは皆無であった。そこで私は、二〇一五年の二月に、『木製品からみた鉄器化の諸問題』と題する研究会を思いつき、静岡県および石川県以西の地域における弥生～古墳時代の工具の柄を各地域の研究者に集成してもらって、その変遷を討議した。シンポジウムの内容については別途公刊されるため、ここでは私が検討した愛知県内の斧柄の変遷についてのみ、みておくこととする。

図87によると、従来言われているとおり、ほぼ弥生時代中期後葉と後期の間を境として、立木を伐り倒すための伐採斧も、製材・加工するための加工斧も、完全に鉄製工具の柄に換わることがわかった。

ただし加工斧にかんしては、弥生時代中期中葉の後半段階（紀元前一五〇年前後か？）から、弥生時代中期後葉（紀元前一世紀頃）にかけて、徐々に石から鉄へ移行していった様子がうかがえる。

実は木製品そのものに遺された加工痕からもそのことを確認することができる。私が発掘調査と報告書の作成にかかわった愛知県一色青海《いっしきあおかい》遺跡では、共伴する土器から所属時期が明確な木製品に、それぞれ石製工具による加工痕と鉄製工具による加工痕が遺存してい

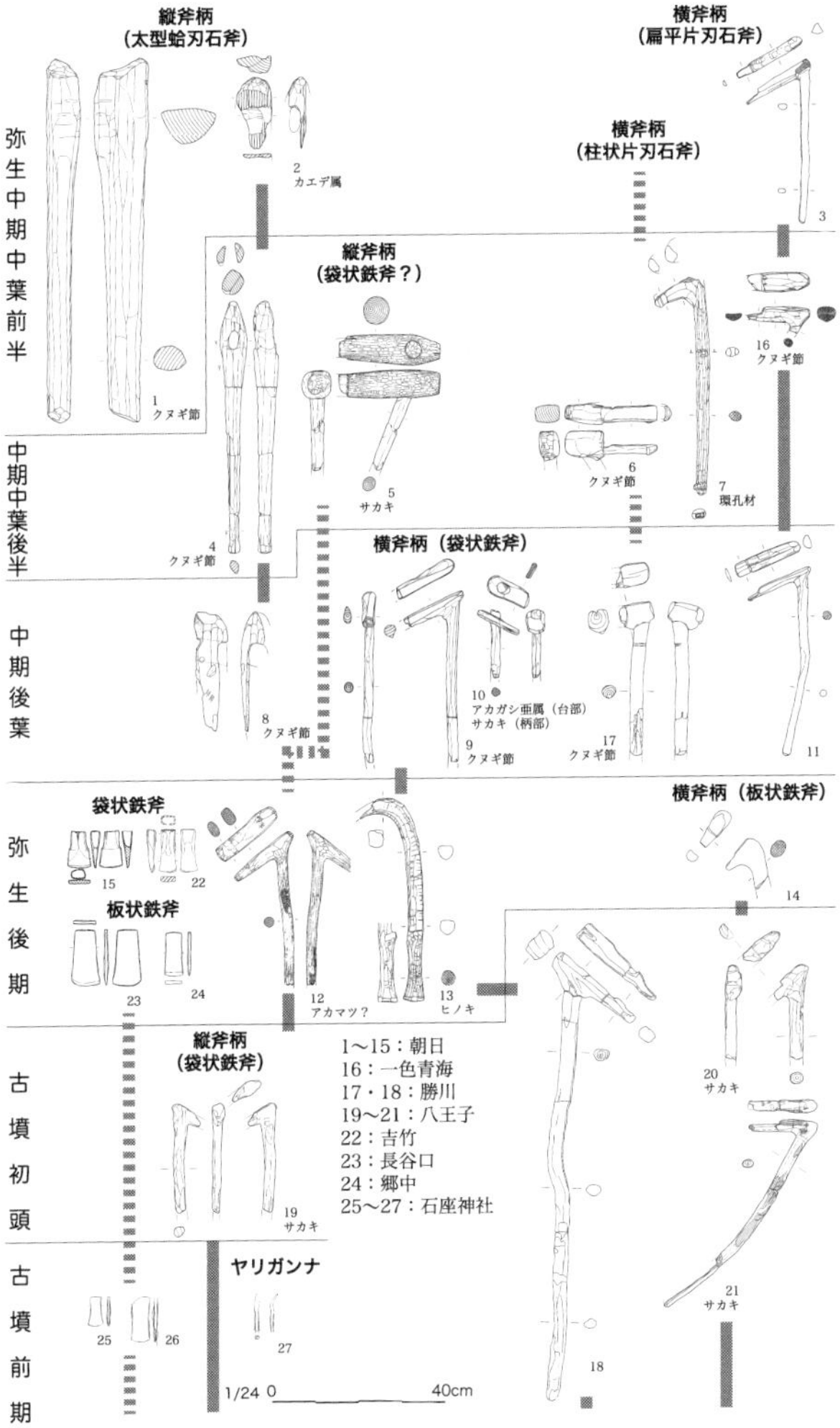

図87　斧柄の変遷（S＝1：24）

た。

この石製工具と鉄製工具の加工痕の違いについては、一九八八年刊行の『弥生時代の研究』第一〇巻において、宮原晋一氏が分類基準を示している（宮原一九八八）。宮原氏によると、石製工具の場合は加工痕として明確に段がつく（図88の上段）のに対して、鉄製工具の場合は刃先が深く食い込むことと、刃こぼれの痕跡として凸状の線状痕がつく（図88の中段）ことが明らかにされている（ただし図88の写真は一色青海遺跡のもの）。

また、図88左下のような細く連続した溝や、近畿型直柄《なおえ》平鍬の逆台形頭系にみられる泥除け具装着のための溝（八八頁の図34参照）もまた、鉄製工具でなければ加工できないことがわかっている。これら一色青海遺跡に認められる鉄製工具の加工痕は、斧柄と同様に弥生時代中期中葉の後半段階から出現する。さらに横軸ロクロを用いた挽物容器も、石製工具ではケヤキなどの堅い木を削ることすらできない。

鉄製工具保有状況の集落間格差

北部九州や山陰地方では弥生時代前期末ないしは弥生時代中期前葉段階から鉄製工具そのものが出土しているものの、それ以外の地域では愛知県の状況とそう大きな差はない。ただし一色青海遺跡は、濃尾平野全体において朝日遺跡に次ぐ規模の大型集落（五七頁の表8の集落Bに相当）であること。

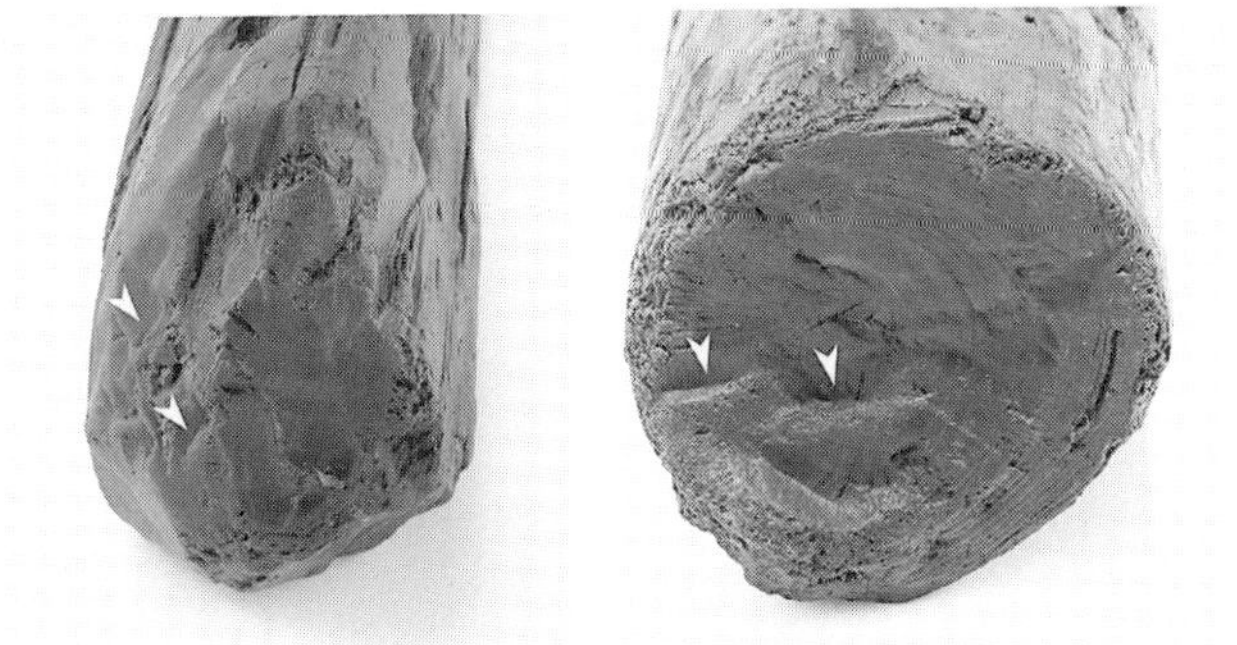

石製工具による加工痕と断定できるもの

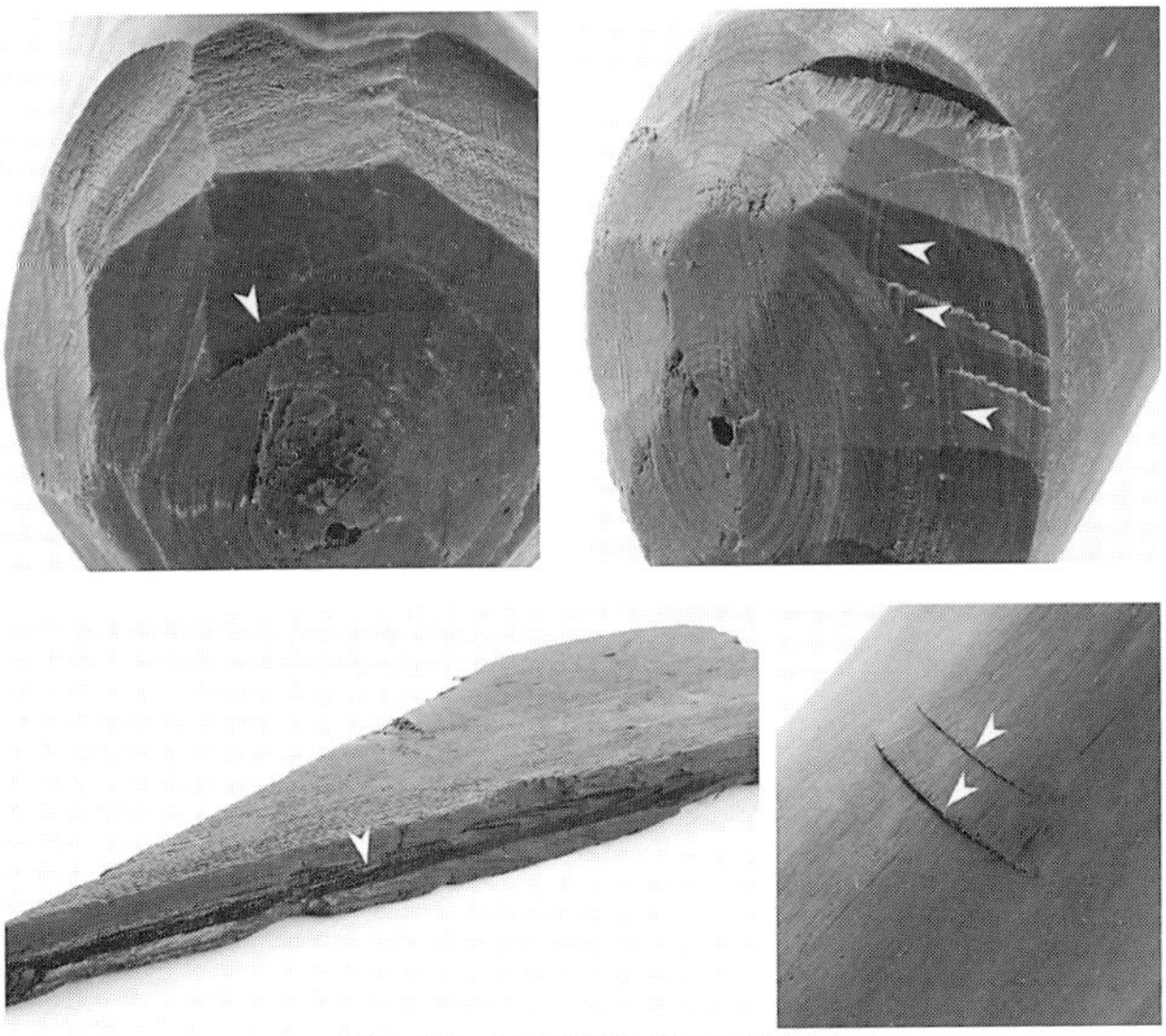

鉄製工具による加工痕と断定できるもの

図88　石製・鉄製工具による加工痕写真

図87をみても、弥生時代後期段階まで、鉄製工具が装着される斧柄が出土しているのは、ほぼ朝日遺跡に限られることから、同一地域内でも集落規模の差によって鉄製工具の保有量そのものに濃淡があった可能性が高いことは想像に難くない。

さらに他地域の大型集落内においても、たとえば弥生時代中期段階に美しい精製容器類が大量に出土する石川県八日市地方遺跡や岡山県南方《みなみがた》遺跡などでは、特に朝鮮半島伝来の良質な鉄製工具は首長によって集中的に保管され、必要がある度ごとに腕利きの木製品製作者に貸し与えられていた可能性が想定できる。ただし、この弥生時代中期中葉〜後葉の段階までは、精製木製品の需要そのものがあまり高くはなかった。それゆえ、首長層が腕利きの製作者を抱え込んで、日常的な木製品づくり（鍬・鋤類など）や水稲耕作など他の生業から完全に切り離すにはいたっておらず、せいぜい定時専業工人（パートタイム・スペシャリスト）レベルの段階に留まっていたと思われる。

しかし弥生時代後期以降、特に弥生時代終末期〜古墳時代初頭段階からは、鳥取県青谷上寺地遺跡の花弁高杯のような他地域の首長への「贈答品」や、合子類のような墓への「副葬品」といった大量生産に対する需要が新たに生じてくる。そのために、腕利きの木製品製作者らは徐々に首長層によって囲い込まれ、フルタイムの木製品専業工人へと変化していった可能性が高い（樋上二〇〇五）。

では、これら精製木製品が、弥生時代の大規模集落において、どのような場所で製作されていたのかについて確認しておく。

弥生時代中期の大規模集落における場

弥生時代中期以降の大型集落（五八頁の図23での集落A・B）では、遺構の重複が激しいこともあり、その中心部分の実態は意外によくわかっていない。そのなかで、私が調査に携わった愛知県一色青海遺跡は、弥生時代中期中葉〜後葉の集落全体像がわかる数少ない貴重な事例である（図89）。

この一色青海遺跡は、濃尾平野を北東から南西に流れる木曽川のかつての本流のひとつとされる日光川の左岸に築かれた集落である。尾張低地部では朝日遺跡に次ぐ規模で、私の分類では集落Bに該当する。北西から南東（図89は左が北）に向けて蛇行しつつ流れる河道の南側に形成された三日月状の自然堤防の上に、東西約三〇〇メートル、南北約一〇〇メートルの範囲で集落が展開している。集落全体のプランは、東に墓域、西に居住域を配置している。水田域は確認していないが、居住域の南側（図の右側）の微低地に広がっていた可能性が高い。

ここでは、最盛期に三〇〜四〇棟の竪穴建物が同時併存していたと想定しており、竪穴

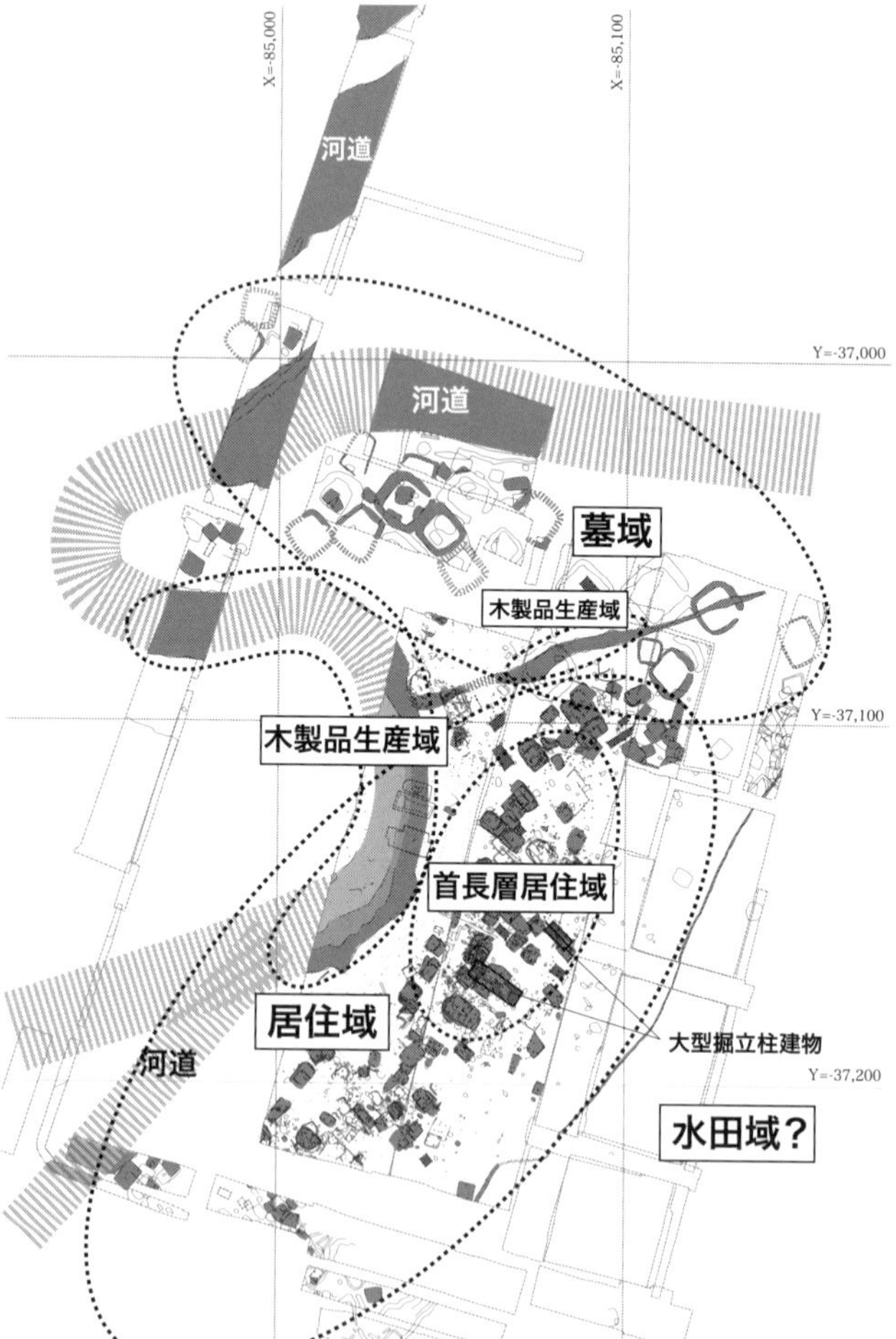

図89　愛知県 一色青海遺跡 全体図（S＝1：3,000，愛知県埋蔵文化財センター2014を改変）

建物一棟に平均五人が住んでいたと仮定すれば、一五〇〜二〇〇〇人もの人口を擁していたことになる（愛知県埋蔵文化財センター一九九八・二〇〇八・二〇一四）。

この遺跡の最大の特徴は、桁行六間×梁間一間（一七・六メートル×五・一メートル）、床面積八九・八平方メートルの規模を誇る大型掘立柱建物が、居住域の中央やや東寄りに建てられ、その周囲に長辺が一〇メートル前後の大型竪穴建物が集中していたことである。一説には「神殿」ともいわれるシンボリックな大型掘立柱建物は、倉であるとともに、他地域からの来訪者にとって目印となる「ランドマーク」の機能を兼ね備えていたと私は考えている。そして、この大型掘立柱建物と主軸を揃えて並び建つ大型の住居は、ここが集落全体を統括した首長およびその一族の居住の場であったことをうかがわせる。ただし、首長層の居住域と一般層の居住域を明確に分けるような塀や溝が設けられていないことに、ここでは気をつけておきたい。

この首長層居住域のすぐ北側に木製品生産域が置かれていた。集落の北を流れる河道がいったん洪水で埋没したのち、再度掘削された大溝を利用している。ここからは、丸太、分割材、二連作の直柄平鍬や縦斧柄などの未成品のほか、サルナシとツヅラフジといった蔓性植物の茎をグルグル巻きにしたカゴの素材などもみつかっている。また未成品以外では、横幅一八〇センチ、縦七〇センチ、厚さ二〇センチもある、おむすび形をした刃物傷だらけのムクノキの作業台・斧柄・クサビといった木製品生産にかかわる工具類、竪杵、紡織具、琴、赤彩をほどこした弓、編みカゴ類なども認められる。なかでも外面全体にベンガラを塗布した赤彩カゴの出土は、この時期としてはきわめて珍しい。この集落北辺の河道とは別に、河道から南に分流する溝からも板などが出土しているが、この溝はごく短期間で埋没している。

「森と生きる」の章でも述べたように、この時期は原材や未成品の貯蔵をおこなうために、もっぱら河道や溝が木製品生産の場として利用された。ただし、そこで製作される木製品には、首長層が使用したであろう精製品はもとより、鍬や鋤、斧柄、編みカゴにいたるまで、ありとあらゆる生活用具が混在しているのが特徴である。

つまり、この一色青海遺跡では、首長層のために特化した木製品生産は、未だおこなわれていなかったと推定できる。ただし、石川県八日市地方遺跡や岡山県南方遺跡のように精製容器類や武器、祭祀具類が大量に出土する大型集落（集落A）では、精製木製品を主に製作する場が設けられていた可能性がある。

弥生時代後期の変化

次に、弥生時代後期の状況をみてみよう。俎上にあげるのは、前述の一色青海遺跡と同じく尾張低地部に所在する朝日遺跡と、前章の『花弁高杯』を集中的に製作していた鳥取県青谷上寺地遺跡である。

朝日遺跡は弥生時代中期前葉以来、ある短期間を除いて遺跡の中央を北東から南西に流れる河道を隔てて、北と南にそれぞれ異なる居住域を構えてきた。弥生時代中期後葉段階までは、この河道を利用して集落の各所で木製品の生産をおこなっており、非常に広範囲から原材やさまざまな未成品が出土するのだが、図90にあげた弥生時代後期にいたると、特に北居住域の周辺に収斂されてくる傾向が認められる。なかでも北居住域の南辺には、前章で紹介した木製合子類が集中して出土した溝（★印の地点）があり、ここからはクヌギ節の分割材も出土している。

発掘調査によって、通常規模の竪穴建物が分布することがわかっている南居住域に対して、北居住域の環濠より内側は調査の手がほとんど入っていないために、その実態はあまり解明されていない。しかし、この弥生時代後期段階の精製木製品がこの北居住域近辺に集中することや、巴形銅器のような珍しい遺物が出土していることから、ここには一色青海遺跡のような大型掘立柱建物や大型竪穴建物などが建ち並ぶ首長層の居住域（および祭

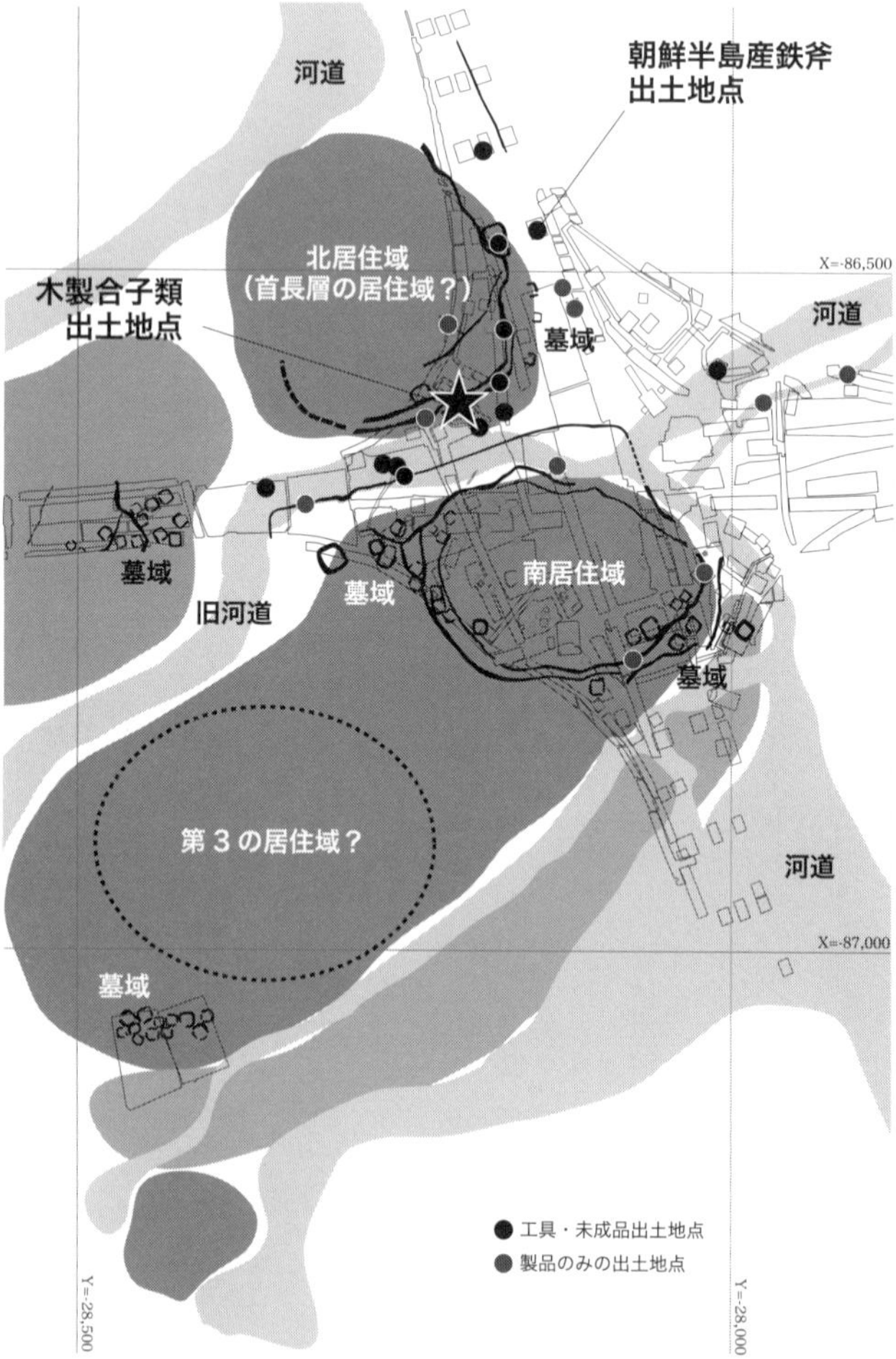

図90　愛知県 朝日遺跡 弥生後期木製品出土地点
（S＝１：8,000，愛知県埋蔵文化財センター2009を改変）

儀空間）が設けられていた可能性が高いと私は考えている。

さらに、北居住域のすぐ東で朝鮮半島産の袋状鉄斧が出土していることから、半島より伝来した最先端の工具類を与えられた腕利きの工人たちが、首長層の居住域の縁辺で彼らのための精製木製品の製作に携わっていた姿がおぼろげながら見えてくる。

同時期の青谷上寺地遺跡（鳥取県）では、ラグーン（古・青谷湾）に面した南北約二〇〇メートル、東西約一五〇メートルの範囲に集落の中心域があり、その南西側に水田域が広がっていたと想定されている（図91、鳥取県埋蔵文化財センター二〇一二）。この集落中心域は、朝日遺跡では南居住域の面積にほぼ相当する。もしこのエリアに首長と一般成員の居住域、さらには祭儀空間までが収まっていたとするならば、超精製容器類を始めとする膨大な木製品の出土量に比べて、その居住スペースはあまりにも狭いと言わざるを得ない。

おそらく、首長層や一般成員は別の場所に居を構えており、この青谷上寺地遺跡の集落中心域には木製品・骨角器・金属製品など手工業生産の製作に特化した、それぞれの分野の「専業工人」のみが居住していたと考えるのが自然であろう。

同様に北部九州の「伊都国《いとこく》」でも、十数キロ四方におよぶ広範囲な地域に「王都ゾーン」「一大率《いちだいそつ》ゾーン」「対外交渉ゾーン」などに機能分化した多数の集落群が展開することから、

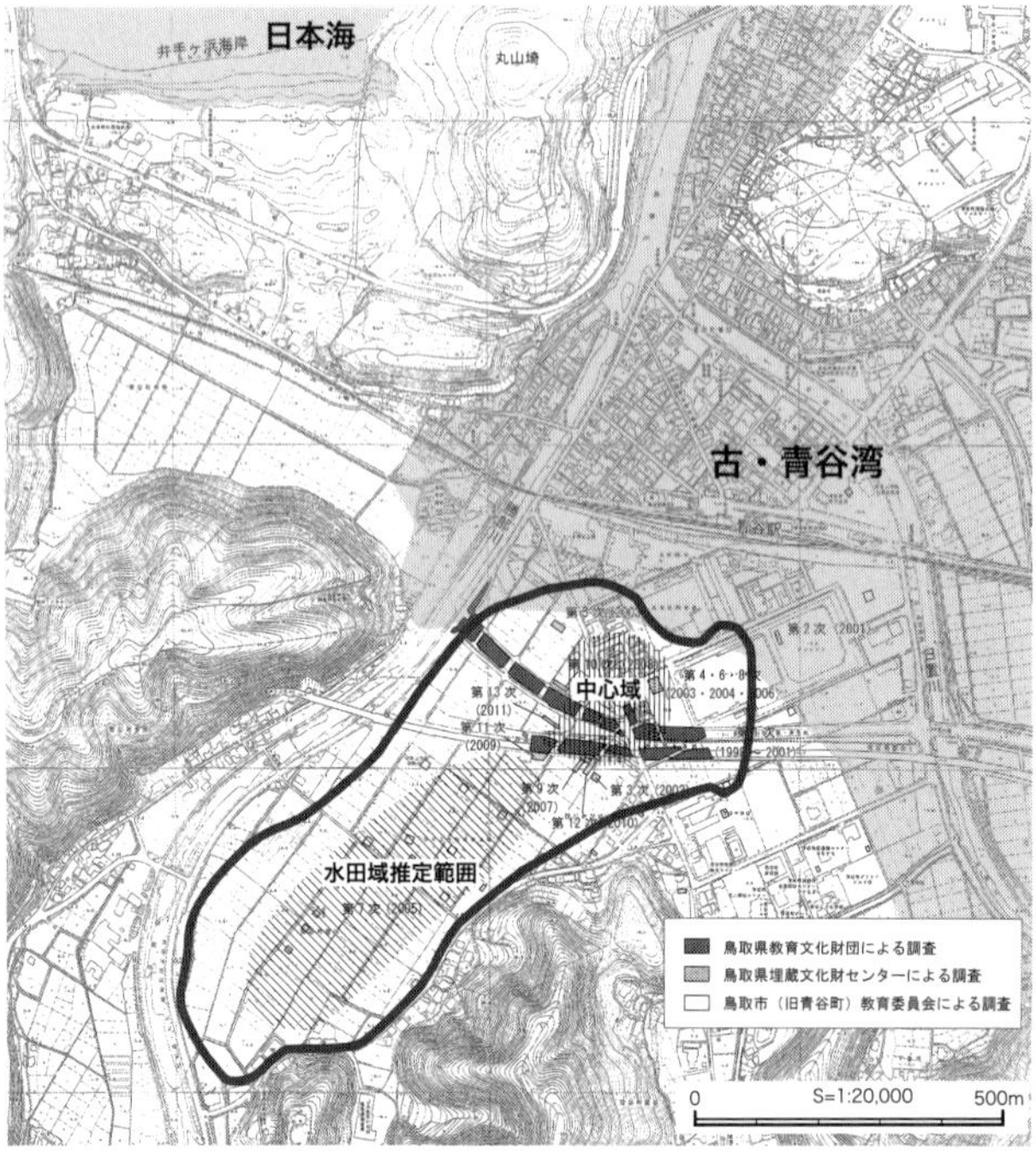

図91　鳥取県 青谷上寺地遺跡 全体図（S＝1：20,000，鳥取県埋蔵文化財センター2012を改変）

後述する『遺跡群』の原型は、この時期（ないしは弥生時代中期後葉）の北部九州や山陰地方に求められる（岡部一九九八）。

また、青谷上寺地遺跡では、なんらかの争いによって殺傷された痕跡をとどめる人骨が数多く出土している。おそらく彼らは卓越した技術を有する「熟練工」であり、その技術を盗み取るために他の集落から度重なる襲撃を受けて、命を落としたに違いないと、私は密かに想像している。

弥生時代終末期から古墳時代前期へ

弥生時代終末期から古墳時代前期になると、弥生時代後期の「伊都国」や「奴国」などにみられた、複数の遺跡が集まって東西・南北のそれぞれが数キロ以上におよぶ巨大な『遺跡群』が、日本列島の各地に出現する（考古学研究会例会委員会編二〇一二）。

ここでは私のフィールドワークである濃尾平野低地部の萩原遺跡群を例にあげておく（図92）。日光川左岸に位置するこの萩原遺跡群では、網の目状に流れる複数の河道によって形成された南北約三・五キロ、東西約〇・八キロの範囲に一〇を超える数の集落が密集している。

このなかで特に注目したいのは、最北端に位置する八王子遺跡である（図93）。弥生時代を通じて流れていた幅約三〇〇メートルにおよぶ巨大な河道が埋没した浅い谷と、その北岸に掘削された幅一〇メートルの大溝（ＮＲ〇一）を挟んで、北には八〇×四〇メートルの溝で囲まれた長方形区画があり、このなかには大型掘立柱建物一棟（ＳＢ一〇）だけが建っている。長方形区画の西辺を南に延長した大溝の北肩には、直径が五メートルにおよぶ巨大な素掘りの井戸（井泉ＳＸ〇五）があり、その周辺からは多数の銅鏃・ガラス小玉のほか、武器形木製品や

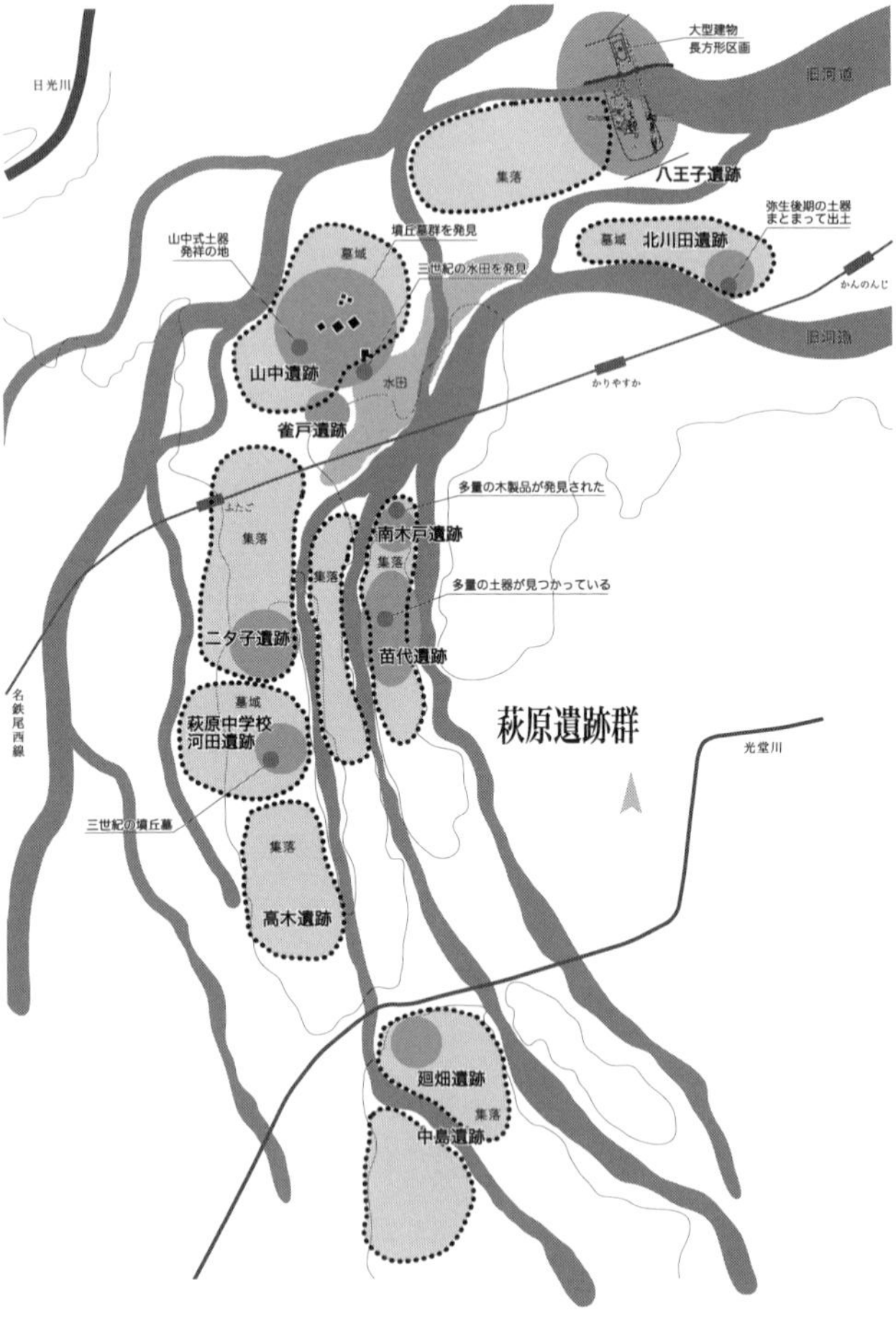

図92　愛知県 萩原遺跡群（S＝1：30,000，愛知県埋蔵文化財センター 2004より引用）

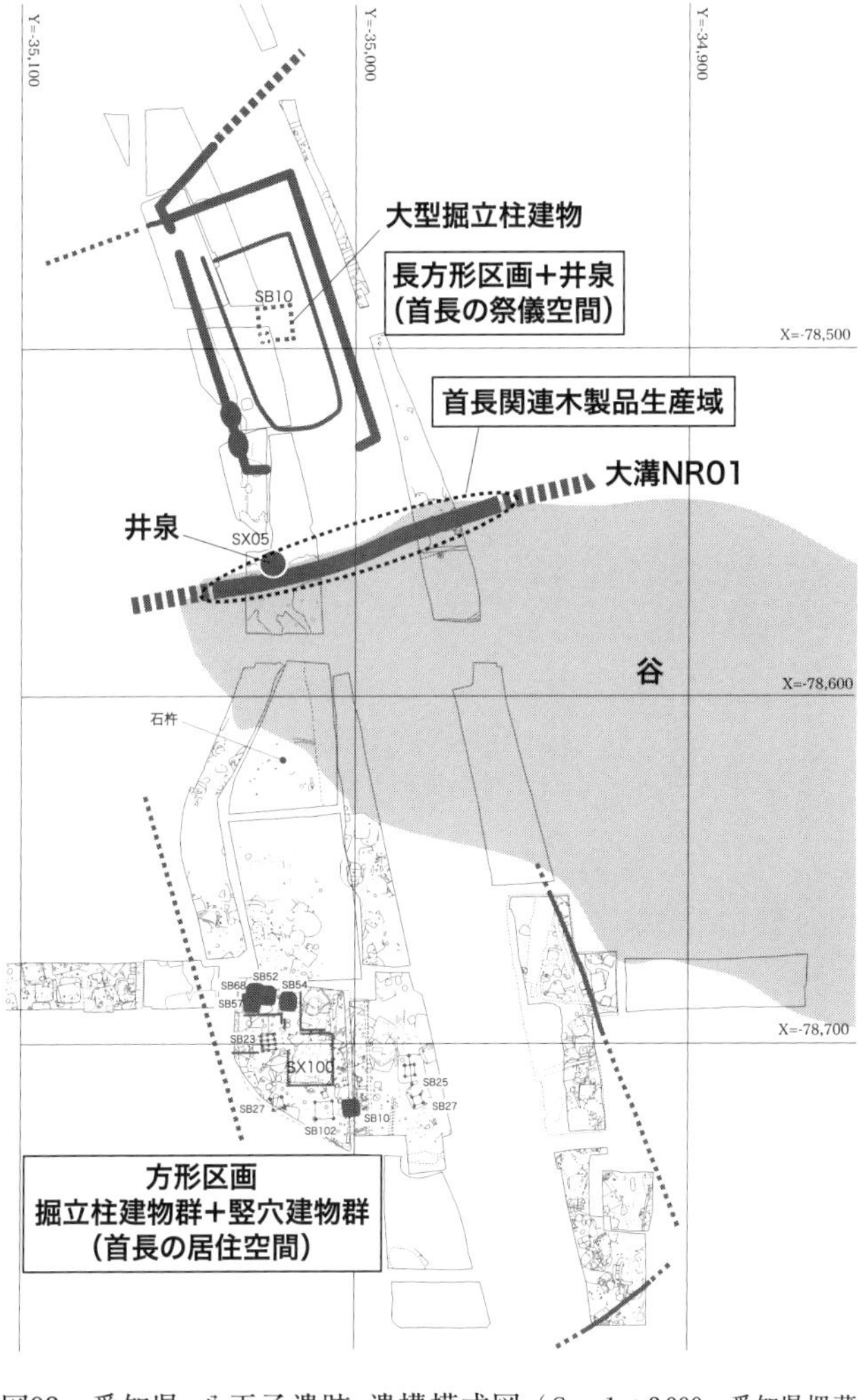

図93　愛知県 八王子遺跡 遺構模式図（S＝1：3,000，愛知県埋蔵文化財センター2001を改変）

人面の線刻をほどこした鳥形木製品、精製容器類などが出土している。谷の南側には、二〇〇×一二〇メートルほどの区画があり、そのなかには柵で囲まれた土壇状の方形区画（SX一〇〇）や複数の掘立柱建物・竪穴建物が確認されている（愛知県埋蔵文化財センター二〇〇一）。

木製品生産域は、前述の大溝NR〇一で、ここからは斧柄のほか、板や端材が大量に出土している。注目すべきはその樹種である。鍬や農具などを作るためのアカガシ亜属はほぼ皆無で、大半が祭祀具や箱類などを作るためのヒノキ材であった。

この八王子遺跡は、谷の南側が首長（あるいは王）の居住空間で、北側は大型掘立柱建物と井泉からなる首長の祭儀空間、そして大溝は、日常的には首長にかかわる木製品を生産するための場であり、北側の大型掘立柱建物周辺で執行される儀礼に用いた遺物を廃棄する場所でもあった。

ちなみに、八王子遺跡と同時期の濃尾平野低地部における一般集落としては、愛知県廻《は》間《さま》遺跡を例にあげておきたい（愛知県埋蔵文化財センター一九九〇）。この地域の土器様式にもその名をとどめる著名な遺跡だが、図94のように微高地上には竪穴建物が展開するのみで、そこから南のやや地形的に下がった位置に墓域が展開する。墓域に全長約二五メートルの

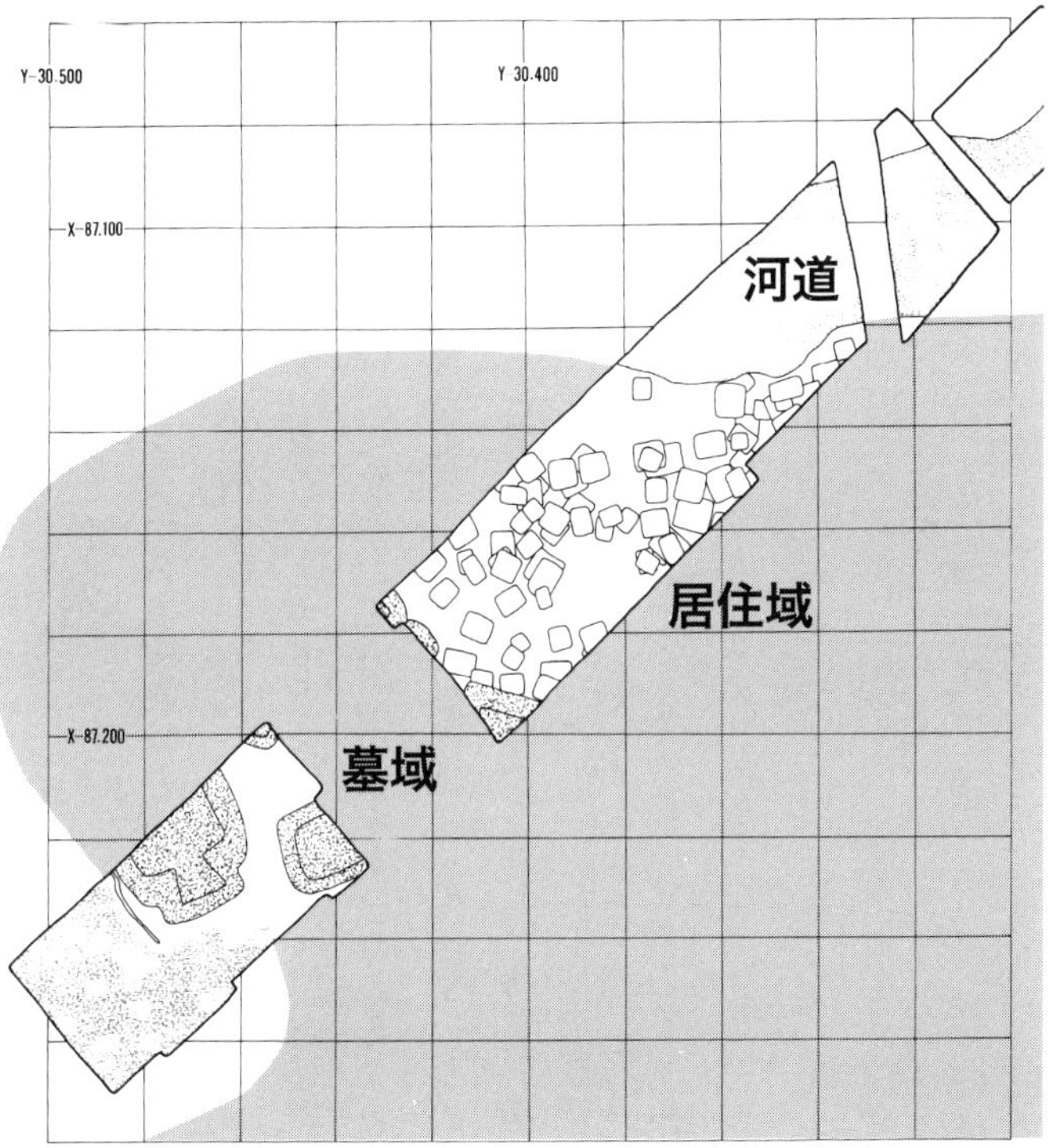

図94　古墳前期の一般集落（愛知県 廻間遺跡，S＝1：3,000，愛知県埋蔵文化財センター1990を改変）

前方後方形墳丘墓がある以外は、弥生時代の小規模集落（私の分類での集落C）と、なんら変わることのない景観である。

この廻間遺跡では残念ながら木製品はみつかっていないが、この集落を維持していくうえで最低限の木製品を所有していたことは間違いないだろう。ただ、この遺跡も他の尾張低地部の集落と同様、周辺にアカガシ亜属などの大径材があったとは考えにくい立地であるため、それらを自前で製作していたかどうかはわからない。おそらくは、勝川《かちがわ》遺跡のような木材資源が豊富な集落から完成品の供給を受けていたのであろう。

古墳時代前期末〜後期の居館に付属する場

古墳時代前期末以降になると、首長居館周辺での木製品生産の場を確認することが難しくなる。そのいっぽうで、弥生時代後期に出現した『遺跡群』という集落形態において、遺跡間相互での機能分化が明確化してくる。その代表として、ここでは奈良県南郷遺跡群を例にあげておく。

奈良県南部、大阪府との県境に位置する葛城山東麓の傾斜地に展開する南郷遺跡群は、南北一・五キロ、東西一・二キロの範囲に二〇数カ所もの遺跡が分布している（図95、奈良県立橿原考古学研究所二〇〇〇・二〇〇三）。

このなかには、前述の八王子遺跡から北側の祭儀空間だけを取り出し、さらに拡大したような極楽寺ヒビキ遺跡（図96、奈良県立橿原考古学研究所二〇〇七）を頂点として、王の喪葬（モガリ）にかかわるとみられる導水施設（南郷《なんごう》大東《おおひがし》遺跡、穂積二〇一二）、上位階層

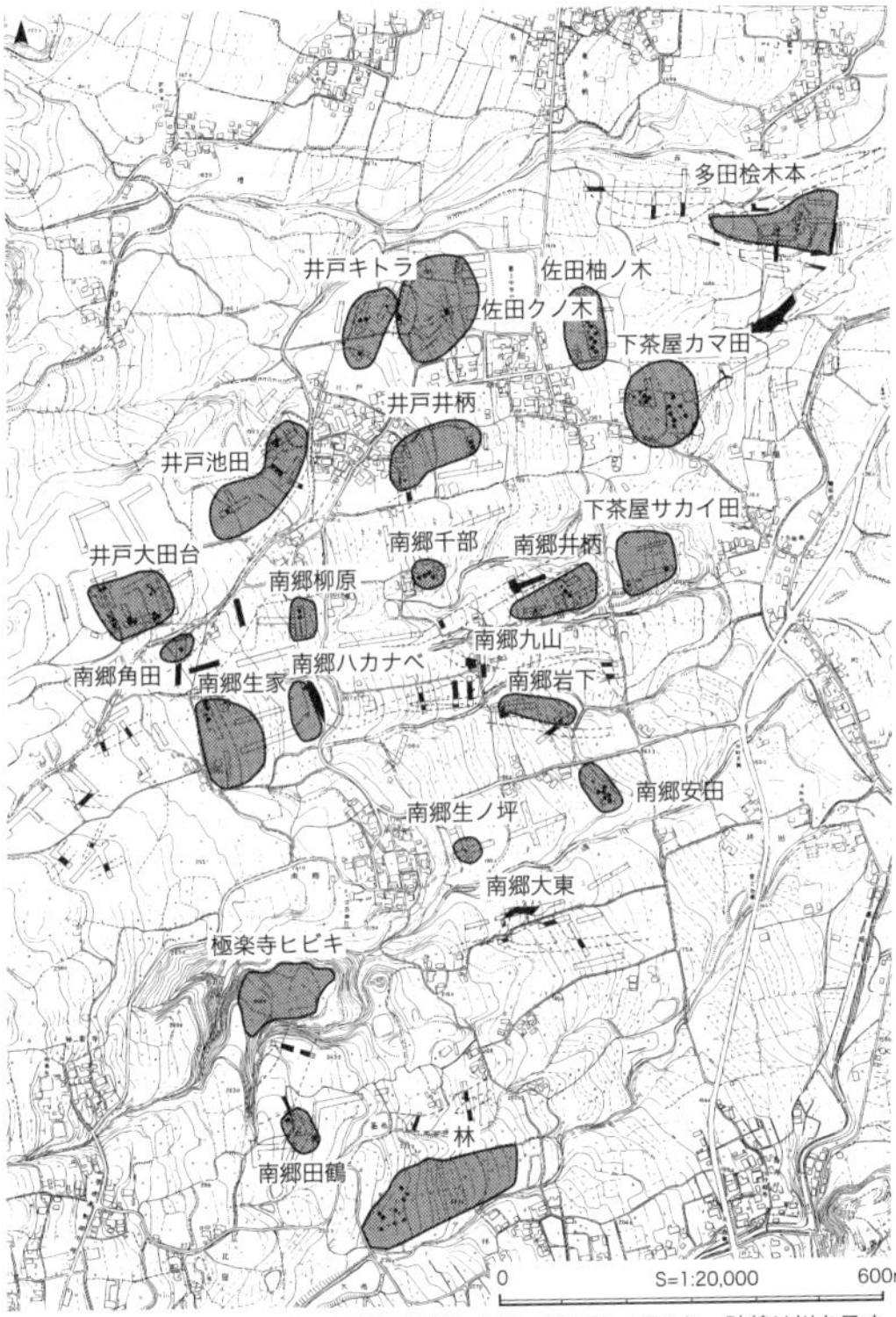

網かけは集落、●は竪穴住居、▼は掘立柱建物、■は大壁建物、黒ぬり・破線は川を示す

図95　奈良県 南郷遺跡群（S＝1：20,000，奈良県立橿原考古学研究所2000より引用）

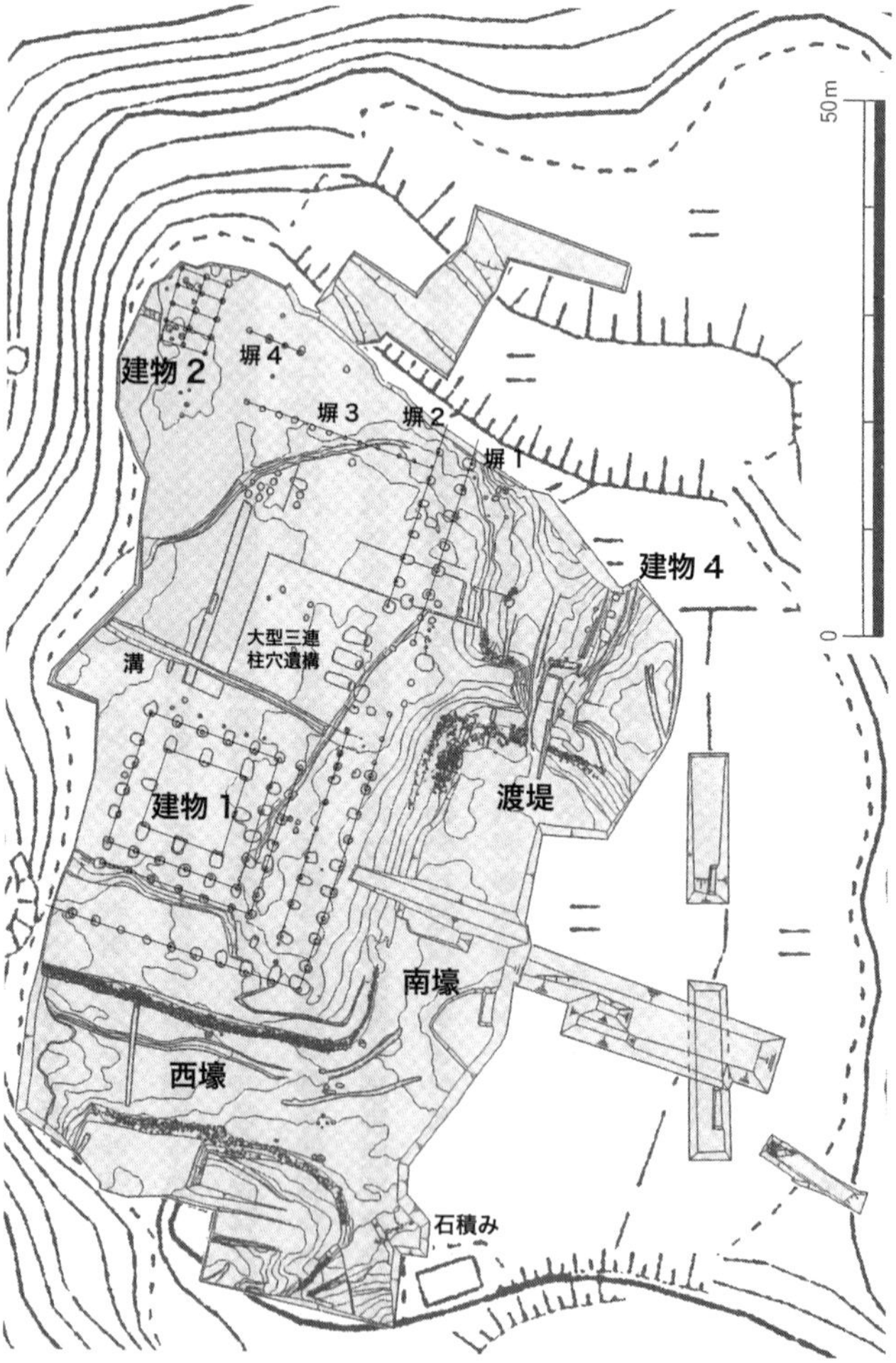

図96　奈良県 極楽寺ヒビキ遺跡（S＝1：1,000，奈良県立橿原考古学研究所2007を改変）

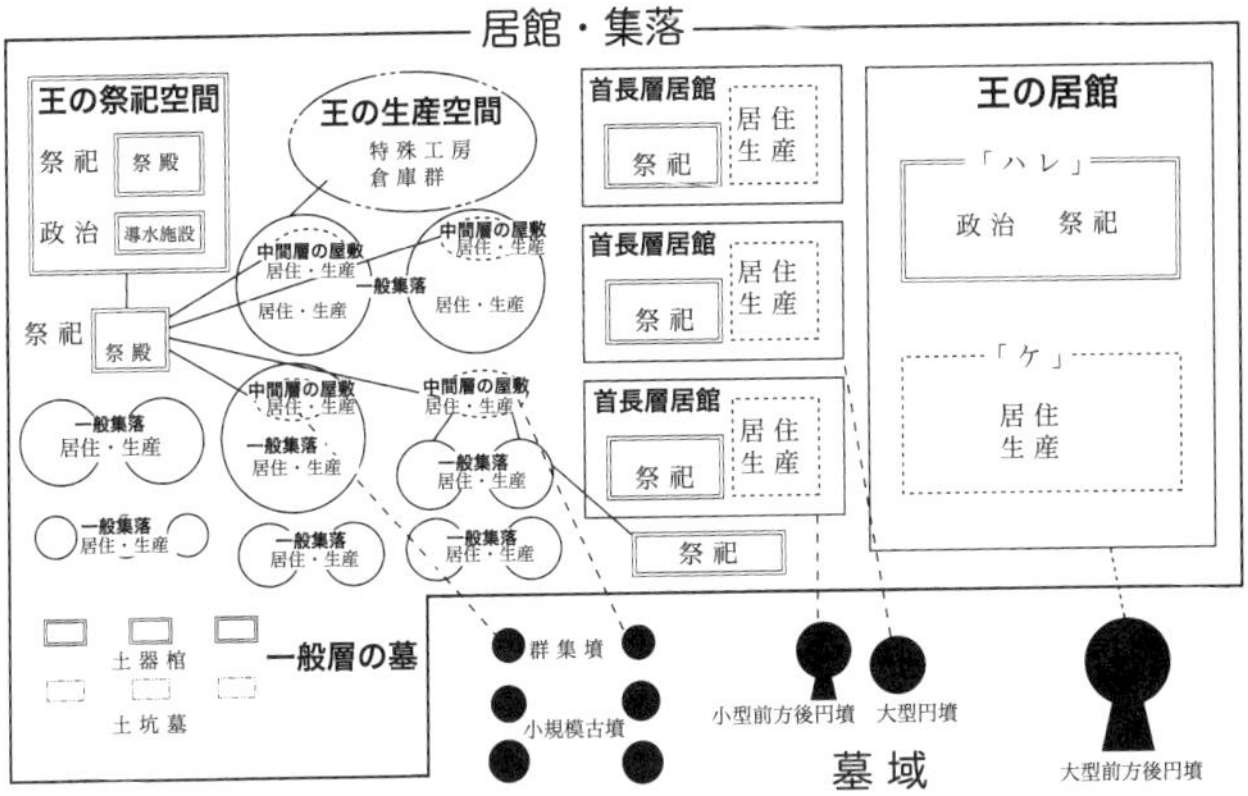

図97　葛城の地域支配モデル（坂2009より引用）

者の居館（多田《おいだ》桧《ひの》木《き》本《もと》遺跡など）、中間層（坂靖氏のいう「親方層」）の居住地（南郷柳原《やなぎはら》遺跡・井戸《いど》井柄《いがら》遺跡など）、一般層の居住地（下茶屋《しもちゃや》カマ田遺跡・井戸池田《いどいけだ》遺跡、佐田柚ノ木《さだゆずのき》遺跡・林遺跡・南郷《なんごう》千部《せんぶ》遺跡など）と、古墳時代前期とは比べものにならないほど複雑に階層化している（坂二〇〇九）。

　そして、一般層の居住地からは鍛冶関連・玉生産関連・漆製品関連・武器生産関連などを示す遺物が出土しているのである。このことから、一般層はさまざまな手工業生産に携わる工人集団であり、「親方層」はそれを管理する集団、さらにその上位にもいくつかの階層を経て、ようやく最上位の「王」へと到達する。そして、その「王」は、居住するための居館と儀礼や祭祀を執行するための空間を所有していたと考えられる（図97）。

当然のことながら、弥生時代後期の朝日遺跡や青谷上寺地遺跡、古墳時代前期の八王子遺跡などでみられた上位階層者（王あるいは首長層）のための木製品生産の場もまた、この一般層の居住地に組み込まれていることになる。

弥生時代中期から古墳時代後期

最後に、ここまで詳述してきた弥生時代中期前葉から古墳時代後期にかけての、集落（群）および居館における木製品生産のあり方について、木材資源との関係ならびに王や首長の居住・祭儀空間の変遷もまじえて整理しておきたい（図98）。

弥生時代中期前葉〜後葉段階の大型集落（集落A・B）では、首長の居住・祭儀空間は、おおむね集落全体のランドマークたる大型掘立柱建物と複数の大型竪穴建物からなっている。これらは一ヶ所にまとまって存在するが、一般成員の居住域から独立しておらず、むしろ「埋め込まれている」という印象すらうける。

木製品生産の場は集落の近辺を流れる小規模な河川ないしは人工的に掘削された溝の周辺に設けられている。周辺の森林（集落からおよそ三キロ圏内）から必要な樹種とサイズの木材を伐採してくるか、さもなくば勝川遺跡のような森林資源の豊富な丘陵の縁辺に位置する集落から原材ないしは未成品を入手し、この小河川（溝）を利用して、水漬け保管しつつ必要な分だけの木製品生産をおこなっていた。作業に携わるのは集落の一般成員だが、特に腕利きの人は、ときおり首長層が使用する特別な木製品（精製品）の製作に携わっていた。いっぽう、極端に森林資源の乏しい河内平野低地部や福岡平野では、早くもこの時期から完成品そのものを他地域から入手していたことがわかっている。

弥生時代後期には、沖積低地の大型集落周辺で鍬の製作に用いるアカガシ亜属などの大径木が徐々に枯渇してくる。いきおい、丘陵縁辺の集落に木材資源の供給をゆだねるようになるが、ここでも資源が不足してくると、さらに山間部へと分け入り、竪穴建物数棟からなる小型の集落を設けて、周辺の木を伐り出し、沖積地へと搬出するようになる。彼らは集落付近に必要な木材が無くなれば、新たな森林資源を求めて移動を繰り返した。

いっぽう沖積地の大型集落では、首長の居住・祭儀スペースが一般成員の居住域から飛び出して、近接地に環濠などを巡らせた別の生活空間を構えるようになる（朝日型）。首長層は彼らの生活および祭儀の場での様々な道具や遠隔地の首長との贈答品（威信財）を大量生産するために、腕利きの木製品製作者を「専業工人」として抱え込み、朝鮮半島伝来の優秀な鉄製工具を与えて首長の生活空間のすぐそばで仕事にあたらせた。

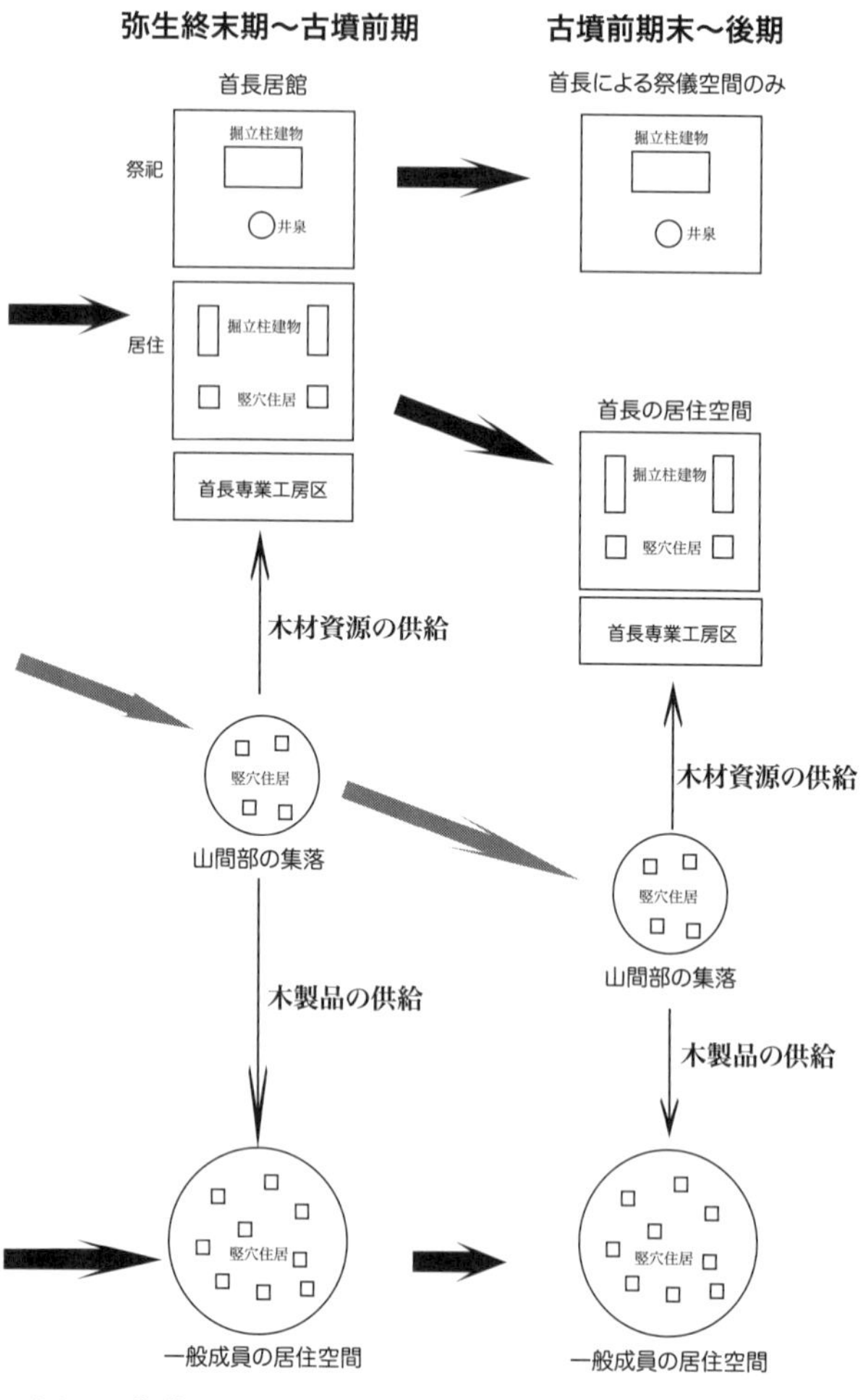

図98　集落と工房の変遷模式図

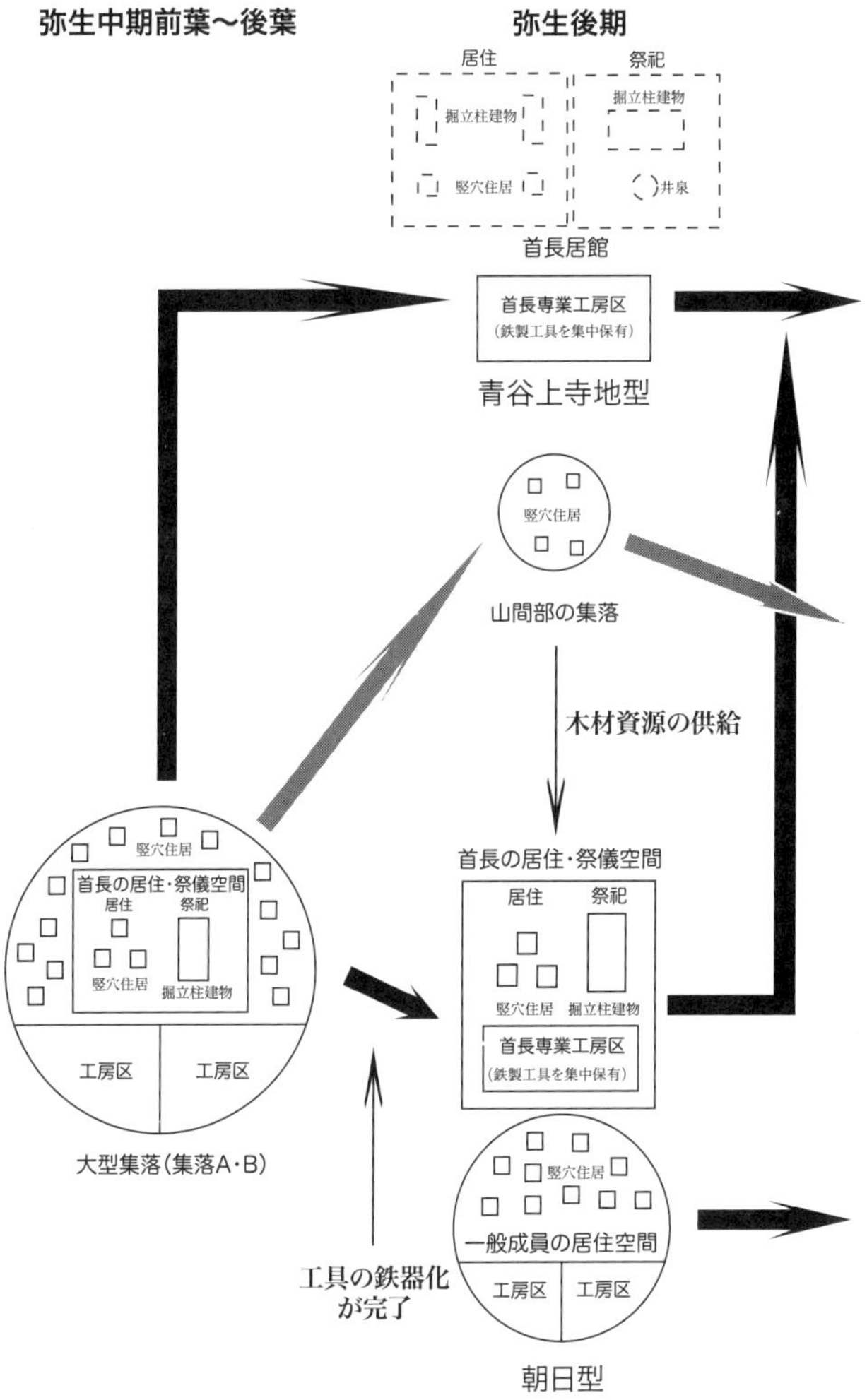
弥生中期前葉〜後葉
弥生後期
居住
祭祀
掘立柱建物
掘立柱建物
竪穴住居
井泉
首長居館
首長専業工房区
（鉄製工具を集中保有）
青谷上寺地型
竪穴住居
山間部の集落
木材資源の供給
竪穴住居
首長の居住・祭儀空間
居住
祭祀
竪穴住居
掘立柱建物
工房区
工房区
大型集落（集落A・B）
首長の居住・祭儀空間
居住
祭祀
竪穴住居
掘立柱建物
首長専業工房区
（鉄製工具を集中保有）
竪穴住居
一般成員の居住空間
工房区
工房区
工具の鉄器化
が完了
朝日型

山陰や北部九州など一部の地域では、この「専業工人」のみが居住する集落が形成されている（青谷上寺地型）。彼らを統括する首長（王）や一般成員は、おそらく全く異なる場所に居館や集落を構えていたと考えられる。

「朝日型」の集落形態は弥生時代終末期には姿を消す。沖積地周辺では、王（首長）の居館を含む有機的な関連性を有する複数の集落群と、一般成員のみの単独集落に二分されるかたちとなる。王や首長に従属する「専業工人」集団は、祭儀空間と居住空間からなる居館の周辺でもっぱら精製木製品のみの生産をおこなう。その際の木材資源は、弥生時代後期と同様に山間部の集落から供給を受けていた。

沖積地に立地する一般成員のみの集落では、もはやほとんど自前の木製品生産はおこなわなくなる。彼らが日常的に使用する木製品は、山間部の集落からの供給に頼るようになり、自分たちで調達するのは、集落付近の里山から伐り出す竪穴建物の建築部材や日々の燃料材ぐらいであった。

古墳時代前期末から中期になると、集落群はさらに複雑に階層化され、極楽寺ヒビキ遺跡のように王の祭儀空間も居館から独立する。木製品生産をはじめとする「専業工人」たちは再編成されて集落群のなかに配属されるようになる。

そして彼らは、木材資源を求めて山中を移動する人々も含めて「部民」という名の下に大王（天皇）や有力豪族層に従属する専業集団となっていくのである。

弥生〜古墳時代に「林業」はあったのか？——エピローグ

本書の「プロローグ」では、田中淳夫氏の『森と日本人の一五〇〇年』から「林業」の定義を引用した。最後に、その四つの定義が弥生〜古墳時代において、どこまで達成されていたのかを再確認して、本書の締めとしたい。

組織的な木材調達

まず、弥生〜古墳時代は自給自足的な木材利用にとどまらず、「組織的な木材調達」を実践していたのであろうか？

これについては「森と生きる」の章で論じたように、多くの弥生時代集落では近隣に森林資源を抱えており、ほぼ自給自足的な木製品生産をおこなっていた（三六頁、表2の第Ⅱ類型）。しかし、森林資源が乏しいわりに集落の密集度が高い濃尾平野・岡山平野（以上、第Ⅲ類型)、河内平野・福岡平野(以上、第Ⅳ類型)などでは、遅くとも弥生時代中期前葉段階には自前での木材調達ができなくなり、平野周辺の山間部や丘陵縁辺の集落から木材資源あるいは木製品そのものの供給を受けるようになっていたことがわかった。

木材の「運搬」

木材資源の乏しい第Ⅲ・Ⅳ類型の集落に木材や木製品を供給したのは、言うまでもなく表2の第Ⅰ類型の集落である。三〇頁の図15にあげた生駒山地西麓の大阪府東大阪市鬼虎川《きとら》・西ノ辻遺跡では、生駒山地で伐採した木材を、大型のソリを用いて平野部へ下ろし、さらに舟ないしは筏によって河内湖を横切って瓜生《うりゅう》堂《どう》遺跡など河内平野低地部の集落群へ運搬したと考えられる。

同様に、三三頁の図16にあげた愛知県春日井《かすがい》市勝川《かちがわ》遺跡では、春日井台地(鳥居松《とりいまつ》段丘面)から伐採した木材を木製品製作工房で製材・加工し、旧・地蔵川から庄内川を通じて、濃尾平野低地部の集落群へと供給していたと推定できる。

このように、現在わかる例はまだわずかではあるが、ソリ・舟・筏などを利用しての木材運搬は、近世の「林業」と基本的に変わりないものと言えるだろう。

製材・加工技術を持つ「職人」

弥生時代中期後葉までの木製品生産は、基本的には使用する人が自分の身体動作に合わせて製品を最終的に仕上げるか、あるいは他人が作るにせよ、きわめて近しい関係の人が製作していたであろうことが、鍬の法量のバラツキ（七四頁の図30における中央のグラフ）から推定できた。しかし、弥生時代後期以降になると、木製品生産の場が表2の第Ⅱ・Ⅲ類型から山間部の第Ⅰ類型集落へと集約されることによって、鍬の規格化が著しく進行することがわかった（図30における下のグラフ）。

また、「王と首長の所有物」の章で詳述したように、精製容器・威儀具《いぎぐ》・武器類などにかんしては、弥生時代中期後葉の段階までは大集落（五七頁、表8の集落A・B）に居住する、特に腕利きの製作者が、パートタイム的に携わっていたとみられる。しかし、弥生時代後期以降は、鳥取県鳥取市青谷上寺地《あおやかみじち》遺跡（二三六頁の図91）のように「木製品専業工人」に特化した製作者集団（職人）が首長層によって集住させられるか、愛知県一宮市八王子遺跡（二三九頁の図93）のように首長居館に付属する工房施設にて専従されていた可能性が高い。そして、古墳時代中期以降、彼らは「親方層」に統括され、さらには部民へと再編成されていく。

このように弥生時代後期以降の状況は、日常品にかんしては木材資源の豊富な表2の第Ⅰ類型とした集落において、高度な技術が要求される精製品については首長（王）の管理下で、それぞれに専業化した「職人集団」によって製作されていくこととなる。

森を保全・再生させて木材生産を継続させる「持続性」

弥生〜古墳時代に「自給自足型」とした第Ⅱ類型の集落においても、たとえば岐阜県関市北東部の遺跡群（七頁の図1）・福岡県北九州市の長野丘陵の遺跡群（八頁の図2）・愛知県安城《あんじょう》市の鹿乗《かのり》川流域遺跡群（一〇頁の図3）のように、複数の集落が丘陵や台地の縁辺部に展開する「遺跡群」では、丘陵や台地上の森林資源を枯渇させないように、「継続的な森の利用」をおこなっていた形跡が認められる。

しかし、鍬の製作などで用いられる直径六〇チセンを超えるようなアカガシ亜属の大径木などは、伐採のサイクルと樹木の再生スピードが一致しないため、沖積平野の縁辺部からは徐々に枯渇していき、木材伐採の場はどんどん山奥に入っていくこととなった。いっぽう、恒常的に使う竪穴建物の建築部材や日々の燃料材にかんしては、集落の近辺に「里山」を人為的に形成し、これを継続的に利用していたことがわかっている。

このように弥生時代から古墳時代は、まさに日本列島における「林業」の揺籃期であり、森林資源の利用も含めた木製品生産のあり方が古代国家の成立と密接にかかわっていることを、本書を通じて読み取っていただければ、私にとって望外の喜びである。

あとがき

私が勤務する愛知県埋蔵文化財センターからは、愛知県と三重県の県境を流れる木曽川と、そこから分流する筏川が一望の下に眺められる。この景色を見るようになって、もうすぐ三〇年が経とうとしている。

木曽川は木曽地方に源を発することから付けられた名前であることは、今さら言うまでもない。そして筏川は、木曽山中で伐り出された「木曽ヒノキ」を筏に組んで、熱田の湊まで運ぶために掘られた人工の運河である。この「木曽ヒノキ」は「尾州檜」として、尾張藩の重要な財源となっていた。

私は一九八七年に関西大学を卒業して愛知県埋蔵文化財センターに就職し、最初に担当した春日井市勝川遺跡で弥生～古代の大量の木製品を調査して以来、ほぼ木製品の研究ひと筋に歩んできた。思えばこれほど木製品にゆかりのある地で調査・研究を続けられてきたことに、改めて深い感慨を覚える。

本書は二〇一〇年に雄山閣から出版した『木製品から考える地域社会―弥生から古墳へ―』に収めた論文を元にしている。同書を出版した当初から、この内容をなんとか一般向けの単行本として出せないだろうかと考えており、講演会や講座などで木製品についてお話しするたびに、聴講者の方々からも一般書として読みたいとお願いされることが少なからずあった。偶然、別企画のシリーズ本で吉川弘文館編集部の永田伸氏の知遇を得て、私のアイディアを持ちかけたところ、その「売り込み」を快く受け入れ、難しかったであろう企画を通していただいた。

そこで、前著執筆ののち、あちこちに執筆した論文などからもエッセンスを抜き出し、再構成して書き下ろしたのが本書である。また、版のサイズがそれぞれに異なることから、たくさんの挿図もすべて一から作り直すこととなった。

私の敬愛するJ・S・バッハが、自作からお気に入りのフレーズを抜き出して別の作品に転用したようなものだと言えば、少々格好良すぎるだろうか。

各章も、できる限りそれぞれに完結した読み物となるよう心がけたつもりである。スメタナの連作交響詩『我が祖国』の「モルダウ」や、ホルストの組曲『惑星』の「木星」のごとく、単独の作品としても完成度が高く、しかも全体を通して起承転結のある大きなドラマが構成されていると読者の方々に受け取ってもらえることができれば、私にとって望外の喜びである。

最後になりましたが、吉川弘文館編集部の永田伸氏と若山嘉秀氏には、本書執筆において章立てなど、適切なアドバイスをくださったことに、深く感謝いたします。

二〇一六年五月三〇日

樋　上　昇

引用文献

プロローグ

有岡俊幸二〇〇四『里山Ⅰ』法政大学出版局
藻谷浩介・NHK広島取材班二〇一三『里山資本主義 日本経済は「安心の原理」で動く』角川one テーマ21
田中淳夫二〇一四『森と日本人の一五〇〇年』平凡社新書

「森と生きる」

愛知県埋蔵文化財センター二〇〇七『朝日遺跡Ⅶ』
伊東隆夫・山田昌久編二〇一二『木の考古学』海青社
上原眞人一九九三『木器集成図録 近畿原始篇（解説）』奈良国立文化財研究所
北九州市教育文化財団埋蔵文化財調査室二〇〇一『長野小西田遺跡２』
岐阜県文化財保護センター二〇〇三『深橋前遺跡』
考古学フォーラム二〇一三『変貌する弥生社会～安城市 鹿乗川流域の弥生時代から古墳時代』
田代克己一九八六「石器・木器をつくるむら、つくらないむら」金関恕・佐原真編『弥生集落』弥生文化の研究 第七巻、雄山閣

中西　哲・大場達之・武田義明・服部　保一九八三『日本の植生図鑑Ⅰ　森林』保育社
中原　計・秋山浩三二〇〇四「樹種からみた集落環境と弥生木器生産」『瓜生堂遺跡Ⅰ—考察・分析・写真図版編—』大阪府文化財センター
中原　計二〇〇九「河内平野の弥生時代木製品生産遺跡」『木・ひと・文化～出土木器研究会論集』出土木器研究会
西岡常一・小原二郎一九七八『法隆寺を支えた木』ＮＨＫブックス
東村純子二〇一一『考古学からみた古代日本の紡織』六一書房
樋上　昇二〇〇四「木製品からみた中部・北陸地方の弥生・古墳時代集落」寺沢　薫編『考古資料大観』第一〇巻、小学館
樋上　昇二〇一一「木工技術と地域社会」甲元眞之・寺沢　薫編『日本の考古学』5、青木書店
樋上　昇二〇一四「弥生～古墳時代集落における森林資源の管理と利用」『植生史研究』第二二巻第二号、日本植生史学会
豆谷和之二〇一二「弥生の風景」『山口大学考古学論集　中村友博先生退任記念論文集』山口大学人文学部考古学研究室
渡辺久雄一九七七『木地師の世界』創元社

「鍬は語る」

赤塚次郎二〇〇九『幻の王国・狗奴国を旅する—卑弥呼に抗った謎の王国へ』風媒社

安藤弘道二〇〇一「倭の地は温暖にして冬夏生菜を食い—倭人の食卓」設楽博己編『三国志がみた倭人たち』山川出版社
飯沼二郎・堀尾尚志一九七六『農具』法政大学出版局
池谷勝典・馬場慎一郎二〇〇三「弥生時代飯田盆地における打製石鍬の用途について」『中部弥生時代研究会　第六回例会発表要旨集』中部弥生時代研究
川口武彦二〇〇〇「打製石斧の実見考古学的研究—縄文時代中期における土掘り具の使用時間—」『古代文化』第五二巻第一号、古代學協會
久保浩一郎・鈴木忠司二〇一〇「打製石斧の使用実験—機能・用途復元に向けての予察—」『朱雀』第二二号、京都文化博物館
黒崎　直一九七〇「木製農耕具の性格と弥生社会の動向」『考古学研究』第一六巻第三号、考古学研究会
黒崎　直一九七六「古墳時代の農耕具—ナスビ形着柄鋤を中心として—」『研究論集Ⅲ』奈良国立文化財研究所
幸泉満夫二〇〇八「西日本における打製石鍬の出現」『地域・文化の考古学—下條信行先生退任記念論文集—』愛媛大学法文学部考古学研究室
国立歴史民俗博物館一九九六・一九九七『農耕開始期の石器組成一〜四』
小松市教育委員会二〇一四『八日市地方遺跡Ⅱ』
清水真一一九九九「城島遺跡出土の木製品のもつ意義」『光陰如矢—荻田昭次先生古希記念論集』「光陰如矢」刊行会

鈴木次郎一九八三「打製石斧」加藤晋平・小林達雄・藤本　強編『縄文文化の研究』第七巻、雄山閣
都出比呂志一九六七「農具鉄器化の二つの画期」『考古学研究』第一三巻第三号、考古学研究会
根木　修一九七六「木製農耕具の意義」『考古学研究』第二二巻第四号、考古学研究会
野島　永二〇〇〇「鉄器の生産と流通」設楽博己・藤尾慎一郎・松木武彦編『弥生社会のハードウェア』弥生時代の考古学　第六巻、同成社
原田　幹二〇一五『石器使用痕からみた東アジアの初期農耕』
樋上　昇一九九四「耕作のための道具」『先史時代の木工文化』季刊　考古学　第四七号、雄山閣
樋上　昇二〇〇〇「三〜五世紀の地域間交流―東海系曲柄鍬の波及と展開―」『日本考古学』第一〇号、日本考古学協会
樋上　昇二〇〇二「樹種からみた尾張地域の木製品」『考古学フォーラム』一五、考古学フォーラム
樋上　昇二〇〇六「鍬の機能に関する基礎的研究」『研究紀要』第七号、愛知県埋蔵文化財センター
樋上　昇二〇〇九「木製農具と地域社会」設楽博己・藤尾慎一郎・松木武彦編『弥生社会のハードウェア』弥生時代の考古学　第六巻、同成社
樋上　昇二〇一二a「農具と農業生産」一瀬和夫・福永伸哉・北條芳隆編『時代を支えた技術』古墳時代の考古学　第五巻、同成社
樋上　昇二〇一二b「弥生〜古墳時代における『地域型』鍬の出現と展開」『穂落とし神の足跡―農具でひもとく弥生社会―』大阪府立弥生文化博物館
樋上　昇二〇一四「交流拠点としての八日市地方遺跡」『小松式の時代―樹木からのアプローチ―』小

松市埋蔵文化財センター
樋上　昇編二〇〇八『弥生・古墳時代の木製農具』季刊 考古学 第一〇四号、雄山閣
藤枝市教育委員会一九八一『宮塚遺跡・潮城跡』
山口譲治一九九一「比恵遺跡群出土の弥生時代の木器について」『比恵遺跡』(一〇)、福岡市教育委員会
山田昌久一九九九「縄文時代の鍬鋤類について」『人類学集報一九九九』東京都立大学

「首長と王の所有物」

赤塚次郎一九九九「容器形石製品の出現と東海地域」『古墳時代の石製品』月刊 考古学ジャーナル四五三号、ニューサイエンス社
飯塚武司二〇〇三「仮器・宝器になった木製容器」『法政考古学』第三〇号、法政考古学会
石村　智二〇〇四「威信財システムからの脱却」『文化の多様性と比較考古学』考古学研究会五〇周年記念論文集、考古学研究会
石村　智二〇〇八「威信財交換と儀礼」設楽博己・藤尾慎一郎・松木武彦編『儀礼と権力』弥生時代の考古学 第七巻、同成社
石村　智二〇〇五「適応としてのラピタ人の拡散戦略」前川和也・岡村秀典編『国家形成の比較研究』学生社
上原眞人一九九四「入れもの」『先史時代の木工文化』季刊 考古学 第四七号、雄山閣

神谷正弘二〇一〇「日本出土の木製短甲・組合せ木甲。裲襠木甲について」『古文化談叢』第六五集（2）、九州古文化研究会
靳　之林（岡田陽一訳）一九九八『中国生命の樹』言叢社
工楽善通一九八九「木製高杯の復元」『弥生人の造形』古代史復元 第五巻、講談社
坂井素思一九九九「贅沢消費論―ジンメルとウェブレン消費理論の趣味論的解釈」『放送大学研究年報』放送大学
白川　静二〇〇七『字統』平凡社
鈴木一有二〇一二「天竜川右岸域における古墳時代集落の動向―恒武遺跡群を中心として―」考古学研究会例会委員会編シンポジウム記録集八『古墳時代集落の再検討』考古学研究会
鈴木裕明二〇〇二「古代中国の麈尾と翳」『研究紀要』第七集、由良大和古代文化研究協会
鈴木裕明二〇〇三「古墳時代前期の団扇形木製品の展開とその背景」石野博信編『初期古墳と大和の考古学』学生社
辰巳和弘二〇一〇「門に立つ杖」『日本基層文化論叢』雄山閣
鳥取県埋蔵文化財センター二〇〇五『木製容器・かご』青谷上寺地遺跡出土品調査研究報告1
鳥取県埋蔵文化財センター二〇〇八『弥生の至宝～花弁高杯とその背景』
中村五郎一九八六「鹿角（わざつの）考―鹿角・杖・蓋・琴柱形石製品―」『福島考古』第二七号、福島県考古学会
板　靖二〇〇八「埴輪・木製立物と『王権』」菅谷文則編『王権と武器と信仰』同成社

久田正弘・石川ゆずは二〇〇五「白江梯川遺跡の木製高杯について—資料提示と問題点提起—」『石川県埋蔵文化財情報』第一四号、石川県埋蔵文化財センター
樋上　昇二〇〇六「儀杖の系譜」『考古学研究』第五二巻第四号、考古学研究会
樋上　昇二〇〇八a「関東地方における儀杖形木製品の展開」菅谷文則編『王権と武器と信仰』同成社
樋上　昇二〇〇八b「精製容器と粗製容器」『弥生の至宝〜花弁高杯とその背景』鳥取県埋蔵文化財センター
樋上　昇二〇〇九a「木製容器の行方」石黒立人編『中部の弥生時代研究』中部の弥生時代研究刊行会
樋上　昇二〇〇九b「木製容器からみた弥生後期の首長と社会〜青谷上寺地遺跡と朝日遺跡からの素描〜」『木・ひと・文化〜出土木器研究会論集』出土木器研究会
樋上　昇二〇一四「交流拠点としての八日市地方遺跡」『小松式の時代—樹木からのアプローチ—』小松市埋蔵文化財センター
樋上　昇二〇一五「『北陸型』木製品の出現と展開」『小松式土器の時代Ⅱ—小松発　北陸新幹線ルートの弥生文化を探る』小松市埋蔵文化財センター
福岡市教育委員会二〇一四『元岡・桑原遺跡群二三』
藤田和尊・木許　守二〇一一「鑓とその表象品」『勝部明生先生喜寿記念論文集』勝部明生先生喜寿記念論文集刊行会
北條芳隆一九九六「雪野山古墳の石製品」『雪野山古墳の研究　考察篇』雪野山古墳発掘調査団
町田　章一九九三「桜井茶臼山古墳出土の五輪塔形石製品について」『古文化談叢』第三〇集（下）、九

州古文化研究会
柳田國男一九九九「勧請の木」『柳田國男全集一九　神樹篇』筑摩書房
山下紘一郎二〇〇九『神樹と巫女と天皇―初期柳田国男を読み解く』梟社

「うつりゆく木製品」

愛知県埋蔵文化財センター一九九〇『廻間遺跡』
愛知県埋蔵文化財センター一九九八『一色青海遺跡』
愛知県埋蔵文化財センター二〇〇一『八王子遺跡』
愛知県埋蔵文化財センター二〇〇四『弥生水都二千年―葉栗臣人麿が語る考古学むかし話』
愛知県埋蔵文化財センター二〇〇八『一色青海遺跡Ⅱ』
愛知県埋蔵文化財センター二〇〇九『朝日遺跡Ⅷ』
愛知県埋蔵文化財センター二〇一四『一色青海遺跡Ⅲ』
今村仁司・今村真介二〇〇七『儀礼のオントロギー―人間社会を再生産するもの』講談社
岡部裕俊一九九八「推定される伊都国の構造」森　浩一編『古代探求―森浩一の七〇の疑問』中央公論社
笠原　潔二〇〇四『埋もれた楽器―音楽考古学の現場から』春秋社
考古学研究会例会委員会編二〇一二シンポジウム記録集八『古墳時代集落の再検討』考古学研究会
鳥取県埋蔵文化財センター二〇一二『木製農工具・漁撈具』青谷上寺地遺跡出土品調査研究報告8
奈良県立橿原考古学研究所二〇〇〇『南郷遺跡群Ⅳ』

奈良県立橿原考古学研究所二〇〇三『南郷遺跡群Ⅲ』
奈良県立橿原考古学研究所二〇〇七『極楽寺ヒビキ遺跡』
禰宜田佳男一九九八「石器から鉄器へ」都出比呂志編『古代国家はこうして生まれた』角川書店
坂　靖二〇〇九『古墳時代の遺跡学—ヤマト王権の支配構造と埴輪文化—』雄山閣
樋上　昇二〇〇五「木製品専業工人の出現と展開—伊勢湾周辺地域における木製品の生産と流通をめぐって—（上・下）」『古代学研究』第一六八・一六九号、古代学研究会
樋上　昇二〇〇九「木製『筒形容器』考—名古屋市平手町遺跡第六次調査出土資料からその用途を推測する—」『古代学研究』第一八三号、古代學研究会
穂積裕昌二〇一二『古墳時代の喪葬と祭祀』雄山閣
宮原晋一一九八八「石斧、鉄斧のどちらで加工したか」金関　恕・佐原　真編『研究のあゆみ』弥生文化の研究　第一〇巻、雄山閣

なお、「木製品からみた中部・北陸地方の弥生・古墳時代集落」「木工技術と地域社会」「三～五世紀の地域間交流—東海系曲柄鍬の波及と展開—」「鍬の機能に関する基礎的研究」「木製農具と地域社会」「儀杖の系譜」「木製容器の行方」「木製品専業工人の出現と展開—伊勢湾周辺地域における木製品の生産と流通をめぐって—」については、それぞれ修正・改題を加えたうえで『木製品から考える地域社会—弥生から古墳へ—』雄山閣に所収されているので、そちらを参照されたい。

著者紹介

一九六四年、奈良県に生まれる
一九八七年、関西大学文学部史学・地理学科卒業
現在、（公財）愛知県教育・スポーツ振興財団 愛知県埋蔵文化財センター調査研究専門員、博士（考古学）

主要著書・論文

『木製品から考える地域社会—弥生から古墳へ—』（雄山閣、二〇一〇年）
『出土木製品の保存と対応』（同成社、二〇一二年）
「木製農具の研究略史と鍬の伝播経路」（『季刊 考古学』一〇四、雄山閣、二〇〇八年）

歴史文化ライブラリー
434

樹木と暮らす古代人
木製品が語る弥生・古墳時代

二〇一六年（平成二十八）十月一日 第一刷発行

著者 樋《ひ》上《がみ》昇《のぼる》
発行者 吉川道郎
発行所 株式会社 吉川弘文館
東京都文京区本郷七丁目二番八号
郵便番号一一三—〇〇三三
電話〇三—三八一三—九一五一〈代表〉
振替口座〇〇一〇〇—五—二四四
http://www.yoshikawa-k.co.jp/
印刷＝株式会社 平文社
製本＝ナショナル製本協同組合
装幀＝清水良洋・陳湘婷

ISBN978-4-642-05834-6

歴史文化ライブラリー

1996.10

刊行のことば

現今の日本および国際社会は、さまざまな面で大変動の時代を迎えておりますが、近づきつつある二十一世紀は人類史の到達点として、物質的な繁栄のみならず文化や自然・社会環境を謳歌できる平和な社会でなければなりません。しかしながら高度成長・技術革新にともなう急激な変貌は「自己本位な刹那主義」の風潮を生みだし、先人が築いてきた歴史や文化に学ぶ余裕もなく、いまだ明るい人類の将来が展望できていないようにも見えます。このような状況を踏まえ、よりよい二十一世紀社会を築くために、人類誕生から現在に至る「人類の遺産・教訓」としてのあらゆる分野の歴史と文化を「歴史文化ライブラリー」として刊行することといたしました。

小社は、安政四年（一八五七）の創業以来、一貫して歴史学を中心とした専門出版社として書籍を刊行しつづけてまいりました。その経験を生かし、学問成果にもとづいた本叢書を刊行し社会的要請に応えて行きたいと考えております。

現代は、マスメディアが発達した高度情報化社会といわれますが、私どもはあくまでも活字を主体とした出版こそ、ものの本質を考える基礎と信じ、本叢書をとおして社会に訴えてまいりたいと思います。これから生まれでる一冊一冊が、それぞれの読者を知的冒険の旅へと誘い、希望に満ちた人類の未来を構築する糧となれば幸いです。

吉川弘文館

歴史文化ライブラリー

考古学

タネをまく縄文人 最新科学が覆す農耕の起源——小畑弘己
農耕の起源を探る イネの来た道——宮本一夫
O脚だったかもしれない縄文人 人骨は語る——谷畑美帆
老人と子供の考古学——山田康弘
〈新〉弥生時代 五〇〇年早かった水田稲作——藤尾慎一郎
交流する弥生人 金印国家群の時代の生活誌——高倉洋彰
樹木と暮らす古代人 木製品が語る弥生・古墳時代——樋上 昇
古　墳——土生田純之
東国から読み解く古墳時代——若狭 徹
神と死者の考古学 古代のまつりと信仰——笹生 衛
国分寺の誕生 古代日本の国家プロジェクト——須田 勉
銭の考古学——鈴木公雄
太平洋戦争と考古学——坂詰秀一

古代史

邪馬台国 魏使が歩いた道——丸山雍成
邪馬台国の滅亡 大和王権の征服戦争——若井敏明
日本語の誕生 古代の文字と表記——沖森卓也
日本国号の歴史——小林敏男
古事記のひみつ 歴史書の成立——三浦佑之
日本神話を語ろう イザナキ・イザナミの物語——中村修也
東アジアの日本書紀 歴史書の誕生——遠藤慶太
〈聖徳太子〉の誕生——大山誠一
倭国と渡来人 交錯する「内」と「外」——田中史生
大和の豪族と渡来人 葛城・蘇我氏と大伴・物部氏——加藤謙吉
白村江の真実 新羅王・金春秋の策略——中村修也
古代豪族と武士の誕生——森 公章
飛鳥の宮と藤原京 よみがえる古代王宮——林部 均
古代出雲——前田晴人
エミシ・エゾからアイヌへ——児島恭子
古代の皇位継承 天武系皇統は実在したか——遠山美都男
持統女帝と皇位継承——倉本一宏
古代天皇家の婚姻戦略——荒木敏夫
高松塚・キトラ古墳の謎——山本忠尚
壬申の乱を読み解く——早川万年
家族の古代史 恋愛・結婚・子育て——梅村恵子
万葉集と古代史——直木孝次郎
地方官人たちの古代史 律令国家を支えた人びと——中村順昭
古代の都はどうつくられたか 中国・日本・朝鮮・渤海——吉田 歓
平城京に暮らす 天平びとの泣き笑い——馬場 基
平城京の住宅事情 貴族はどこに住んだのか——近江俊秀
すべての道は平城京へ 古代国家の〈支配の道〉——市 大樹

歴史文化ライブラリー

都はなぜ移るのか 遷都の古代史——仁藤敦史
聖武天皇が造った都 難波宮・恭仁宮・紫香楽宮——小笠原好彦
悲運の遣唐僧 円載の数奇な生涯——佐伯有清
遣唐使の見た中国——古瀬奈津子
古代の女性官僚 女官の出世・結婚・引退——伊集院葉子
平安朝 女性のライフサイクル——服藤早苗
平安京のニオイ——安田政彦
平安京の災害史 都市の危機と再生——北村優季
天台仏教と平安朝文人——後藤昭雄
藤原摂関家の誕生 平安時代史の扉——米田雄介
安倍晴明 陰陽師たちの平安時代——繁田信一
平安時代の死刑 なぜ避けられたのか——戸川 点
古代の神社と祭り——三宅和朗
時間の古代史 霊鬼の夜、秩序の昼——三宅和朗

中世史

源氏と坂東武士——野口 実
熊谷直実 中世武士の生き方——高橋 修
頼朝と街道 鎌倉政権の東国支配——木村茂光
鎌倉源氏三代記 一門・重臣と源家将軍——永井 晋
吾妻鏡の謎——奥富敬之
鎌倉北条氏の興亡——奥富敬之
三浦一族の中世——高橋秀樹
都市鎌倉の中世史 吾妻鏡の舞台と主役たち——秋山哲雄
源 義経——元木泰雄
弓矢と刀剣 中世合戦の実像——近藤好和
騎兵と歩兵の中世史——近藤好和
その後の東国武士団 源平合戦以後——関 幸彦
声と顔の中世史 戦さと訴訟の場景より——蔵持重裕
運 慶 その人と芸術——副島弘道
乳母の力 歴史を支えた女たち——田端泰子
荒ぶるスサノヲ、七変化 〈中世神話〉の世界——斎藤英喜
曽我物語の史実と虚構——坂井孝一
親鸞と歎異抄——今井雅晴
捨聖《すてひじり》一 遍——今井雅晴
神や仏に出会う時 中世びとの信仰と絆——大喜直彦
神風の武士像 蒙古合戦の真実——関 幸彦
鎌倉幕府の滅亡——細川重男
足利尊氏と直義 京の夢、鎌倉の夢——峰岸純夫
高 師直 室町新秩序の創造者——亀田俊和
新田一族の中世 「武家の棟梁」への道——田中大喜
地獄を二度も見た天皇 光厳院——飯倉晴武
東国の南北朝動乱 北畠親房と国人——伊藤喜良

歴史文化ライブラリー

- 南朝の真実 忠臣という幻想 ―― 亀田俊和
- 中世の巨大地震 ―― 矢田俊文
- 大飢饉、室町社会を襲う！ ―― 清水克行
- 贈答と宴会の中世 ―― 盛本昌広
- 中世の借金事情 ―― 井原今朝男
- 庭園の中世史 足利義政と東山山荘 ―― 飛田範夫
- 土一揆の時代 ―― 神田千里
- 山城国一揆と戦国社会 ―― 川岡 勉
- 一休とは何か ―― 今泉淑夫
- 中世武士の城 ―― 齋藤慎一
- 武田信玄 ―― 平山 優
- 歴史の旅 武田信玄を歩く ―― 秋山 敬
- 戦国大名の兵粮事情 ―― 久保健一郎
- 戦乱の中の情報伝達 使者がつなぐ中世京都と在地 ―― 酒井紀美
- 戦国時代の足利将軍 ―― 山田康弘
- 名前と権力の中世史 室町将軍の朝廷戦略 ―― 水野智之
- 戦国貴族の生き残り戦略 ―― 岡野友彦
- 戦国を生きた公家の妻たち ―― 後藤みち子
- 鉄砲と戦国合戦 ―― 宇田川武久
- 検証 長篠合戦 ―― 平山 優
- よみがえる安土城 ―― 木戸雅寿
- 検証 本能寺の変 ―― 谷口克広
- 加藤清正 朝鮮侵略の実像 ―― 北島万次
- 落日の豊臣政権 秀吉の憂鬱、不穏な京都 ―― 河内将芳
- 北政所と淀殿 豊臣家を守ろうとした妻たち ―― 小和田哲男
- 豊臣秀頼 ―― 福田千鶴
- 偽りの外交使節 室町時代の日朝関係 ―― 橋本 雄
- 朝鮮人のみた中世日本 ―― 関 周一
- ザビエルの同伴者 アンジロー 戦国時代の国際人 ―― 岸野 久
- 海賊たちの中世 ―― 金谷匡人
- 中世 瀬戸内海の旅人たち ―― 山内 譲
- アジアのなかの戦国大名 西国の群雄と経営戦略 ―― 鹿毛敏夫
- 琉球王国と戦国大名 島津侵入までの半世紀 ―― 黒嶋 敏
- 天下統一とシルバーラッシュ 銀と戦国の流通革命 ―― 本多博之

近世史

- 神君家康の誕生 東照宮と権現様 ―― 曽根原 理
- 江戸の政権交代と武家屋敷 ―― 岩本 馨
- 江戸の町奉行 ―― 南 和男
- 江戸御留守居役 近世の外交官 ―― 笠谷和比古
- 検証 島原天草一揆 ―― 大橋幸泰
- 大名行列を解剖する 江戸の人材派遣 ―― 根岸茂夫
- 江戸大名の本家と分家 ―― 野口朋隆

歴史文化ライブラリー

赤穂浪士の実像――谷口眞子
〈甲賀忍者〉の実像――藤田和敏
江戸の武家名鑑 武鑑と出版競争――藤實久美子
武士という身分 城下町萩の大名家臣団――森下 徹
旗本・御家人の就職事情――山本英貴
武士の奉公 本音と建前 江戸時代の出世と処世術――高野信治
宮中のシェフ、鶴をさばく 江戸時代の朝廷と庖丁道――西村慎太郎
馬と人の江戸時代――兼平賢治
犬と鷹の江戸時代 〈犬公方〉綱吉と〈鷹将軍〉吉宗――根崎光男
江戸時代の孝行者 「孝義録」の世界――菅野則子
死者のはたらきと江戸時代 遺訓・家訓・辞世――深谷克己
近世の百姓世界――白川部達夫
江戸の寺社めぐり 鎌倉・江ノ島・お伊勢さん――原 淳一郎
宿場の日本史 街道に生きる――宇佐美ミサ子
江戸のパスポート 旅の不安はどう解消されたか――柴田 純
〈身売り〉の日本史 人身売買から年季奉公へ――下重 清
江戸の捨て子たち その肖像――沢山美果子
歴史人口学で読む江戸日本――浜野 潔
それでも江戸は鎖国だったのか オランダ宿日本橋長崎屋――片桐一男
江戸の文人サロン 知識人と芸術家たち――揖斐 高
エトロフ島 つくられた国境――菊池勇夫
江戸時代の医師修業 学問・学統・遊学――海原 亮
江戸の流行り病 麻疹騒動はなぜ起こったのか――鈴木則子
江戸幕府の日本地図 国絵図・城絵図・日本図――川村博忠
江戸城が消えていく 『江戸名所図会』の到達点――千葉正樹
都市図の系譜と江戸――小澤 弘
江戸の地図屋さん 販売競争の舞台裏――俵 元昭
近世の仏教 華ひらく思想と文化――末木文美士
江戸時代の遊行聖――圭室文雄
ある文人代官の幕末日記 林鶴梁の日常――保田晴男
幕末の世直し 万人の戦争状態――須田 努
幕末の海防戦略 異国船を隔離せよ――上白石 実
江戸の海外情報ネットワーク――岩下哲典
黒船がやってきた 幕末の情報ネットワーク――岩田みゆき
幕末日本と対外戦争の危機 下関戦争の舞台裏――保谷 徹

近・現代史

五稜郭の戦い 蝦夷地の終焉――菊池勇夫
幕末明治 横浜写真館物語――斎藤多喜夫
横井小楠 その思想と行動――三上一夫
水戸学と明治維新――吉田俊純
大久保利通と明治維新――佐々木 克
旧幕臣の明治維新 沼津兵学校とその群像――樋口雄彦

歴史文化ライブラリー

維新政府の密偵たち 御庭番と警察のあいだ――大日方純夫
明治維新と豪農 古橋暉皃の生涯――高木俊輔
京都に残った公家たち 華族の近代――刑部芳則
文明開化 失われた風俗――百瀬 響
西南戦争 戦争の大義と動員される民衆――猪飼隆明
大久保利通と東アジア 国家構想と外交戦略――勝田政治
自由民権運動の系譜 近代日本の言論の力――稲田雅洋
明治の政治家と信仰 クリスチャン民権家の肖像――小川原正道
福沢諭吉と福住正兄《ふくずみまさえ》 世界と地域の視座――金原左門
日赤の創始者 佐野常民《つねたみ》――吉川龍子
文明開化と差別――今西 一
アマテラスと天皇 〈政治シンボル〉の近代史――千葉 慶
大元帥と皇族軍人 明治編――小田部雄次
明治の皇室建築 国家が求めた〈和風〉像――小沢朝江
皇居の近現代史 開かれた皇室像の誕生――河西秀哉
明治神宮の出現――山口輝臣
神都物語 伊勢神宮の近現代史――ジョン・ブリーン
日清・日露戦争と写真報道 戦場を駆ける写真師たち――井上祐子
博覧会と明治の日本――國 雄行
公園の誕生――小野良平
啄木短歌に時代を読む――近藤典彦
町火消たちの近代 東京の消防史――鈴木 淳
鉄道忌避伝説の謎 汽車が来た町、来なかった町――青木栄一
軍隊を誘致せよ 陸海軍と都市形成――松下孝昭
家庭料理の近代――江原絢子
お米と食の近代史――大豆生田 稔
日本酒の近現代史 酒造地の誕生――鈴木芳行
失業と救済の近代史――加瀬和俊
近代日本の就職難物語 「高等遊民」になるけれど――町田祐一
選挙違反の歴史 ウラからみた日本の一〇〇年――季武嘉也
海外観光旅行の誕生――有山輝雄
関東大震災と戒厳令――松尾章一
モダン都市の誕生 大阪の街・東京の街――橋爪紳也
激動昭和と浜口雄幸――川田 稔
昭和天皇とスポーツ 〈玉体〉の近代史――坂上康博
昭和天皇側近たちの戦争――茶谷誠一
大元帥と皇族軍人 大正・昭和編――小田部雄次
海軍将校たちの太平洋戦争――手嶋泰伸
植民地建築紀行 満洲・朝鮮・台湾を歩く――西澤泰彦
帝国日本と植民地都市――橋谷 弘
稲の大東亜共栄圏 帝国日本の〈緑の革命〉――藤原辰史
地図から消えた島々 幻の日本領と南洋探検家たち――長谷川亮一

歴史文化ライブラリー

日中戦争と汪兆銘《おうちょうめい》——小林英夫
自由主義は戦争を止められるのか 芦田均・清沢洌・石橋湛山——上田美和
モダン・ライフと戦争 スクリーンのなかの女性たち——宜野座菜央見
彫刻と戦争の近代——平瀬礼太
特務機関の謀略 諜報とインパール作戦——山本武利
首都防空網と〈空都〉多摩——鈴木芳行
陸軍登戸研究所と謀略戦 科学者たちの戦争——渡辺賢二
帝国日本の技術者たち——沢井 実
〈いのち〉をめぐる近代史 堕胎から人工妊娠中絶へ——岩田重則
戦争とハンセン病——藤野 豊
「自由の国」の報道統制 大戦下の日系ジャーナリズム——水野剛也
敵国人抑留 戦時下の外国民間人——小宮まゆみ
銃後の社会史 戦死者と遺族——一ノ瀬俊也
海外戦没者の戦後史 遺骨帰還と慰霊——浜井和史
国民学校 皇国の道——戸田金一
学徒出陣 戦争と青春——蜷川壽惠
〈近代沖縄〉の知識人 島袋全発の軌跡——屋嘉比 収
沖縄戦 強制された「集団自決」——林 博史
原爆ドーム 物産陳列館から広島平和記念碑へ——頴原澄子
戦後政治と自衛隊——佐道明広
米軍基地の歴史 世界ネットワークの形成と展開——林 博史
沖縄 占領下を生き抜く 軍用地・通貨・毒ガス——川平成雄
昭和天皇退位論のゆくえ——冨永 望
紙 芝 居 街角のメディア——山本武利
団塊世代の同時代史——天沼 香
闘う女性の20世紀 地域社会と生き方の視点から——伊藤康子
丸山真男の思想史学——板垣哲夫
文化財報道と新聞記者——中村俊介

文化史・誌

毘沙門天像の誕生 シルクロードの東西文化交流——田辺勝美
落書きに歴史をよむ——三上喜孝
密教の思想——立川武蔵
霊場の思想——佐藤弘夫
四国遍路 さまざまな祈りの世界——星野英紀・浅川泰宏
跋扈《ばっこ》する怨霊 祟りと鎮魂の日本史——山田雄司
将門伝説の歴史——樋口州男
藤原鎌足、時空をかける 変身と再生の日本史——黒田 智
変貌する清盛 『平家物語』を書きかえる——樋口大祐
鎌倉 古寺を歩く 宗教都市の風景——松尾剛次
空海の文字とことば——岸田知子
鎌倉大仏の謎——塩澤寛樹
日本禅宗の伝説と歴史——中尾良信

歴史文化ライブラリー

水墨画にあそぶ 禅僧たちの風雅——高橋範子
日本人の他界観——久野　昭
観音浄土に船出した人びと 熊野と補陀落渡海——根井　浄
殺生と往生のあいだ 中世仏教と民衆生活——苅米一志
浦島太郎の日本史——三舟隆之
宗教社会史の構想 真宗門徒の信仰と生活——有元正雄
読経の世界 能読の誕生——清水眞澄
戒名のはなし——藤井正雄
墓と葬送のゆくえ——森　謙二
仏画の見かた 描かれた仏たち——中野照男
ほとけを造った人びと 止利仏師から運慶・快慶まで——根立研介
〈日本美術〉の発見 岡倉天心がめざしたもの——吉田千鶴子
祇園祭 祝祭の京都——川嶋將生
洛中洛外図屏風 つくられた〈京都〉を読み解く——小島道裕
茶の湯の文化史 近世の茶人たち——谷端昭夫
時代劇と風俗考証 やさしい有職故実入門——二木謙一
化粧の日本史 美意識の移りかわり——山村博美
乱舞の中世 白拍子・乱拍子・猿楽——沖本幸子
神社の本殿 建築にみる神の空間——三浦正幸
古建築修復に生きる 屋根職人の世界——原田多加司
大工道具の文明史 日本・中国・ヨーロッパの建築技術——渡邉　晶

苗字と名前の歴史——坂田　聡
日本人の姓・苗字・名前 人名に刻まれた歴史——大藤　修
読みにくい名前はなぜ増えたか——佐藤　稔
数え方の日本史——三保忠夫
大相撲行司の世界——根間弘海
武道の誕生——井上　俊
日本料理の歴史——熊倉功夫
吉兆　湯木貞一 料理の道——末廣幸代
アイヌ文化誌ノート——佐々木利和
流行歌の誕生 「カチューシャの唄」とその時代——永嶺重敏
話し言葉の日本史——野村剛史
日本語はだれのものか——川口　良・角田史幸
「国語」という呪縛 国語から日本語へ、そして〇〇語へ——川口　良・角田史幸
柳宗悦と民藝の現在——松井　健
遊牧という文化 移動の生活戦略——松井　健
薬と日本人——山崎幹夫
マザーグースと日本人——鷲津名都江
金属が語る日本史 銭貨・日本刀・鉄炮——齋藤　努
書物に魅せられた英国人 フランク・ホーレーと日本文化——横山　學
災害復興の日本史——安田政彦
夏が来なかった時代 歴史を動かした気候変動——桜井邦朋

歴史文化ライブラリー

民俗学・人類学

日本人の誕生 人類はるかなる旅――埴原和郎
倭人への道 人骨の謎を追って――中橋孝博
神々の原像 祭祀の小宇宙――新谷尚紀
女人禁制――鈴木正崇
民俗都市の人びと――倉石忠彦
鬼の復権――萩原秀三郎
幽霊 近世都市が生み出した化物――髙岡弘幸
雑穀を旅する――増田昭子
川は誰のものか 人と環境の民俗学――菅 豊
名づけの民俗学 地名・人名はどう命名されてきたか――田中宣一
番と衆 日本社会の東と西――福田アジオ
記憶すること・記録すること 聞き書き論ノート――香月洋一郎
番茶と日本人――中村羊一郎
踊りの宇宙 日本の民族芸能――三隅治雄
日本の祭りを読み解く――真野俊和
柳田国男 その生涯と思想――川田 稔
海のモンゴロイド ポリネシア人の祖先をもとめて――片山一道

世界史

中国古代の貨幣 お金をめぐる人びとと暮らし――柿沼陽平
黄金の島 ジパング伝説――宮崎正勝
琉球と中国 忘れられた冊封使――原田禹雄
古代の琉球弧と東アジア――山里純一
アジアのなかの琉球王国――高良倉吉
琉球国の滅亡とハワイ移民――鳥越皓之
王宮炎上 アレクサンドロス大王とペルセポリス――森谷公俊
イングランド王国と闘った男 ジェラルド・オブ・ウェールズの時代――桜井俊彰
魔女裁判 魔術と民衆のドイツ史――牟田和男
フランスの中世社会 王と貴族たちの軌跡――渡辺節夫
ヒトラーのニュルンベルク 第三帝国の光と闇――芝 健介
人権の思想史――浜林正夫
グローバル時代の世界史の読み方――宮崎正勝

各冊一七〇〇円～一九〇〇円（いずれも税別）
▽残部僅少の書目も掲載してあります。品切の節はご容赦下さい。